Media Literacy and Gender

諸橋泰樹
MOROHASHI Taiki

メディアリテラシーとジェンダー

構成された情報と
つくられる性のイメージ

現代書館

メディアリテラシーとジェンダー＊目次

目次

装幀　伊藤滋章

はじめに

1

メディアリテラシーということばは、まだ人口に膾炙《かいしゃ》しているとは言い難い。ジェンダーということばよりも認知率が低いかもしれない。

セクシュアルハラスメント（セクハラ）、ドメスティックバイオレンス（ＤＶ）ということばは多くの人の知るところとなっていることは間違いないだろうから、〝横文字〟であるということが必ずしも認知率の低さとかかわっているわけではなさそうである。やはり、セクハラやＤＶは女性の人権、たとえば労働権や生存権、性や身体の自己決定権、そして人格権や誇りなどとかかわる深刻な問題だからだろう。

しかし、これらのヨコモジを上手く訳すことができず、結局そのまま使うしかなかったところに、この国・文化の鈍感さがあったという点では、これらのことばは共通しているところがあると言えるのではないか。つまり、会社で、不愉快であるにもかかわらず肩をさわられたり、性的なからかいのことばを言われたり、上司から交際を要求されて断ると制裁されたり、夫から、誰のお陰で食べさせてもらってるんだと罵倒されたり、ボーイフレンドに一時間おきに携帯電話で居場所を知らせなければならなかったり、交際相手の言うことをきかないと殴られたりすることをあらわす語彙が、なかったからだ。

社会的・文化的・歴史的な性別規範としてのジェンダーということば、メディアのつくられ方を理解し主体的に意味を読み取って自らも表現の発信者となる「力」であるメディアリテラシーということばに関しても、またしかりである。概念は、言語化されることで初めて立ちあらわれる。あてはまるタームがなかったということは、存在しなかったということだ。

2

この本は、テレビ、新聞、雑誌などのメディアを素材にしながら、ジェンダーの視点で具体的かつクリティカルに読み解いた論文を集めたものである（この、「クリティカル」ということばも、どう訳していいか難しい。「批判的」とか「批評的」ということばは、どうも日本語ではマイナスの意味を帯びて受け取られるようなところがあるからだ）。

第I部の第1章は、メディアリテラシーについての概説と、ジェンダーがメディアによって構成されることを簡潔に解説した。「メディアリテラシー」に関する、これは一つの見方に過ぎないが、本書の視座や方法論のガイド的な章として配置されている。

第II部は、若い世代の支えるメディアが、ジェンダーの視点からみて、どのような社会的な広がりをもって使用され、消費されているか、そこにはどのような問題があるかを考察している。第2章は、女性雑誌の内容分析などから、同時代の女性雑誌には「思考停止」させる面だけでなく、「ゴージャス」や「セレブ」というコピーが躍っていることに象徴されるように、「格差社会」（への指向性）も読み取れるのではないかと論じた。第3章は、素材・研究年次・発表年次はちょっと古いものの、現在も女性雑誌にほぼ必ずみられる「みるみる痩せる」広告の内容分析のデータや意識調査などから、女性に対する「痩せ強迫」を描出した。また第4章は、テレビゲームにおける「闘う男」とゲームの〝経験〟が、〝弱い男〟のコンプレックスを補償するとともに性的なメタファーであることなどを論じてみた。

3

第Ⅲ部は、フェミニズムやジェンダー問題、平たく言えば女男平等を志向する運動や思想に対して厳しい風当たりをする社会状況を反映したメディア報道の分析をおこなっている。

第5章では、民放テレビで〇五年に放映された性教育に関するバラエティー番組における、様ざまなテクニックを駆使した構成のされ方＝つくられ方とその意味、そしてそれをオーディエンス（視聴者）がどのように視聴実践するかについて分析した。それらの〝経験〟が構成されるにはまた、ゲストのキャラクターや社会心理的な背景が作用していることなどにも触れている。

続く第6章では、フェミニズムやジェンダー問題への風当たりが、学校における性教育、国や自治体が推進する男女共同参画政策などに向かった、〇三年と〇五年の新聞におけるバッシング記事の構成のされ方＝つくられ方とその意味、オーディエンス（読者）の閲読実践について分析した。

最後に第7章では、二〇〇〇年に放映されたNHK番組「問われる戦時性暴力」が、圧力によって改変されたことをめぐる訴訟において、〇七年に下された東京高裁判決について報じる全国紙三紙の内容分析から、三紙のスタンスの相違と、高裁が出した「期待権」へと争点がずれてしまっていることを析出した。

なお、〇七年高裁判決は、それでもＮＨＫ側の改竄《ざん》行為を認めて厳しいものとなったが、その後〇八年に下された最高裁判決はＮＨＫ側に咎があることについては判断せず、また圧力についても言及することをおこなわず、「慰安婦」「天皇」「ジェンダー」といったメディアのタブー、司法の従属性を印象づけることとなった。

4

コミュニケーションによってなり立っている我われの生は、ポリティカルな関係を生きることにほかならず、言語や身体などを用いた表現行為や文化実践にほかならない。メディアはコミュニケーションを取って生きる我われの政治的・文化的な手段であり道具であり、映し出す鏡である。同様にジェンダーもポリティカルでカルチュラルな存在様式であり実践である。

したがって、「女性」「男性」という言語カテゴリーの暴力や、決めつけによる差別、自らに対する抑圧は、政治的・文化的装置であるメディアと親和性が高いのは当然のことだ。

そのためには、メディアに対するクリティカルなリテラシーや、ジェンダーについての相対的な視点の確保といった、知的実践が不可欠である。

メディアリテラシーとジェンダーの世界へ、ようこそ。

第Ⅰ部

第1章　メディアリテラシーとジェンダー

――構成されたメディアと構成されたジェンダーの親密な関係

1　「あるある！」についての新聞コメントを求められた

二〇〇七年の一月二一日、日曜日の夕方のことです。たまたま自宅にいたところ、全国紙の大阪本社に勤める新聞記者から電話が入りました。関西テレビが制作している「発掘！　あるある大事典Ⅱ」の納豆ダイエットを扱った番組が、番組で言っていたようなモニター調査も行なっておらずまた海外研究者のお墨つきもなく、データの多くが捏造《ねつ》だったとの記者会見が行われたということで、メディアの不祥事が（またも）明らかになったのでした。

このこと自体は全くの初耳だったのですが、記者の説明を聞いただけでも、これはかなり問題になるな、番組も取りつぶされ、場合によっては担当者や上司の首も飛ぶだろうと思いましたし、一方では納豆で痩せると聞いて飛びついてしまう消費者の安易さや、そもそも「痩せ文化」こそが問題ではないかとも感じました。

今から二〇年ほど前、女性学・メディア論の「若手研究者」として、新聞や雑誌、テレビで少しばかり〝有名〟になったことがあります。それは、女性雑誌などに数多く掲載されている「みるみる痩せる」「脅威の＊＊でスリムに！」といった広告の手合いに潜むディスクール（言説）と、そこに潜む人びとの依存的な社会意識について、批判的な調査研究を学会や新聞で発表したことがきっかけでした。一見科学的な（そして霊感・占い的な）言説は、私たちの無知、欲望、希望、苦しみなどにつけ込んで〝福音〟となり、〝救済〟可能性の説得力を持ちます。しかも、「痩せていなくてはならない」「美しくなければならない」といった社会的強迫は、女性に対して特に求められる観念であるため、まさにジェンダーの問題であるといえます。

こういったクリティカル（批判的）な研究発表をしたこともあって、その後も「健康」や「清潔」、「ダイエット」などに対する強迫観念（オブセッション）について、またメディアの責任について、発言を求められる機会がたまにあり、今回もそういった経緯から〝お声〟がかかったのでしょう。

もっともここでは、番組の捏造についての批判を繰り返すつもりはありません。ここで強調したいのは、第一に、私たちの「痩せ願望」が、他者のまなざしやメディアとの関係の中で構築された＝つくられたものであるということと、第二に、番組を感心して観ていたけれど、そして納豆を買って食べたけれど、番組は実は、周到に・それらしく・思いつきで・切羽詰まって・視聴率を上げたくて、「構成されたもの（＝つくられたもの）」だったということです。第一の「痩せ強迫」とジェンダーについてはまた他の機会にゆずるとして、第二の点についてもう少し考えてみたいと思います。

2 メディアは多様な技法を駆使して一つの情報をつくりあげる

「あるある」の件について明日の朝刊に載せたいからコメントをくださいというので、それでは後ほどメールしますと言って、次のような内容のことを電子メールで送りました。

《我われ視聴者・読者はモニター調査を行ったり専門家の研究成果を知ったりする機会を持たないが、メディアはそういう手段を持たない我われの代わりにその能力や権力を行使する特権を有している。にもかかわらず我われが、それが確かに行われたことかどうか確かめられないことをいいことに、手抜き・やらせ・捏造をすることは、視聴者に対する背信行為だし、ひいては視聴者の信頼性を失い、これを口実に公権力が規制への介入をしてくるおそれがある》

新聞や雑誌などの「識者」の談話は、直接取材か電話によるインタビューなどを行って、記者がまとめるのだろうと思っている人が少なくないかもしれません。かつてはそうだったのですが、かなり以前から、談話を取ったあと記者がまとめてそれを電話口で読み上げたりファックスで確認したりして本人の了解を取るやり方が始まりました。印象では、メディアの報道に厳しい眼が向けられるようになってきた八〇年代前半からのような気がします。やがて、いっそのこと本人が短文をまとめた方が早いということになって、コメント風の文章を記者にファックスやメールで送り、記者がチェックして電話やファックスなどでまた本人に確認する、といったスタイルが定着してきたように思います。

それは、コメンテーターにとっては「色いろと話したのにとんでもないところを一部だけ使われた」とあとから思うことがないよう、またメディア側にとってもあとでそういったクレームをこうむることがないよう、双方にとって都合のよい〝自衛策〟として発展してきた手法なのでしょう。

確かに、テレビでも新聞でも雑誌でも、記者は色いろと多様な取材をし、コメントを求めた人とも結構長ながと話します。様ざまな角度から情報を得る、雑談や何気ない言い回しから特ダネを掴む、一人だけではなく他の人からもウラを取る、それが「プロ」というものです。しかし実際に報道画面や記事紙誌面で使われるのは、ごく一部のシーンや発言に過ぎません。取材を受けた人の中には、放映された画像や届いた紙誌面を見て、えっ？　これっぽっち？　と思う人がいると思います。

また、背後に音楽がかぶさっていたり、テロップが出たり、紙誌面で一部を強調した見出しがついたり、スペースの都合で短かくされていたり、というのがごく当然のこととしてメディアのつくり手の世界では通用しています。取材をされたのに出なかったというケースもごくありふれたことです。コメントだって、提出した原稿だって、撮られた写真だって、手直しされたりトリミングされたりして一〇〇％そのまま使われることはほぼありません。さらには、センセーショナルなタイトルの番組や記事見出しで人を惹きつけておいて、中身は羊頭狗肉だったというケース、ハプニングと思っていたできごとが「仕込み」だったり「やらせ」だったりというケース、あらかじめ結論が決まっていて、意図とは違う使われ方をしたケースもよく見聞きします。

そういう意味では、最終的に私たちが見聞きするメディア情報は、何かしら編集されたりカットされたり演出がほどこされたりして「構成されたもの」だと言えます。また、そういった技法を駆使しなければ、時間内やスペース内に収まる番組や記事はなり立ちませんし、わかりやすく・面白く・コンパクトにならないでしょう。

3　コメントは載らなかったがそのことを誰も知らない

さて、先に述べたようなことを夜半にメールして先方からも夜中にお礼の返事がきて、届いた翌日の朝刊を開きました。一面トップには「あるある」のことが大きく報じられています。しかし、当のコメントは載っていません。

それは昨日の夜、やはり関西で、カラオケボックスが火事になって死者が出たために、そのことについても紙面を大きく割かねばならなくなり、記事がオーバーフローしたためでした。囲みか、あるいは記事中でか、いずれにせよ当初予定されていたコメントは、限られた紙面における優先順位の中で削られてしまったのです（他の人のコメントは残っていましたから、大したコメントではなかったということもあるでしょう）。そのことを記者からの恐縮したメールで後ほど知りました。

このことは、「ニュースバリュー」やスペース枠の関係で、「ある」ものが「なく」なってしまい、そのことを受け手の人びとは知らずに接しており、結果として人びとにとって「何もなかった」ことになる、ということを教えてくれます。もしかしたら、メディアのつくり手の世界では、何を当たり前のことを、と言われるかもしれませんが。

私たちが最終的なパッケージとして見たり読んだりしている番組や記事は、メディアにかかわる誰かが採り上げようと企図し、取材して写真や映像や記事として記録し、放送時刻や印刷・発送時刻に追われて編集したもの、しかも放映時間枠や紙面スペース、ページ数といった物理的条件や制約、つくり手の思惑、社の上層部の方針、政治家からの圧力、スポンサーの意向など、様ざまなフィルターを通ってできあがったもの、つまり構成された「産物」なのです。しかし私たちはそういった色いろな人手を経てつくられていることや様ざまな「駆け引き（ネゴシエイト）」の結果であることを知らずに、できあがったものだけから知識を得、判断し、話題にし、現実を生きています。

このことをモデル図にしてみると、こんな感じでしょうか（次ページ図1）。

【現実Ⅰ】である①「できごと」が生じると、②「第一報」が③「ニュースソース」に知らされ、④「発表」がなされます（あるいは④圧力や自主規制などによって発表が伏せられます）。そこから⑤「メディア」は「できごと」が生じたことを摑み、ニュースソースや現場に⑥「取材」を行います。そこでメディアの取材者はテレビカメラに収めたり、関係者に聞き込みをしたり、写真を撮ったり、資料を集めたりして、映像や記事にします。

その後メディア会社では、寄せられた映像や記事などを⑦「編集」するわけですが、そこで映像や音声、文字などによって「できごと」を一〇〇％忠実に再現することは物理的に不可能です。否応なく、（a）ミニチュア、（b）肥大化、（c）断片化、（d）デフォルメされざるを得ません。場合によっては演出や「やらせ」が加えられて（e）添加されたり、この段階での内外の圧力や自主規制、あるいは締め切りやスペースの関係で（f）ボツになることも生じます。メディアはおおむねこのように構成されて＝つくられています。

私たちは、そうやってできあがった⑧「パッケージ」を見たり・聞いたり・読んだりしているのです。その結果、私たち⑨「オーディエンス（視聴者・読者）」の認識＝経験はどういったものになるでしょうか。⑦「編集」の結果の（a）から（f）しか見たり聞いたり読んだりしていないのですから、当然（a）から（f）の認識＝経験しか持たないことになります。かくして、⑩「オーディエンスにとっての現実」は、（a）から（f）のどれかが【現実Ⅱ】とならざるを得ません。人びとにとっての「現実」は、このように構成されて＝つくられているのです。

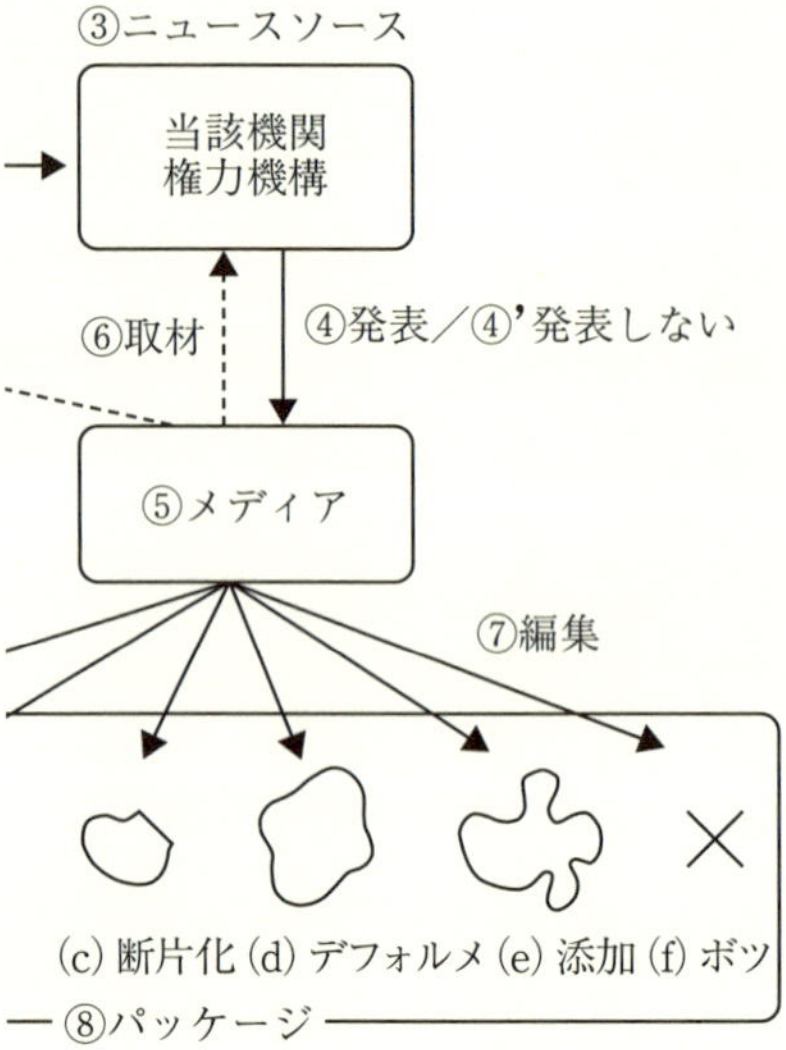

4　メディアに登場する女性や男性こそがリアルに思える

同様に、メディアに登場する何気ない女性像・男性像も、「構成されたもの」であるということを、よく認識しておく必要があります。

たとえばテレビの天気予報番組を一つとってみても、アナウンサーの起用に関する企画会議があり、毎回の台本があって、リハーサルもあります。大道具が背景をつくり、技術陣がクロマキーをつくり、カメラ映りやしゃべる時間

図1　マスメディア情報の構成プロセス

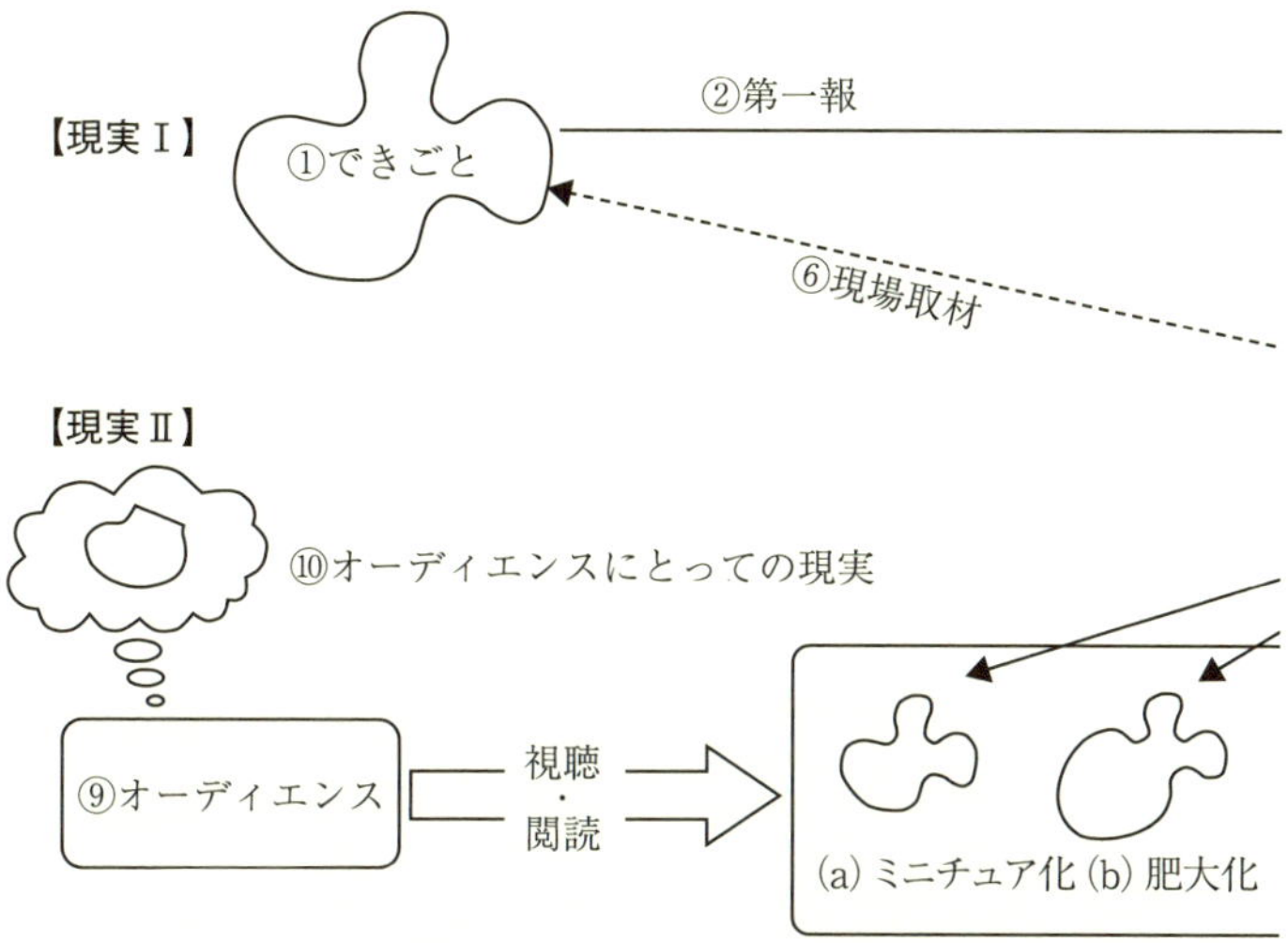

が秒単位で考慮されます。本番前には服装選びがあったりもするでしょう。企画では、今年入社したての女性のアナウンサーとベテランの男性の気象予報士の組み合わせということになるかもしれません。そしてリハーサルでは、女性のアナウンサーへの「＊＊ちゃん、もう少し斜め向いてよ」という指示に男性の気象予報士への「○○さん、こちらにカメラ目線を」というディレクターからの指示、本番では「お天気お姉さん」はピンクのワンピースで男性の気象予報士はブルーのブレザー、「今日はお洗濯日和ですね」という新人女性に割り振られた台詞に「発達した雨雲がどうのこうの」という男性に決められた解説などがあるでしょう。これら一連のことには、はからずもジェンダーがしのび込んでいます。

　ここにみられるのは、企画段階からの若い女性（新人アナ）と年長の男性（専門家）のカップリングという女性らしさ／男性らしさの強調、ピンクとブルーの服装に込められた女性らしさ／男性らしさの表象、アナウンス内容における生活ネタと科学ネタの違いにあらわれた女性らしさ／男性らしさの演出です。また、ディレクターが指示する、斜めの「コンパニオン立ち」と「正面立ち」の違いも、女性らしさ／男性らしさの映像効果をねらってのものかもしれません。そもそもディレクターの指示にみる、女性には下の名「ちゃん」づけに対し、男性には上の姓で「さん」と呼びかけること自体にも、女性らしさ／男性らしさに関するハビトゥス（身体内化され・自動化されてしまった慣習）があらわれています。テレビ画面で一見〝自然〟に見える天気予報の女性と男性でさえも、このように構成されて＝つくられているのです。まさに登場人物たちはモデル（模範・模型）というわけです。

いったいに、私たちが「女性らしい」「男性らしい」と感じているものごとの多くが、こうやってパッケージとして構成され商品化されて日夜提示されているものだとしたら、私たちが当たり前と思って日々を生きている＝ジェンダー実践している、女性らしい／男性らしい役割、服装やしぐさやことばとは、一体何なのでしょう。「女性らしさ」「男性らしさ」を〝自然に〟生きているつもりの私たちは、メディアや他者のまなざし、期待、規範や伝統など社会・文化・歴史的な要因によって「生かされている」のかもしれません。私たちは、よく「家では娘を演《や》っている」「教室では先生を演《や》っている」などと言いますが、一見〝自然〟に思えるふるまいや役割も、実はモデルを見本に演じているだけなのではないでしょうか。こうなると、私たちの認識世界や行為の世界は一挙に揺らいできますし、送出するメディアに対しても、私たちを踊らせているのではないかというクリティカルなまなざしを向けざるを得なくなります。そもそも、女性／男性の性の違い自体が、社会によって構築された文化的・歴史的なもので相対的なものであり、「女性」「男性」という最も単純な二分法（ディコトミー）のカテゴリー自体が人間の認識の産物＝言語に過ぎません。私たちは「性というつくりごと」を生き／見ているのです。

5　メディアとジェンダーの親密な関係からジェンダーを脱構築する主体へ

こういった、メディアのつくられ方に関する知識、メディアからの受け取り方についての理解や自己認識、「意味」を生成する情報のクリティカルな読み方、それらについての理解や知識の上に立った主体的なメディアの使いこなし能力（ここでは、情報の読み方や利用のしかた、さらには表現のしかたやメディア機器の利用のしかたまでを含みます）などのことを、「メディアリテラシー」といいます。

メディアリテラシーとは、鈴木みどりとＦＣＴ市民のメディアフォーラムの定義によると、[注1]「市民がメディアを社会的文脈でクリティカルに分析し、評価し、メディアにアクセスし、多様な形態でコミュニケーションを創り出す力、およびそのような力の獲得をめざす取り組み」とされます。そして、これまでふれた二つの大事なコンセプトを筆頭に、次の概念が、メディアリテラシーの内容を説明します。[注2]すなわち、①メディアは全て構成されたものである、②メディアは「現実」を構成する、③オーディエンスがメディアを解釈し、意味をつくり出す、④メディアは商売と密接な関係にある、⑤メディアはイデオロギーや価値観を伝えている、⑥メディアは社会的・政治的意味をもつ、⑦メディアは独自の様式、芸術性、約束ごとをもつ、⑧クリティカルにメディアを読むことは、創造性を高め、多様な形態でコミュニケーションを創り出すことにつながる、の八つです。

これを、ジェンダー、特に女性にあてはめれば、次のように言うことができるでしょう。(注3)

①メディアにおける「女性」は、様ざまなメディアの技法によって構成されたものである。

②人びとにとってはメディアで構成された女性が「現実」の女性となる。

③視聴者・読者らオーディエンスがメディアで語られた女性の意味を受容的／妥協的／批判的に解釈する。

④メディアは女性を描くことで販売収入や広告収入を得て商売を行っている。

⑤メディアは女性に関するイデオロギー（母性、性的存在、美しさ、しとやかさ、若さなど）を流布している。

⑥メディアの女性像が社会的・政治的な意味をもって文化的土壌をつくり、人間関係をつくり、政策につながってゆく。

⑦新聞や雑誌、テレビなどメディアの種類・特性によって女性の描き方には独自性がある。

⑧性カテゴリーにとらわれない新しいジェンダー像や多様なジェンダー像を創り出し、抑圧的でない日常のジェンダー関係を創り出すことが求められている。

「性というつくりごと」について気づきを与えてくれ、自分のふるまいをも見直す恰好のテキスト（読み解きの素材）が、メディアです。そんなメディアリテラシーの視点で、「現実」を不断に構築してゆく文化権力であるメディアの創り出す「意味」＝価値について考えて行くことで、これまでにな

いものの見方、世界観、そして知的刺戟が与えられることでしょう。(注4)

注

(1) 鈴木みどり編『メディア・リテラシーを学ぶ人のために』世界思想社、一九九七年、同編『メディア・リテラシーの現在と未来』世界思想社、二〇〇一年、および同編『Ｓｔｕｄｙ Ｇｕｉｄｅ メディア・リテラシー　ジェンダー編』リベルタ出版、二〇〇三年などを参照。

(2) カナダ・オンタリオ州教育省編(ＦＣＴ訳)『メディア・リテラシー――マスメディアを読み解く』リベルタ出版、一九九二年、八～一一頁を参照。

(3) 諸橋泰樹「女性とメディアリテラシー」『女性のデータブック〔第4版〕』有斐閣、二〇〇五年、一三六頁を参照。

(4) メディアと女性研究全般をレビューしたものに、諸橋泰樹「『マス・メディアの女性学』がめざすもの」『フェリス女学院大学文学部紀要』第36号、二〇〇一年、一三～一〇〇頁がある。ほか、井上輝子編『新編　日本のフェミニズム7　表現とメディア』岩波書店、二〇〇九年に、メディアと女性についての主要論文が収録されており(リーディングス)、参考になる。

第Ⅱ部

第2章　「考えない時代」と「格差社会」の女性雑誌

――女性を「思考停止」させ、女性としての「勝ち組」をめざすメディア

社会、歴史、文化、心理などの人文・社会科学領域において、研究対象として女性やジェンダーについて論究する際に、女性雑誌くらい扱われる素材もないだろう。人が否応なく社会的・歴史的・文化的・政治的過程や文脈の中でジェンダー化され、「男性」とは非対称な「女性」という分節化されたカテゴリーを経験し、実践し、生きていることを、これほど如実に示しているテキストはないからである。

ファッション情報、美容や健康の広告、投稿、人生相談、ゴシップ、セックス、料理等、家事や育児、夫や「姑・舅」など家族関係の記事等、ページ上のあらゆる情報が「女性」を物語っており、我われは社会や文化における女性の表象、女性の歴史、女性の心理などをそこから読み取ることができるというまさにそれゆえに、女性雑誌は素材として魅力的なのだ。

本章では、テキストとしての女性雑誌を素材にしながら、一つには誌名とジャンル名から女性への

まなざしについて、二つには女性雑誌をシェアの上からも代表する女性週刊誌、家庭実用情報誌、若い女性向けファッション誌三ジャンルからそのエートスについて、そして三つには「若い女性」より上の年代向けファッション誌から最近の特徴について、それぞれ読み解いてみることにしたい。

もとより、本稿での「読み」も、ある意味ではオーディエンスによる多様な解釈の中の対抗的なワン・オブ・ゼムである。

読み解き1　変化してきた「女性」のアイデンティティ

のちに若松賤子を執筆者に擁する、巌本善治による『女学雑誌』の創刊（一八八五年）を近代女性雑誌のオリジンとすれば、それから一二〇年余。女性雑誌の誌名やトレンドを跡づけてみただけでも、女性をカテゴリー化する社会のまなざしと、ドミナントな社会的存在様式を読み取ることができるだろう。

『女学雑誌』をはじめ、下田歌子が書いていた博文館発行の『女学世界』（一九〇一年）、津田梅子も寄稿している大日本女学会の機関誌『をんな』（〇一年）など、明治期の啓蒙的傾向を持つ女性雑誌群。そして、『婦人界』（〇二年）、『婦人之友』（〇三年）、『婦人画報』（〇五年）、『婦人世界』（〇六年）、『婦人公論』（一六年）。さらに、大正期に発生した家事専従の妻に向けた家庭実用誌『主婦の友』（一九一七年）、『婦人倶楽部』（二〇年）、『主婦と生活』（四六年）。

戦後は、高度経済成長期前半の一九五〇年代後半から六〇年前半にかけ、「ＯＬ」向けに創刊された女性週刊誌『週刊女性』（五七年）、『女性自身』（五八年）、『女性セブン』（六三年）、『ヤングレディ』（六三年）。そして、家事専従の妻向けの『ミセス』（六一年）、『マダム』（六四年）など。

こういった誌名の推移からは、近代の女性が、「女」から「婦人」へ、そして「主婦」というカテゴリー存在を経て、「女性」という主体を確立しつつ、「レディ（未婚者）」と「ミセス（既婚者）」のように欧米化していったさま（あるいは期待されたさま）が読み取れる。工藤宜は五〇年代末の『女性自身』というタイトルに「女性の自我の集団発見」があったことを看取し[注1]、落合恵美子はこの時期の女性雑誌がもたらした「専業主婦」イメージと「ＯＬ」イメージの確立から、「性役割の五五年体制」を見出した[注2]。

「女」から「婦人」を経て「主婦」、そして六〇年代の「女性」へ、さらに「専業主婦」イメージおよび「ＯＬ」イメージへと、自他が規定するアイデンティティを変化させてきた女性は、七〇年前後から大きく転回することとなる。高度経済成長期後半のこの時代、戦後生まれの「団塊の世代（ベビーブーマー）」である若い女性のライフスタイルが、消費社会化の進展とともに急速に変化したからである。

それまでの若い女性向け雑誌の「定番」情報は、服飾雑誌、女子学生向け、芸能雑誌、女性週刊誌がそれぞれ扱う、服飾、恋愛、芸能、ゴシップや皇族などであった。ドキュメンタリー風の記事、小説などの読み物等文字情報のウェイトも高かった。ところが一九七〇年に創刊された『ａｎ・ａｎ』、七一年に創刊された『ｎｏｎ・ｎｏ』は、従来の女性雑誌のコンセプトとは大きく異なる内容と造りで、新しい時代の到来を告げ、世間を驚かせた。両誌は、大型の判型でカラー印刷をふんだんに使い、既製ファッション服を、これまでのメイクやポーズなどの身体技法の「お約束」を超越したモデルを起用してグラビア写真で見せ、さらに旅行先や町並みのたたずまいにすら「おしゃれ」な意味（シニフィアン）を見出し、それらをあたかも「本人（一人称）」のポリシーであるかのように提案・主張する文体（ディスクール）を駆使して若い女性たちの心をとらえた（あるいは影響を与えた）。こうして新しいファッション誌＝ライフスタイル誌は、ベビーブーマーの女性たちをとらえ、『ＣａｎＣａｍ』『ＪＪ』『ＶｉＶｉ』といった、ライバル社による類似誌の創刊ブームをうながした。

アンアン・ノンノに代表されるこういった幼児語的タイトルについて井上輝子は、それまでのように女性をめぐる状況の変化があって雑誌がつくられるのではなく、〝状況〟に応じてどうとでも取れるような誌名が選ばれているさまを読み取り、《こうしたナンセンス・タイトルの氾濫自体が、七〇年代女性文化の曖昧性と、とらえどころのなさを象徴しているのかもしれない》(注3)と述べている。女性雑誌に付けられた意味不明のタイトルが、この頃からアイデンティティー拡散しはじめた女性を表象しているとみられる。同時に、《モノによって自分を表現することにしか関心のなくなったミーイズム（私生活主義）》の成立を読み取った上野千鶴子の指摘(注4)も、その通りであろう。時代は、生産からサービス、モノの消費から記号の消費、モダンからポスト・モダンへと変化し、女性たちはその中でモノに宿った記号やサービスの消費を通じて「かわいい」とか「気分」といったふわふわしたイメージを購入して行く時代が始まったのである。

その後、この世代の加齢に伴う受け皿メディアとして、働く女性向けに『ＭＯＲＥ』『ｗｉｔｈ』や、『ＣＯＳＭＯＰＯＬＩＴＡＮ』『ＳＡＹ』といった、ある種の主張やアイデンティティーをもったタイトルの雑誌も刊行されるが、八〇年代に入ると家事専従の妻は『オレンジページ』『レタスクラブ』といったように、〝家事臭さ〟をさわやかなイメージでデオドラントしてゆき、いわばアンアン・ノンノの〝家庭版〟が常態化する（その嚆矢《こうし》が七七年創刊の『クロワッサン』であろう）。『オレンジページ』『レタスクラブ』など新しいタイプの家事実用誌の台頭と反比例するかのように、戦前ないし戦後直後からあった「四大婦人誌」と呼ばれる『主婦の友』『婦人倶楽部』『主婦と生活』『婦人生活』は急速に部数を落とし、休・廃刊していき、やがてジャンルも消失した。(注5) また、〝働く女性〟をあらわす誌名やコンテンツは定着しなかった。

一方で、九〇年代に入ってからは、『すてきな奥さん』『おはよう奥さん』のように、「奥さん」という呼称を前面に出して夫（＝「主人」）に従属していることを自己肯定するタイトルの雑誌や、『CUTiE』『Cawaii!』『美的』といった「女性＝美しさ」指向を臆面もなく押し出したタイトルの雑誌もヒットし、「本音」への「開き直り」とでも言うべき社会心理が現代女性の意識の一部を構成するようになってきた。このことは、女性を「勝ち犬／負け犬」と分断したり、「勝ち組／負け組」「下流社会」「格差社会」といった、人びとを経済的成功の成否によって分断し、そこに差別観を植えつける、ひところだったら口にできなかったことばが平気で口の端にのぼるような現在の思潮とも重なるものがある。価値相対的に「差異化」を「戯れて」いたポスト・モダン社会は、現在再び階級社会を生もうとしているかのようだ。

表1　1982年の女性雑誌のジャンルと代表的雑誌名

	ジャンル	代表的誌名
①	ファッション	an・an、non・no、JJ、CanCam、MORE、with
②	高級志向	25ans、CLASSY、marie claire Japon
③	生き方情報	JUNON、COSMOPOLITAN、日経 Woman
④	生活情報	クロワッサン、オレンジページ、レタスクラブ、MINE
⑤	婦人	主婦の友、婦人倶楽部、主婦と生活
⑥	グラフ	婦人画報、ミセス、マダム、SOPHIA
⑦	教養	婦人之友、婦人公論、新しい女性
⑧	女性週刊誌	週刊女性、女性自身、女性セブン、微笑

＊出版科学研究所『出版指標 年報』1983年版より作成

読み解き2　拡散しつつ定型化する「女性」へのまなざし

年齢や趣向に応じて細かくセグメンテーションされた多様性も、現在の女性雑誌の特徴と言えるだろう。

出版統計を扱う出版科学研究所がおこなっている女性雑誌（同研究所は「女性誌」と呼称）の分類によれば、表1に示したように、一九八二年時点では「ファッション」「高級志向」「生き方情報」「生活情報」「婦人」「グラフ」「教養」「女性週刊誌」の八ジャンル、四一銘柄に過ぎなかった（「少女」は「女性誌」とは別扱いされていた）。それが八〇年代後半には「ヤングファッション」「OLファッション」「ハイソマガジン」「キャリアウーマン」「モード」「遊び情報」「生き方情報」「生活情報」「婦人」「教養」「高級グラフ」「女性週刊誌」「その他」といった分類となり、銘柄数も六〇誌程度に増加、二〇〇四年時点では表2にみるように三三ジャンル、一三三銘柄もの女性雑誌がラインナップされるにいたっている（二〇〇五年最新の統計では、「30歳前後カジュアルファッション」「ネイルアート」の二

表2　2004年現在の女性雑誌のジャンルと代表的雑誌名

	ジャンル	代表的誌名
①	ローティーンファッション	ピチレモン、CANDy、ラブベリー
②	ミドルティーンファッション	SEVENTEEN、CUTiE、JUNIE
③	ハイティーンファッション	Popteen、Cawaii!、egg
④	ヤングベーシックファッション	JJ、CanCam、ViVi、Ray
⑤	ヤングカジュアルファッション・月2回刊	non・no、mina
⑥	ヤングカジュアルファッション・月刊	Fine、Zipper、spring、PINKY
⑦	20代OLファッション	MORE、with、ef、LUCi
⑧	20代クオリティファッション	25ans、CLASSY.、MISS
⑨	20代キャリアウーマン	Oggi、GINZA、BAILA、Style
⑩	20代カジュアルファッション	sweet、BLENDA
⑪	30歳前後ライフスタイル	BOAO、NIKITA、Colorful
⑫	30代ファッション	VERY、30ANS、Grazia、Domani
⑬	ヤングミセス	LEE、Como
⑭	家庭実用情報・出版社系	主婦の友、すてきな奥さん、サンキュ！
⑮	家庭実用情報・流通系	オレンジページ、レタスクラブ、saita
⑯	シンプル&ナチュラル系ライフスタイル	ku:nel、Lingkaran、天然生活
⑰	40代ファッション	STORY、Precious
⑱	40代以上向け	メイプル、my40's、ゆうゆう
⑲	高級グラフ	婦人画報、家庭画報、ミセス
⑳	モード	marieclaire、ELLE、SPUR
㉑	20代コスメ&メーク	ar、bea'sup、VoCE、美的
㉒	30代コスメ&メーク	MAQUIA、Urb
㉓	グッズ情報・新品	GrandMagasin
㉔	グッズ情報・中古	Brand'sOFF、ブランドJOY
㉕	ヤング通販情報	Look!s
㉖	タウン情報	Hanako、Caz、ChouChou
㉗	総合情報	an・an、CREA、FRaU
㉘	生き方情報・読み物	SAY、日経WOMAN、私の時間
㉙	生き方情報・占い	MISTY、恋運暦
㉚	芸能系情報	JUNON、ポポロ
㉛	ヤングその他	spoon.、LUIRE、NYRONJAPAN
㉜	婦人その他	婦人之友、婦人公論、女性のひろば
㉝	女性週刊誌	週刊女性、女性自身、女性セブン

注：ジャンル名や誌名は2004年現在のもの
＊出版科学研究所『出版指標　年報』2005年版より作成

ジャンルが加わったが「グッズ情報・新品」「ヤング通販情報」の二ジャンルがなくなってやはり三三ジャンル、そして一三五銘柄である)。(注6)

ジャンル分けは、命名による可視化と認識化のための便利な社会的構築作業であるが、一面ではカテゴリー化という「くくりの暴力」を行使することでもある。カテゴリー(枠組み)化された「呼び名」は、作り手たちにとってのみならず、流通現場や読者にとってのハビトゥス(身体にしみついた習慣)となり、フレーム(解釈図式)となり、「女性」という対象を認知し、対象を意味づけし、対象とのかかわりを規定する言語実践・認識行為となる。(注7)もちろん、女性自身が自分を意味づけし、「as if=かのように」(石川弘義)振る舞ってゆくためのインデックス(指標)ともなる。

当初、社会(出版流通業界や出版社)が女性をとらえるまなざしは、「ヤング」「OL」「キャリアウーマン」「婦人」といったフレーミング、つまり年齢軸と職業軸、そして未既婚軸を組み合わせた枠組みが中心だった。それが、現在では「ローティーン」「ミドルティーン」「ハイティーン」「ヤング」「ヤングミセス」「20代」「30代」「40代」「40代以上」といった年齢別の軸、「ベーシック」「カジュアル」「クオリティ」といったファッションジャンル別の軸、「モード」「コスメ&メーク」「グッズ」「通販」「タウン」「生き方」「芸能」などコンテンツ別の軸など、様ざまなカテゴリーによる仕分けがされるようになっている。こういった細かなジャンル化(=女性のカテゴライゼーション)の生成過程から、女性たちの興味対象が専門分化していったことだけでなく、人びとが女性をとらえ認識するまなざし、すなわち認識対象としての女性や女性像が細分化されていったさまを読み取ることができる。あるいはそれを女性像の拡散と言い換えてもいいかもしれない。

グラフ1　女性雑誌の年間発行部数の推移（単位：万冊）

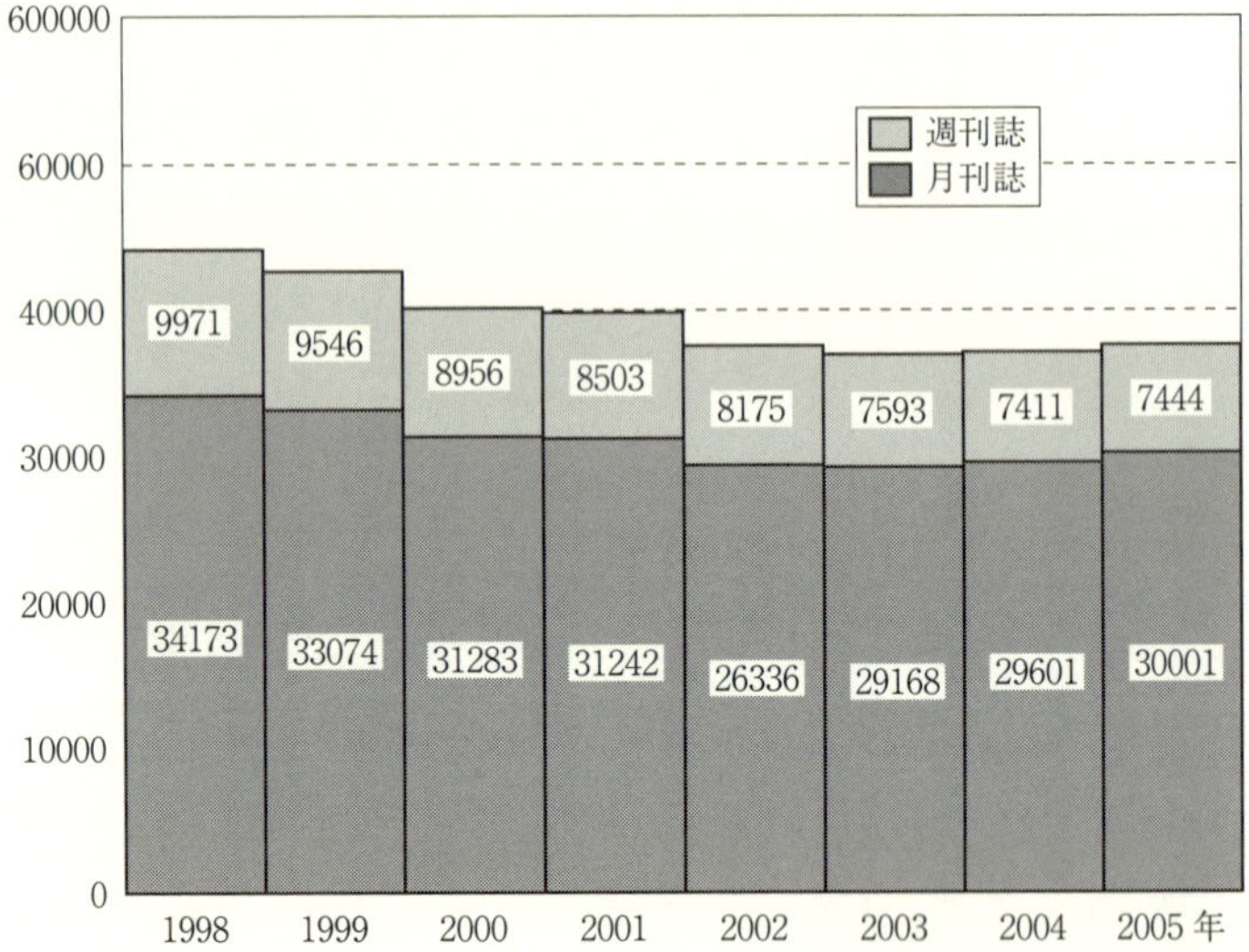

＊出版科学研究所『出版月報』2006年3月号より作成

もっとも、この三三におよぶジャンル数の多さが、そのまま女性の自由で多様な存在様式をあらわしているかと言えば、そこには留保が必要なことは言うまでもない。出版の流通現場が命名するこれらのジャンルは、とどのつまり我われは女性を、年齢、ファッション、家事、遊びのいずれかのカテゴリーで分節化し、血液型性格分類並みの貧困な数と枠組みで認識していることを示しているに過ぎないからである。

また、ジャンルの多様化現象は、部数の面から言っても必ずしも女性雑誌の〝勢い〟をあらわしているわけではない。女性雑誌の銘柄数は増えているものの、その一方で休・廃刊になるものも多く、発行部数や売り上げ額はバブル経済がはじけた九〇年代半ば以降減少傾向にある。

グラフ1は、出版科学研究所の調査による女性雑誌の年間総発行部数の推移を示したものであるが、九八年に四億四一四四万部だったものが、毎年のように前年割れを起こしており、二〇〇五年は〇四年に続いて前年を上回ったものの三億七四四五万部と、九八年時点の八割の総発行部数にとどまっている。銘柄数は増える傾向にあるにもかかわらず総発行部数はマイナスないしは横ばい傾向であることから、多品種の発行が女性雑誌界の沈滞をカバーしているとも言え、換言すれば雑誌一銘柄あたりのパイの切り身は小さくなっているのである。

しかし、雑誌の休・廃刊は、読者の主体性の発揮ゆえとも言える。時代にそぐわなくなり、オーディエンス（読者）の受け取り方が、エディターの提示する情報の優先的読み（そのまま受け取る読み方）や交渉的読み（自分に引きつけて読むしかた）などに耐えられなくなった時、雑誌は、オーディエンスのヘゲモニーによってその使命を終えるからだ。

読み解き3　ゴシップ・家事・ファッションが制す女性雑誌

女性雑誌の年間総発行部数三億七四四五万冊のうち、大きなシェアを占めるジャンルは、グラフ2に示したように「女性週刊誌」の七四四四万冊（構成比一九・九％）、「家庭実用情報・出版社系」の三三二三万冊（同八・九％）、「家庭実用情報・流通系」の三〇四三万冊（八・一％）、そして「ヤングカジュアルファッション・月刊」二五七九万冊（六・九％）、「ヤングベーシックファッショ

グラフ２　女性雑誌のジャンル別シェア（2005年）（総合計37445万冊）
（単位：万冊）

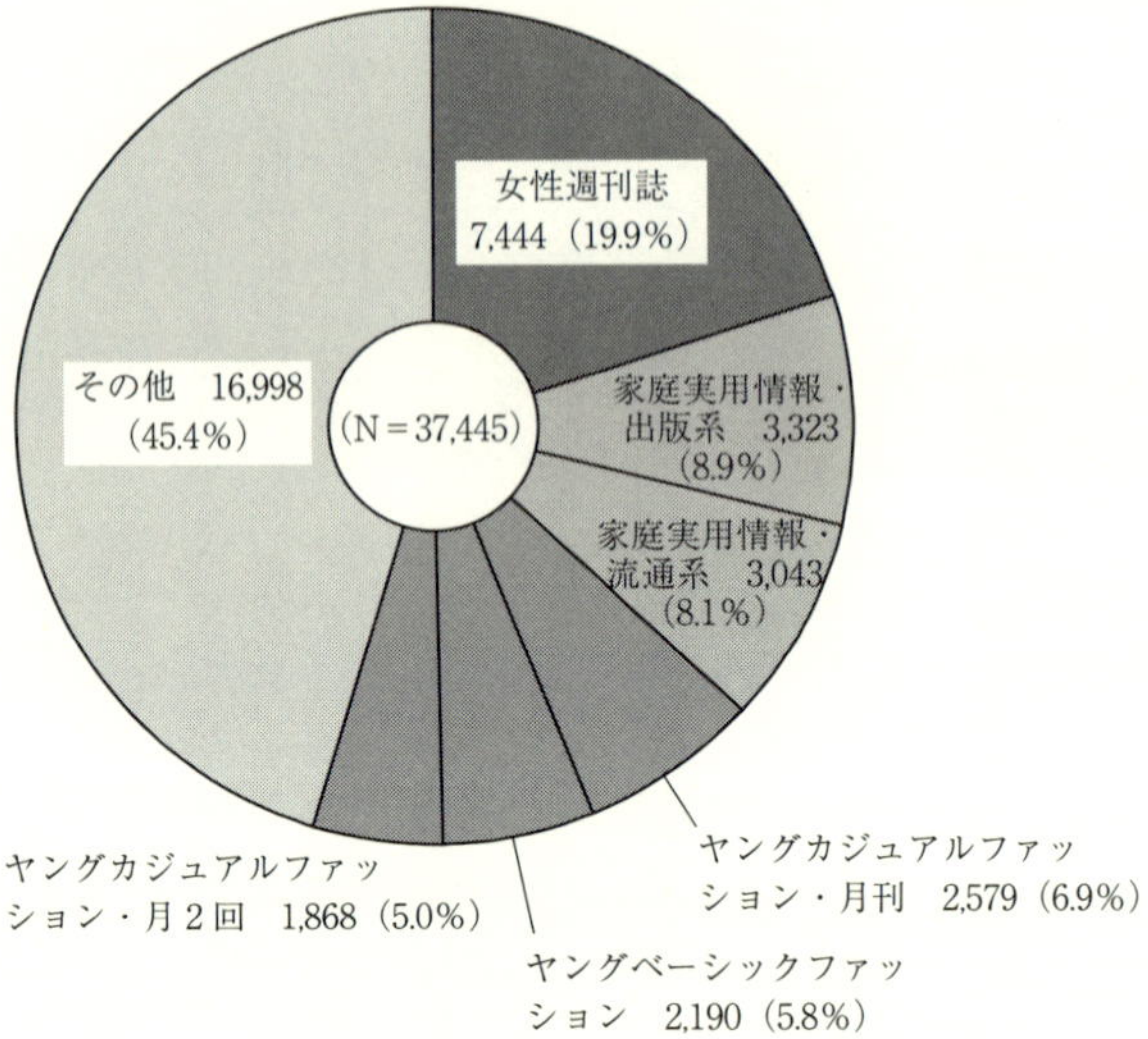

＊出版科学研究所『出版月報』2006年３月号より作成

ン」二一九〇万冊（五・八％）、「ヤングカジュアルファッション・月２回」一八六八万冊（五・〇％）などである。

つまり芸能やゴシップ情報を中心とした女性週刊誌、家事情報を中心とした家庭実用情報誌、若い女性向けのファッション誌の三大ジャンルで全女性雑誌発行部数の五五％のシェアを占めているわけだが、この傾向自体は八〇年代から変わっていない。女性雑誌界における〝黄金の三大ジャンル〟である。他人の幸・不幸を窃視する好奇心、子どもや夫のためにシャドウワークをする家事、男性のまなざしを獲得し同性ライバルに勝利するディスプレイは、そのまま「女性らしさ」のジェンダーステレオタイプを表象していると言える。

この「三大ジャンル」の中から、女

性週刊誌の『女性セブン』、家庭実用情報誌・流通系（ダイエー）の『オレンジページ』、月二回刊のヤングカジュアルファッション誌『ｎｏｎ・ｎｏ』の、各二〇〇五年六月発行号を典型的事例としてその情報内容を量的に分析してみよう。週刊の『女性セブン』（小学館）一号あたりの販売部数は三七万部（日本ＡＢＣ協会調べの〇五年上期平均）、月二回刊『オレンジページ』（オレンジページ）の一号あたり公称発行部数は六一万部（『雑誌新聞総かたろぐ』二〇〇五年版記載データ）、月二回刊『ｎｏｎ・ｎｏ』（集英社）の一号あたり販売部数は三六万部（ＡＢＣ協会〇五年上期平均）で、ひところより減ったとは言えいずれもこれらのジャンルの中ではトップクラスの部数を誇る。

グラフ3からグラフ5は、雑誌の誌面内容を記事・広告共通する五五の分野に小分類した項目を〇・一ページ単位で分類カウントし、二二の分野に中分類したページ量を総ページで割って比率であらわしたコンテントアナリシス（内容分析）の結果（レーダーチャート）と、同様に〇・一ページ単位でカウントした広告および記事量を比率であらわした結果（帯グラフ）である（いずれも総ページ数＝一〇〇％）。なお、「広告記事」というページ立てを設定しているが、これはファッションや化粧、レジャーやグルメの記事などを中心に、価格や店名などが記載されており、広告的機能を果たしているページをそのように呼んでカウントしている。映画や本の紹介なども広告記事とした。

読み解き4　思考停止メディアとしての女性週刊誌

現天皇夫妻の「ミッチーブーム」で誕生し高度経済成長期に揃った、『女性セブン』『女性自身』

グラフ3 『女性セブン』（小学館　2005年6月9日号　234頁）

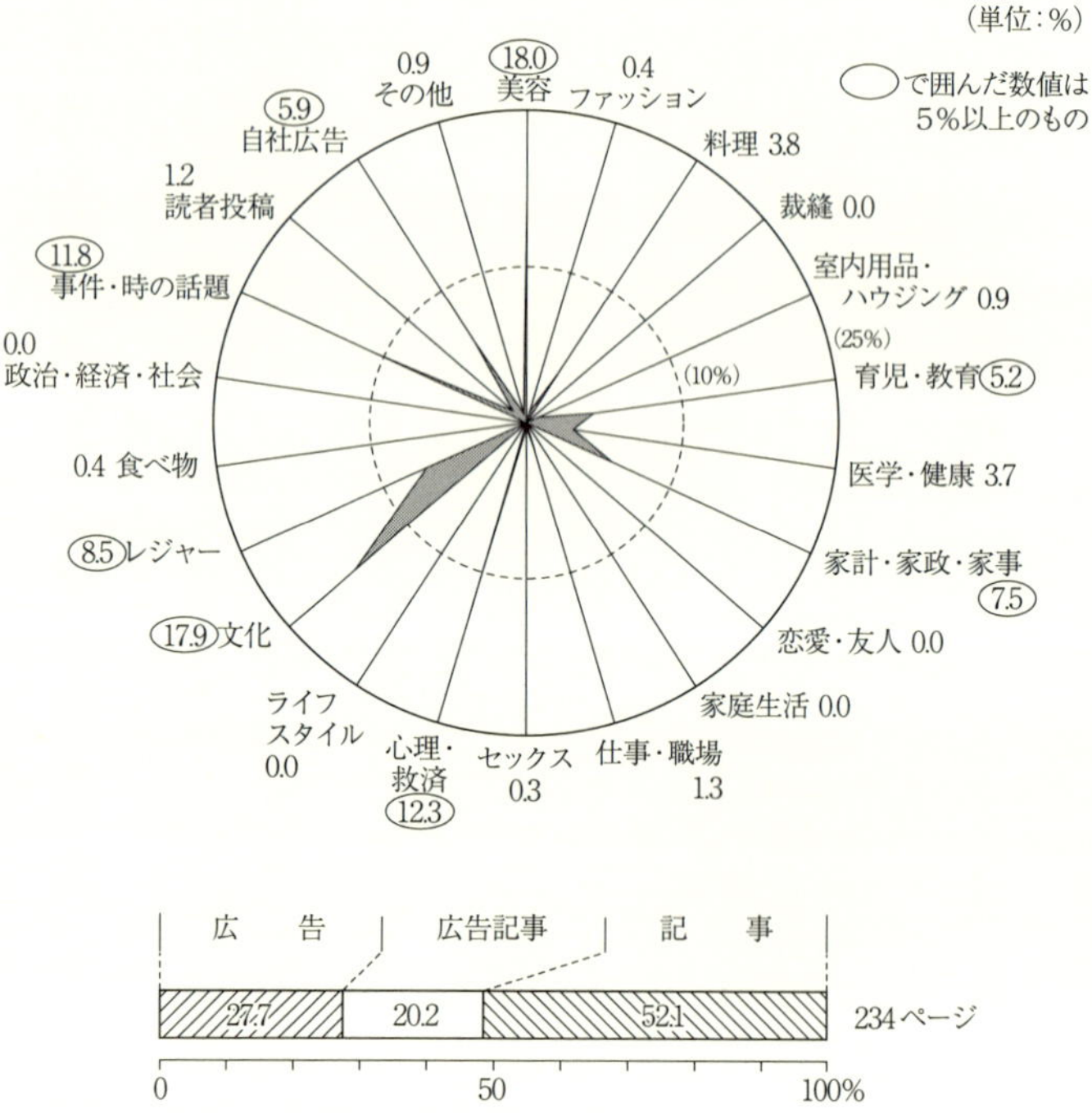

注：フェリス女学院大学2005年度「新聞・出版ワークショップ」（諸橋担当）
　　の授業で受講学生たちが作成（グラフ4、5も）

『週刊女性』の「三大女性週刊誌」は、先述のように女性雑誌全体の二割のシェアを占める〝最大派閥〟である。美容院や銀行、病院などの待ち合い室に置いてあるのをよく見るが、事業所や法人などが大切な購入元であると思われる。新聞広告、車内吊り広告での露出度も高い。わざわざ自分で購入することまではしないが、「そこにある」ので「暇つぶし」に見る（眼に入ってくる）というその〝経験〟に、このジャンルの独特のコンテンツ（情報）がマッチしている。

グラフ3『女性セブン』は、メイクに関する記事や「みるみる痩せる！」といった痩身・整形広告、エステティックサロンの体験を記事風にした広告記事などからなる「美容」一八・〇％、運気をアップする占いの記事が主の「心理・救済」一二・三％、二本の連載マンガからなる「文化」一七・九％、そしてヨン様（ペ・ヨンジュン）、松田聖子、紀宮などが登場する「事件・時の話題」一一・八％などが主な領域となっている。ほかにも「有名私立お受験」を扱った「育児・教育」五・二％や「家計・家政・家事」七・五％、「レジャー」八・五％など、五％以上の情報は八分野あり、〝ゴッタ煮〟的誌面構成がこのジャンルの特徴である。また広告と記事の比率をみると広告が三割、店名や価格などが記載された広告的機能を果たしている広告記事が二割、純粋な記事は半分となっており、広告の多い女性雑誌の中では例外的存在ともいえる。

この雑誌を内容分析した社会人学生は、報告レポートで次のようなすぐれた感想を書いており、女性週刊誌の本質を言い当てている。

彼女は、《私の中での女性週刊誌のイメージはよいものではない。コンビニなどで陳列されている見出しを見ると、「見たい」という衝動に駆られることはあっても、手を伸ばす行動にまで至らない。なぜ、自分はここまでかたくなに拒むのだろうか》と自問し、次のように述べる。(注8)《女性週刊誌＝オバチャン（当然ココには〝マダム層〟は含まれない）、というイメージが強く、世間的に言えばとっくにオバチャンの域に達してしまった私（34歳）ではあるが、この線を超えたらオバチャンになってしまう、という恐怖感から手が出せなかったのであった。今回〝指定雑誌〟ということで購入し（それでもかなりコソコソと、まるでH本を買う中学生のように）、隅から隅まで読んだのだが、旬の話題かうわさ話を聞くかのように頭に入ってきて、なかなか面白かった》

そして、《結局、ヨン様とチェ・ジウがつき合っているのかどうか、松田聖子と娘・SAYAKAとの確執は何か、どれも真相は曖昧だった。最後は自分で考えて、というフランス文学さながらの記事の多さにもどかしかったが、家事を終えた暇な昼下がり、色いろな想像をめぐらせる主婦たちにとって、難しいことを考えなくてすむ女性週刊誌がそのライフスタイルに合っているのかもしれない》と結んでいる。

芸能人や皇族、事件・事故に巻き込まれた人などの、ヒューマン・インタレストな記事に一喜一憂し、自分の現在の社会的境遇を相対化・忘却しつつ、同時に、痩身・整形技術による「美しい身体・顔貌《かお》」への欲望と、四柱推命や星座をはじめとする占い指南による「幸福な生活・人生」への欲望が、女性週刊誌のエートス（精神）である。それは、現在の自分の境遇が、政治の貧困がもたらす社会的矛盾や差別、経済的格差などによって引き起こされている事実から、巧みに眼をそらす機能を果たしている。美容院や銀行などで待ち時間に、会社の仕事の合間に、家事を終えての暇なひとときに、「考えなくてすむ」メディアが女性週刊誌なのだ。

読み解き5　生活演出メディアとしての家庭実用情報誌

グラフ4『オレンジページ』は、化粧品の広告、メイクの広告記事、エクササイズの記事などから

グラフ4　『オレンジページ』（オレンジページ　2005年6月17日号　232頁）

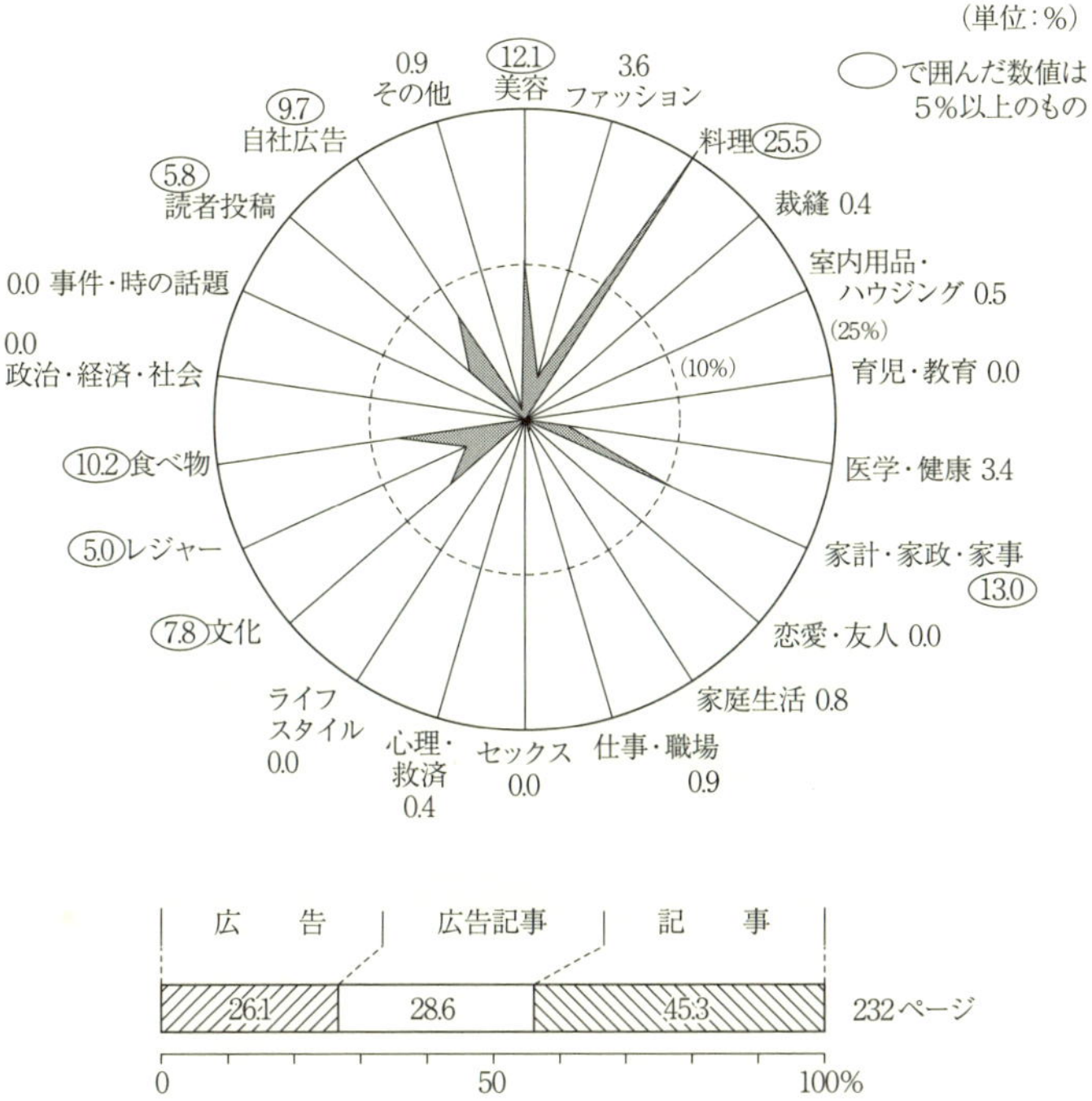

なる「美容」一二・一%、料理のレシピのほか、調味料やレトルト食品の広告など「料理」二五・五%、節約、保険の見直し、財テクの記事、掃除や洗濯の方法等「家計・家政・家事」一三・〇%などが、この雑誌の生活実用情報指向を特徴的にあらわしている。ほか、本や映画などを紹介する広告記事、園芸などの広告記事等からなる「文化」七・八%、菓子やジュース等の広告を中心とする「食べ物」一〇・二%、自社が刊行している料理本やムックの広告等「自社広告」九・七%などが、目立つ分野となっている。

五％を超える情報は八分野と多く、『主婦の友』などのオルターナティブな家庭総合誌として機能してきたことがよくわかる。広告は二六・一％、メイク、レシピ、文化情報、食べ物などの広告記事が二八・六％、レシピや家事のマニュアルを中心とした記事は四五・三％という構成である。

この号を分析した学生のレポートも、なかなか鋭い見方を行っていて興味深い。《生活応援型の雑誌、主婦向けという印象が伝わってくる。オレンジページは表紙に人（女優など有名人）が載ることはまずない。そこからもどういう雑誌であるか、意図を感じる。生活、家庭というテーマからは離れないのである》(注9)と、この雑誌のコンセプトをよく言いあらわしている。さらにレポート学生は、《庶民的ながら生活臭ぷんぷん出るようなものではなく、あくまで気取らずにさり気ないおしゃれであることが求められる。そのため、雑誌内の料理の写真ではキッチンマットや食器など、シンプルでありながら非常にこだわっているように思われる。テーブルコーディネートはもちろん、バランスを保つため料理とともに白いご飯やつけ合わせも紹介されている。読者がすぐ取り入れられ、他はどんなものがいいかいちいち頭を悩ませることなく全体がバランスよく作れるようになっているのである》と記す。

そして最後に、《常に庶民的で、ビギナーに優しい誌面づくりを感じる。初めてレシピを見て作る人でも写真と同じように作れ、同じ味ができるように作成中の写真も満載だ。そして失敗談、こうやったら失敗しますから気をつけて、のような注意書きが丁寧である》と、この雑誌の「痒いところに手が届く」ような親切ぶりを指摘している。

どうやらこの家庭実用情報ジャンルの雑誌も、「考えなくてすむ」ところがポイントのようである。

しかも、料理等がマンネリ化しないために（つまり夫や子どもに「また〜？」と言われないために）《定番おかずを常に載せるのとともに、おしゃれで今時な、あくまでちょっと手をかけて作ったかのように見えるもてなしレシピ、および「いつもと違う？」と思わせるものも載せている》のだから、芸が細かいと言うべきだろう。服を「着まわし」するように、「手抜き」をしながらそれと気づかせず「豪華にみせる」のは、「かしこい母さん」の大事な要件なのだ。

同じく「考えなくてすむ」メディアであった女性週刊誌と異なるのは、レポートでも指摘されているように、「生活臭」のない点である。《オレンジページの特徴は、恋愛相談や深刻なお悩み相談がほとんどないという点だ。自己啓発もない。家庭のもめごと、嫁姑問題での相談などもない。主婦向けでも「おもいっきりテレビ」のような下世話な感じを受けない。だから誰が読んでも読みやすく、不快感がない、与えないのである。性に関する記述がないところも誰でも抵抗なく手に取れる雑誌の条件かもしれない》と、このレポートの主の指摘はあくまで鋭い。

家庭での食事づくりをはじめとする家事領域について丁寧なハウツウで教えファッショナブルに演出する実用情報誌と、「欲望」を隠さない「下世話」な女性週刊誌とは、読者層を微妙にずらしつつ、女性とこの社会を相互に補完し合って存在している。

読み解き6　さらにジェンダーの記号を突出させてきたファッション誌

「思考停止」シリーズが続いたが、かつて「アン・ノン族」を生み、現代の女性雑誌の「典型」お

グラフ5 『non・no』(集英社 2005年6月5日号 264頁)

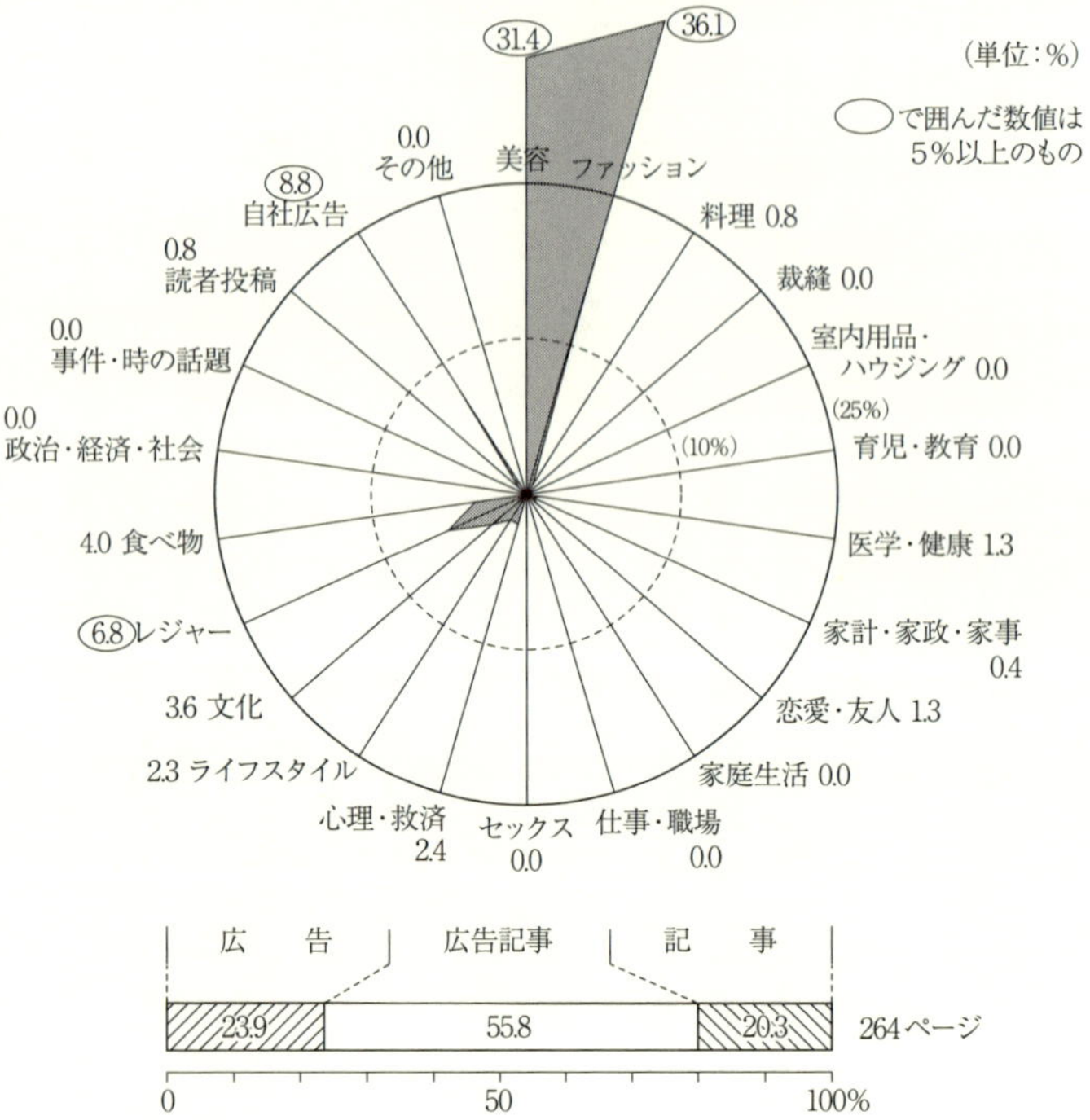

よび「定型」を創り上げた若い女性向けのファッション誌はどうであろうか。グラフ5『ｎｏｎ・ｎｏ』は、七〇年代から始まった広告化社会が定着し、我われは記号化され差異化された消費情報と情報消費のポスト・モダン的状況を未だに生きているという事実を教えてくれる。

　その最大の特徴は、ほとんどがメイクに関する商品やメイクの仕方を教える広告記事を中心とする、三一・四％に達する「美容」と、衣服と服飾雑貨に関する商品や着こなし方を教える広告記事からなる三六・一％にの

グラフ6 『non・no』(集英社　1986年10月5日号　284頁)

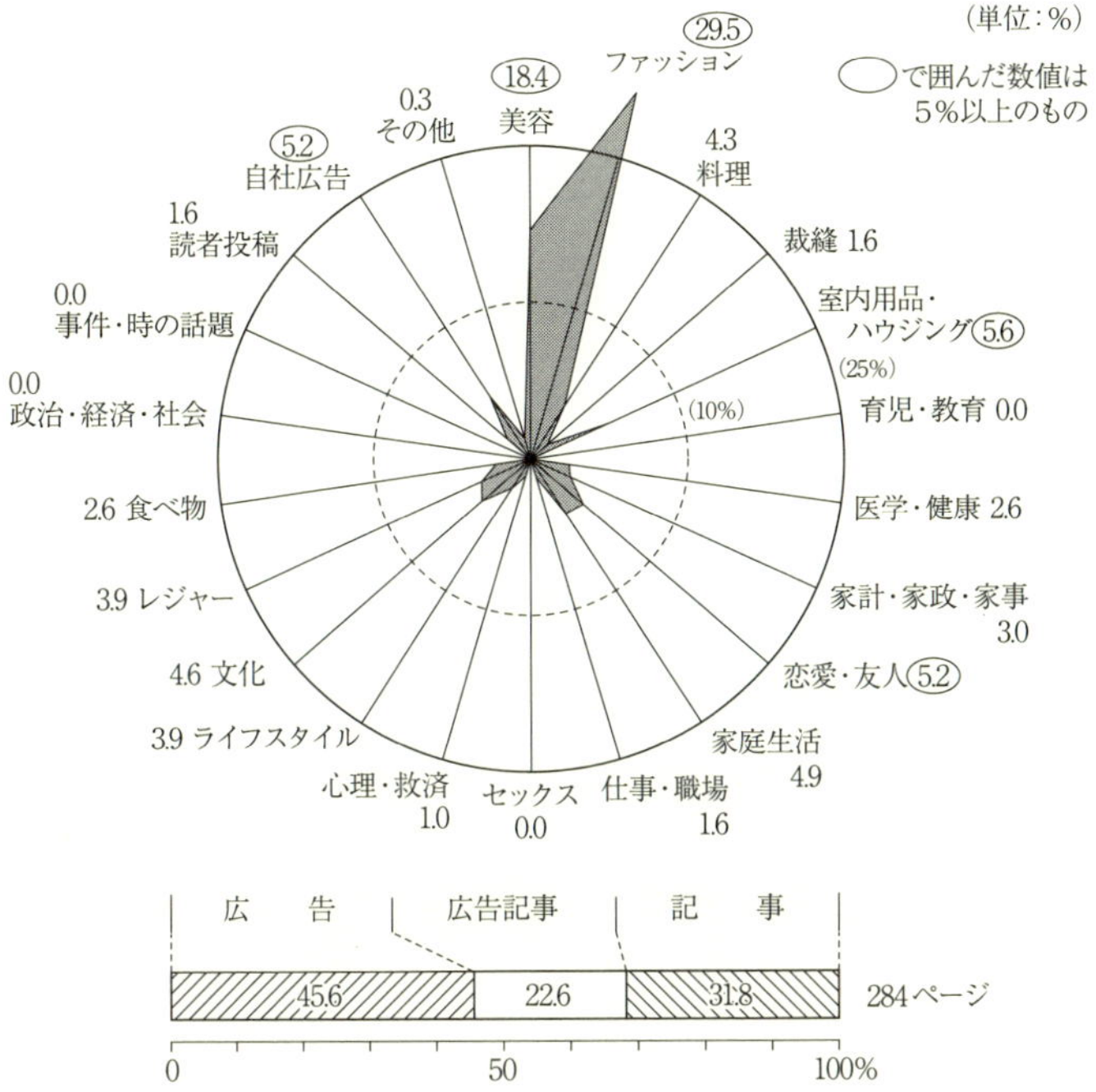

＊井上輝子・女性雑誌研究会『女性雑誌を解読する』垣内出版、1989年より

ぼる「ファッション」とで、全二六四ページの七割近くを占めていることである。ほかの分野で目立つのは、趣味的な雑貨の広告や広告記事を中心とした「レジャー」六・八%と、清涼飲料水の広告やレストラン紹介の広告記事を中心とした「食べ物」四・〇%、そして次号予告や自社の本を宣伝する「自社広告」八・八%などである。

また、広告ページが全体の二三・九%、そのほとんどがメイクおよびファッションの情報で、商品名・店名が記載されカタログ的機能を果たしている広告記事が五五・八%、純粋の記事は二〇・三%というページ構成比も、記号の消費によって若さと美しさが獲得できることを示唆している点で八〇年代からの流れの中にあると言うことができる。なぜならば、井上輝子と女性雑誌研究会が行ってきた八〇年代半ばの女性雑誌に関するコンテントアナリシス(注10)の結果と現在の最新の結果とを比較すると、誌面構成はさらに「美容」と「ファッション」に特化しているのであるから(グラフ6)。広告記事が増えたことは、広告出稿量の減少とともに、広告と記事体広告=インフォマーシャルの境界がますます曖昧化しているということかもしれない。

しかしこの二〇年間でより先鋭化した誌面構成という事実こそ、この雑誌が、部数は減少したとはいえ今でもこの年代のファッション雑誌としてトップクラスの人気を誇っている理由、つまりエディターとオーディエンスのネゴシエイト(相互交渉)が成立している幸福さを示しているとも言えよう。

性雑誌広告

最大見出し
フレッシュ春髪」に変わるなら今!
なんだかキレイ」な通勤スタイル
人変身トップ201
ップ・オブ・セレブリティの真実
人キレイな「コーディネート力」を磨こう!
まこそロンドンへ! モデル伝説のすべて
の春、この服で「第一印象美人」になる!
通勤は、「かっこいいナチュラル」なら、うまくいく!
モテる艶女(アデージョ)」の作り方
子さま両陛下から励まし「お泊まり」公務復帰へ“母の笑顔”
倉涼子中村勘三郎凍りついた「密会現場」!
理家が本当に作っている、ふだんごはん
たりで食べる魚介たっぷりスープ。

読み解き7 ポストモダン状況をまだ生きる年上ファッション誌

二〇〇六年三月二八日の朝日新聞東京本社版朝刊には、『MORE』『MISS』『with』『25ans』『CLASSY.』『ELLE』『LUCi』『Oggi』『NIKITA』の月

表3　朝日新聞2006年3月28日朝刊掲載の

	誌　名	出　版　社	広告スペース	ジャンル	創刊年
①	MORE（モア）	集英社	5段	20代OLファッション	1977
②	MISS（ミス）	世界文化社	15段全面	20代クオリティファッション	1989
③	with（ウィズ）	講談社	5段	20代OLファッション	1981
④	25 ans（ヴァンサンカン）	アシェット婦人画報社	5段	20代クオリティファッション	1980
⑤	CLASSY.（クラッシィ）	光文社	5段	20代クオリティファッション	1984
⑥	ELLE（エル・ジャポン）	アシェット婦人画報社	5段	モード	1989
⑦	LUCi（ルーシィ）	扶桑社	5段1/2	20代OLファッション	1998
⑧	Oggi（オッジ）	小学館	5段1/2	20代キャリアウーマン	1992
⑨	NIKITA（ニキータ）	主婦と生活社	7段	30歳前後ライフスタイル	2004
⑩	女性自身	光文社	5段1/2	女性週刊誌	1958
⑪	週刊女性	主婦と生活社	5段1/2	女性週刊誌	1957
⑫	Lucere!（ルチェーレ!）	ベネッセ	5段1/2	『サンキュ!』の“姉”	2006
⑬	noi（ノイ）	ベネッセ	5段1/2	『サンキュ!』の“妹”	2006

注1：①紙面登場順に記載
注2：①〜⑨は月刊誌で5月号、⑩⑪は週刊誌で4月11日号、⑫は『サンキュ！』3月号増刊、⑬は『サンキュ！』4月号増刊
注3：「ジャンル」は①〜⑪まで『出版指標　年報』2005年版による
注4：「最大見出し」に付随するコピー文は省略

刊女性雑誌各五月号と、『女性自身』『週刊女性』の女性週刊誌四月一一日号、そして『サンキュ！』三月号増刊『Lucere！』と『サンキュ！』四月号増刊『noi』の、合計一三誌もの女性雑誌の広告が掲載されていた（表3）。『MORE』から『NIKITA』までの月刊誌は、七〇年代後半に創刊されたものをはじめとして最近創刊されたり、リニューアルされた女性向けのファッション誌で、『non・no』読者の上の世代がターゲットとなっている。

この、『MORE』から『NIKITA』までの月刊ファッション誌九誌の新聞広告コピーの単語を書き出してみたのが表4である。「美しさ」「注目」「スキル」「望み」「顔」「ファッション」「小物」「女性性」「獲得」「豪華」など一〇の概念が抽出された。「おとなっぽさ」と「可愛らしさ」を同居させた〝美しさ〟によって、「目立」ったり「褒められ」るなどし

て〝注目〟されたいという〝望み〟を満たすため、メイクや着こなし「テク」などの〝スキル〟を身につけるのが、ファッション誌のコンセプトである。そのテクニックが行使される対象は、〝顔〟と〝ファッション〟、そして〝小物〟だ。一方、「おとなかわいい」演出を卒業した、もう少しアダルトな層の女性たちにとって目ざされるべきは、「コムスメ」ごときに負けない「セクシー」な身体やふるまいなどの〝女性性〟である。そうすれば男性を〝獲得〟でき、また「セレブ」や「マダム」みたいに〝豪華〟になれる、というわけだ。

「おとな」と「子ども」のボーダーで不安定な様子、「目立ち」や「褒められ」による自己承認欲求は伝わってくるが、それにしても上滑りする空疎なお約束《コード》。思考停止のハウツウ。

「美の鎖」の中で彼女らは、「大人かわいい」「お茶目立ち」「他者満足」「ふわ揺れ」「モテ目」「丈《たけ》短《みぢ》」「てろゆる」「艶女《アデージョ》」「地味女《ジミータ》」などなど、次から次へと仕掛けられる造語や日本語的・英語的におかしなコピー文（ついこの前まで「美白」「美肌」「眼力《メヂカラ》」などということばもあった）のディスクール（文体の雰囲気）を、一瞬にして読み取っているのだろう。誌面にあふれる身体の技法やその行為の延長としてのブランド商品、すなわちシニフィアン（ジェンダーを意味するもの）を演じ・消費しながら、若い女性たちはいまだ記号化された女性というシニフィエ（意味された女性）を生き、ジェンダーを経験し、ジェンダーの主観的意味を構築している。そして周囲の人びと＝社会も、彼女らの存在について、現実世界や媒体を通じて経験しながら、壮大な「女性」という「想像の共同体」を構築している。

ただし、横並びの差異化社会が続いている一方で、「サクセス」や「リッチ」、「セレブリティ」や

表4　ファッション系女性雑誌の造語およびコピー

コンセプト	コ ピ ー 文
美しさ	大人かわいい、大人の私、大人キレイ
	女らしい、かっこいいナチュラル、全身美人完成形、美人変身、第一印象美人、キレイ、もっとキレイになれる！
	お洒落にみえる、おしゃれ達人
注目	甘すぎず、でも女らしく、ちょいインパクト、欲張りコーディネート、ド目立ち＆目くらまし、自己プレゼン、演出上手、お茶目立ち、ヒロイン度
	ほめられ、愛されネックレス、「ひと目ぼれ」される！、愛されオフィスガール、他者満足
スキル	黄金テク、魔法のルール、ＯＫ＆ＮＧ集、完全対応マニュアル、正しいはき方、マイナーチェンジ法、着こなし術、おしゃれワザ、印象美人の作り方、使い方レッスン、テクニック、１週間メイクコーデ術、コーディネート力、マナー力、
	基本アイテムフル活用、売れ売れアイテム、攻略レッスン、集中クリニック、着こなし解決サロン、配色ナビゲート、おまかせスタイルBOOK、流行スカート塾、使える度選手権
	着回し、一瞬ヘアアレンジ、ウルトラていねい
望み	実現できる！、なりたいイメージに、理想に近づく
顔	春髪、春ヘア、ヘア美人、ふわ揺れナチュラルヘア
	美白、美肌、ゴージャスなつや肌
	モテ目、意志のある目もと
	春メイク、艶顔、ドメスティック・コスメ
ファッション	ふわ揺れスカート、「ひらひら」
	丈短パンツ、ハンパ丈パンツ、てろゆる太パン、ちょいパツカーデ
	ミニスカスーツ、白ピタGジャン、お仕事カジュアル、キープ服
	艶（アデ）色ランジェリー、昼デコルテ＆夜デコルテ
小物	旬サンダル、変わり映え小物、スナイパーアクセ、かわいい値段
女性性	ちょいセクシー、艶女（アデージョ）
	甘々オンナ、地味女（ジミータ）、コムスメ
獲得	出会いを逃さない、モテ弁当
豪華	ダブルサクセス、セレブリティ、セレブ、リッチマダム、トータルリッチ、新リッチ・ベージュ、スーパー・ゴージャス、ノーブル、“お嬢”、新ロマンティック

注：表３の①～⑨までの『朝日新聞』2006年３月28日朝刊掲載の女性雑誌広告より

「ゴージャス」に代表されるように、格差社会での「勝ち組」が目標とされているところは、冒頭に述べたように八〇年代までとは違う時代状況があらわれているといえるだろう。言うまでもなくネオリベラリズム的状況下で、同じ女性の中でも、「ゴージャスなファッション」ができる層とできない層、異性を獲得できる層と獲得できない層という、優勝劣敗が生じているはずだ。女性雑誌は、新しい服でなくとも「着まわし」で新しく・可愛く〝見える〟工夫をすることで、ファッションの面でもヘテロセクシュアルの面でも（「勝ち」はしないかもしれないが）負けはしないテクニックを伝授するタイプと、消費に邁進することで（あるいはそのようにふるまうことで）積極的に「勝ち組」をめざすバブリーなタイプとがあり、ジェンダー内の階級差が生じている。もっとも、可処分所得の伸びがそれほど期待されない貧困状況の中、モノで階級のステイタスを表象し顕示しようというジェンダーは、しょせん〝ホンモノ〟になり得ないだろう。もとよりエディター（つくり手）もオーディエンス（読者）も承知の上なのかもしれない。

読み解きの終わりに　女性という「価値」をめぐる文化闘争の時代

女性雑誌は、エディターや世間の人びとが女性をどうあらしめたいかという力と、オーディエンスである当事者の女性がどうありたいかという力とのネゴシエイト（せめぎ合い）の中で、これまでもそしてこれからも存在してゆくだろう。

もちろんオーディエンスには「読みの自律性」や「重層性」があり、女性雑誌というテキストをコード化したり脱コード化したりしながら独自の解釈を行っている。そのことによって、女性雑誌の内容は変化し得る可能性もある。だが、その変化に乏しいとすれば、それはオーディエンスによるヘゲモニーが発揮されていないというよりも、それなりのネゴシエイトの結果とみることもできる。ちょうど、弱肉強食による格差社会を進めた小泉純一郎政権を人びとが支持したように。そうだとしたら、我われは我われ以上の雑誌を持てないのだろう。

現代の女性雑誌は、誌名やジャンルは多様化しつつも、「女性」というカテゴリーを脱中心化するほどの起爆性はあまり見られない。これがアイデンティティ拡散を志向する文化生産的なジェンダー運動となり、クィア的な雑誌文化を形成するようなことがあれば面白いのだが、実際には女性週刊誌、家庭実用情報誌、ファッション誌、年上向けファッション誌、いずれもコンサーバティブなジェンダー規範や技法を踏襲しており、疑問を呈する主体性は稀薄だ。むしろ、「奥さん」や「可愛い」「美的」といった役割・形容や「セレブ」といった社会的格差をよしとして、ジェンダーに開き直る社会意識が現代の通奏低音になっているとしたら、さらなるジェンダーをめぐる文化的闘争が雑誌というメディアを舞台に繰り広げられることを期待したい。(注11)

注

(1) 工藤宜「女性週刊誌」朝日ジャーナル編『女の戦後史Ⅱ　昭和30年代』朝日新聞社、一九八五年、一二二〜一二九頁。

(2) 落合恵美子「ビジュアル・イメージとしての女——戦後女性雑誌が見せる性役割」女性史総合研究

会編『日本女性生活史　第5巻　現代』東京大学出版会、一九九〇年、二〇三〜二三四頁。
（3）井上輝子「マスコミと女性の現代」女性学研究会編『講座女性学1　女のイメージ』勁草書房、一九八四年、四二〜七三頁。
（4）上野千鶴子「女性誌ニュージャーナリズムの同時代史」『〈私〉探しゲーム――欲望私民社会論』筑摩書房、一九八七年、一三三〜一四五頁。
（5）かつて「四大婦人誌」の代表格であり、本稿初出時点でも「家庭実用情報・出版社系」にジャンル入りしていた『主婦の友』も、ついに二〇〇八年に休刊した。
（6）『出版月報』三月号、全国出版協会・出版科学研究所、二〇〇六年のデータによる。
（7）諸橋泰樹「雑誌におけるジェンダー・カテゴリーの構築」北九州男女共同参画センター〝ムーブ〟編『ジェンダー白書3　女性とメディア』明石書店、二〇〇五年、二一四〜二三六頁。
（8）フェリス女学院大学二〇〇五年度の授業「新聞・出版ワークショップ」（諸橋担当）でのA・Sさんの内容分析レポート。
（9）同右、S・Kさんの内容分析レポート。
（10）井上輝子・女性雑誌研究会『女性雑誌を解読する――COMPAREPOLITAN　日・米・メキシコ比較研究』垣内出版、一九八九年。
（11）データに関する参考文献として、毎日新聞社が毎年刊行している、前年の読書週間に行った読書世論調査および学校読書調査の結果を報告する『読書世論調査』毎日新聞社、および出版科学研究所が毎年刊行している前年の出版物データとレポートからなる『出版指標　年報』全国出版協会・出版科学研究所、を挙げておく。

また、雑誌やメディアとジェンダーに関する他の参考文献として、①国広陽子『主婦とジェンダー――現代的主婦像の解明と展望』尚学社、二〇〇一年、②久田 恵『欲望する女たち――女性誌最前線を行く』文藝春秋、一九九八年、③村松泰子・ヒラリア＝ゴスマン編『メディアがつくるジェンダー――日独の男女・家族像を読みとく』新曜社、一九九八年、④諸橋泰樹『雑誌文化の中の女性学』明石書店、一九九三年、⑤同『ジェンダーの罠』批評社、二〇〇一年、⑥同『ジェンダーの語られ方、メディアのつくられ方』現代書館、二〇〇二年、⑦同『ジェンダーとジャーナリズムのはざまで――季節の変わり目Ｐａｒｔ ２』批評社、二〇〇五年、などを挙げておく。

第3章　女性雑誌の痩身・整形広告と身体観

――「みるみる痩せる」広告の構成のされ方、「痩せ」強迫の構成のされ方

一九八三年の春、ソフトなハーモニーとコーラスで多くのファンを獲得していた兄妹のデュエット、カーペンターズのカレン・カーペンターが、極度なダイエットによって死亡した。彼女はミュージシャンとして充分に成功したにもかかわらず、それでも〝幸福〟とは感じられなかったのだろうか、「理想」の身体の獲得によってこそ幸福が獲得できると考えてか、自らの寿命を縮めてしまった。

一九八〇年代以降の日本も、健康ブーム、フィットネスブーム、ジョギングやスポーツなどもブームとなって、身体への関心がそれまでになく高まった時代であった。太り過ぎは美しくないのみならず健康にもよくない、太っている人は意志の弱い人、などの言説が流布され、「ダイエット（食餌療法）」ということばを多くの人が口にするようになった時代、そして拒食症や過食症といったことばが広く知れわたるようになった時代でもある。九〇年代半ばには、「塗るだけで痩せる」というスヴェルトや、中国製の「痩せる石鹸」がヒットした。

女性雑誌を少しめくってみるだけでも、思わず身を乗り出してしまうような記事や広告ページにお目にかかることができる。「貴女のボディコンプレックスすべて解決！／太めの部分のサイズダウンがグラマラスなボディへの早道！／〈ウエストクリーム・マイナス5〉」「これが、あなたの自信回復エステ　今なら…秋のビューティ・アップ大作戦」「シミ、クスミ、ソバカスなどのお肌の悩みは、もういらない!!」「俯いてなんか、いられない。ニューB・Bバストライナー」（いずれも『女性セブン』一九九一年一〇月一七・二四日号）などなど。

《ボディコンプレックス》を抱き《悩み》《俯いて》いる読者女性に対して、こういった痩身や豊胸、美肌等の広告は、《自信回復》ができるように〝福音〟の声をさらに次のように華やかな言説に増幅して提供し、〝迷える乙女〟たちの耳目を惹きつける。「着るだけで、ボディシェイプが思いのまま！」「わずかな期間でグングン自然に無理なくヤセル!?」「1日わずか数分の使用が美しく豊かなバストへの近道／ニューバストチャーマーDX」「脚、ウェストが短期間で細くなる！／今、話題の最新ボディシェイプアップバンデージ」「朝、目が覚めたらスリムになっていたって…／さらに進歩した睡眠減量法はマキシムQだけ!!」「3日に1回のトレーニングで…／あなたの顔をみるみる変える!!　自宅でできる『自己美容整形』」「3食たべて無理なく減量／〝マンナン減量法〟が凄い人気！」（いずれも『MONIQUE』一九九二年一一月号）……。

《着るだけ》で、《わずかな期間》ないし《わずか数分の使用》で、《3食たべ》ながら、《グングン》《みるみる》と、《朝、目が覚めたら》スリムになりバストが大きくなり顔がよくなっていたならば、どんなにいいだろう。

痩せる広告をはじめとするこれら身体変形・改造のための惹句は我われの心理的コンプレックスをくすぐる。その背後には、痩せていることや二重瞼や白い肌を善しとする文化、あるいはその文化を支える我われの固定的な〝美しさ観〟や女性観があるからに違いない。本章では、女性雑誌のこういった広告を分析したデータをみながら、女性に主として要求される〝痩せ〟ブームを考察する。

1　雑誌に大量掲載される痩身関連広告

(1)「痩せること」を誰もが意識している時代

ある中学校の二年生のクラスで「痩せたい」願望をたずねたところ、女子は一九人全員が意向を持ち男子は二一人中四人が持っていたという。[注1] 国民生活センターが家事従事の既婚女性を対象に実施した調査によれば、「努力して現在の体形・体重を維持したい」と「痩せたい」とを合わせたスリム志向派は年代差がほとんどなく、全体で六三・一%にも達した。[注2] また日経リサーチの調査によると、エステティックサロンに今後通ってみたい・興味があるという女性は両項目併せて二〇代で五三・三%、三〇代で三五・四%、四〇代が二五・八%、五〇代でも一一・六%みられる。[注3] 先の国民生活センターの調査によれば、サービスや商品を購入・利用したり自力でできることによって何らかの痩身努力を行ったり過去に行ったことのある人は、過半数の五二・六%。[注4] このように、いまや痩せ志向は全世代的国民的課題となっているといっていい。

グラフ１　エステティックサロンに出向いたきっかけ
（マルチ集計、（　）内は件数）

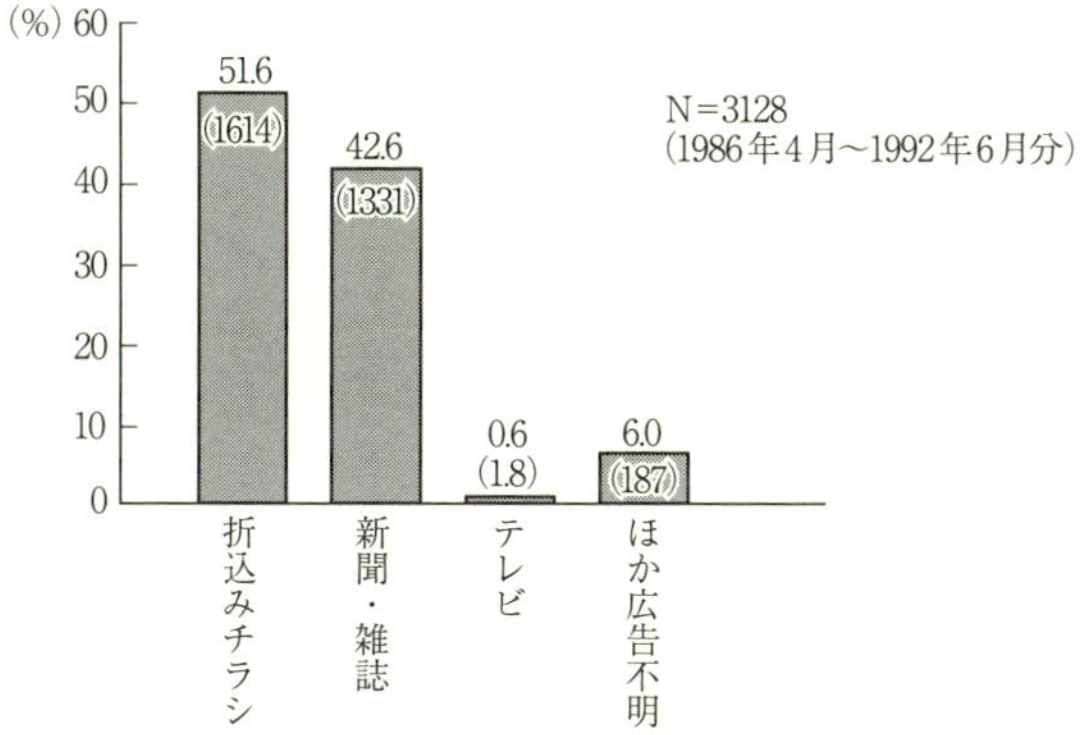

注：「全国消費生活情報ネットワーク・システム（PIO－NET）」を通して国民生活センターに寄せられた1986年から1992年までの苦情
＊『国民生活』1992年9月号より作成

小学校高学年向けの少女雑誌から中・高年層のよく読む女性週刊誌まで女性雑誌には、毎号のようにダイエットに関する記事が掲載され、また美容整形外科やエステティックサロンの広告、低カロリーのダイエット剤やサウナスーツ、脱毛器具等の通信販売広告などが載っている。埼玉主婦同盟が一九八九年に少年・少女向けの雑誌やコミック雑誌一五誌を調べたところ、合計一九一件の通信販売広告があり、また小中学生の四人に一人は通販で買い物をした経験があることが明らかとなったという(注5)。

エステティックサロンに出かけたきっかけをみると、新聞等に入ってくる折り込みチラシに次いで、新聞・雑誌本体で見たという人も四二・六％と多い（グラフ１）。瘦身や身体改造サービスについての様ざまな情報は、多くマスコミ広告や記事によって得られているといって間違いがない。

グラフ2　各誌痩身・整形広告掲載比率とその商品内訳件数

グラフの数値は掲載比率＝（当該広告ページ量÷当該誌全ページ量）× 100
表中内訳の単位は件数

Can Cam	若い女性向け平均	SanSun※	Olive	Fine	missHero※	SAY	MiL※	minx※	週刊明星※	BE・LOVE	婦人誌平均	婦人公論	主婦の友	主婦と生活※	新鮮※	ライフスタイル誌平均	クロワッサン	with	MORE	LEE	marie Claire	流行通信	AVenue※	30誌平均
3.8	3.3	6.3	5.9	6.1	0.7	4.6	1.7	2.0	6.3	2.3	1.5	0.2	1.6	1.3	5.1	0.9	2.6	1.0	1.0	1.1	0.1	—	—	4.8
226	188.7p	142	140	172	174	248	180	180	196	266	323.5p	552	246	272	224	280.0p	204	408	408	292	226	212	210	248.2p
11.0	6.3p	9.0	8.3	10.5	1.3	11.4	3.2	3.6	3.2	6.0	5.0p	0.9	4.0	3.6	11.4	2.4p	5.3	4.0	4.2	3.3	0.3	0.0	0.0	11.9p
19	7.0件	8	4	8	2	18	6	5	7	5	7.5件	3	7	5	15	2.6件	8	3	3	3	1	0	0	13.2件
	0.8件					1	2	1	3		3.3件	3	1	1	8	0.1件	1							12.4件
17	1.6		1			10	2	1			−					0.5	1			1	1			2.4
	0.3	1				1			1		1.0		1	2	1	0.5	1	1		1				0.9
	0.9	2		1		1	1		1	2	0.3				1	−								1.2
	0.9	2	1					2	1	2	0.5		1		1	−								1.1
	−										0.7				3	0.1		1						0.3
2	1.3	2	1	4	1	2	1		1		0.5			1	1	1.0	2	1	2	1				2.2
	−										−					−								0.3
	0.7	1	1	1		1		1		1	0.7		2	1		0.1			1					0.8
	−										−					0.1	1							0.4
	0.2				1	1					−					0.1	1							0.2
	−										0.5		2			0.1	1							0.3
	0.3			2		1					−					−								0.2

注3：純粋の医薬品や健康飲料と明示されているものは除く
注4：※印を付した雑誌は本論発表時では休・廃刊となっていた
注5：その後、現在ではさらに多くの雑誌が休・廃刊となっている
＊諸橋泰樹「女性週刊誌における痩身・整形広告の研究」『吉田秀雄記念事業財団助成研究報告書および同報告要旨集』189 − 202、1987 年より作成（表1〜5、グラフ3〜グラフ5、図1まで同）

『non・no』『CanCam』『JJ』『ViVi』といった若い女性向けファッション誌、『MORE』『with』といったそれ以降の年代向けファッション誌における情報内容の量的コンテントアナリシス（内容分析）を行うと、①ファッション記事や広告、②化粧品広告やメイク記事などの美容もの、③ダイエット記事や痩身・美容形成外科の広告など、美容関連情報の合計ページ量は一冊のうちの半分を優に超え、そのうち痩身・整形分野の情報量は一冊中数%から一割にのぼる。(注6)女性雑誌は、グルメ記事や料

理記事などで「食べろ」という一方で、ダイエット記事や痩身広告、ファッション記事で「食べるな」という、あい反するダブル・バインドなメッセージを発しており、一方で焚きつけながら他方で打ち消すマッチ・ポンプ的企画構成で雑誌や広告商品を購買させているのである。

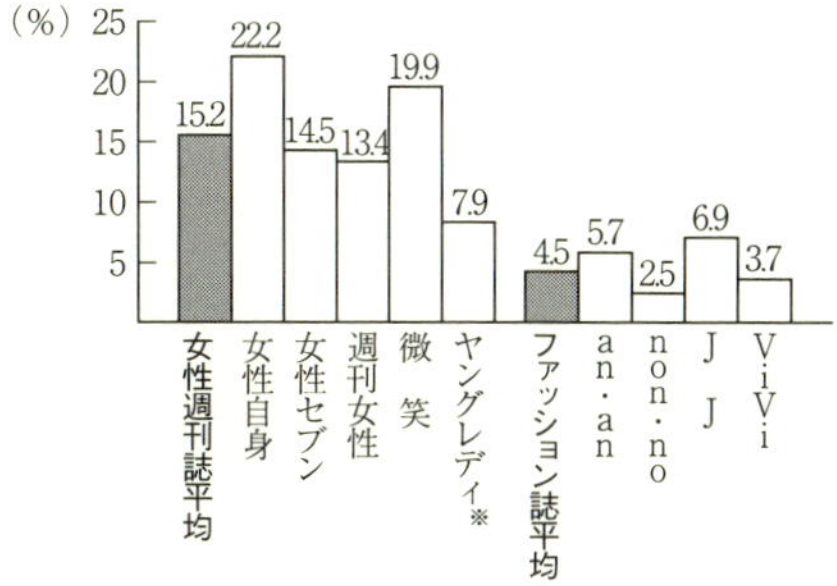

	女性週刊誌平均	女性自身	女性セブン	週刊女性	微笑	ヤングレディ※	ファッション誌平均	an・an	non・no	JJ	ViVi
全ページ量	267.6p	264	254	220	260	340	231.4p	152	259	340	180
当該広告ページ量	40.6p	58.5	36.8	29.4	51.7	26.7	12.3p	10.1	7.8	23.3	9.1
当該広告件数	43.6件	52	41	38	61	26	13.2件	15	8	14	10
美容・形成外科	12.4件	14	11	12	20	5	0.6件	1			2
エステティックサロン	4.6	13	3	2	4	1	6.2	8	3	2	1
ダイエット食品	3.4	3	2	4	5	3	0.2				1
部分痩身	5.4	5	7	4	7	4	−				
装着具等による痩身	4.2	4	6	2	6	3	0.6	1		1	1
バストアップ	1.2	1	1		3	1	−				
脱毛	5.6	6	6	4	7	5	3.6	4	2	8	2
二重瞼化	1.4	3	2		1	1	0.4			1	1
ニキビ・シミ・美肌	2.2	1	1	3	4	2	0.8	1	1	2	
しわのばし	2.0	2	2	4	2		−				
ヘアセット	0.2			1			0.4		1		1
養毛・かつら	1.0			2	2	1	−				
その他	−						0.4		1		1

注1：1986年6月号を対象に当該広告を0.1ページ単位までカウント
注2：1広告につき1商品・サービスに限定

（2）雑誌ジャンル別〝痩せる広告〟の傾向

ダイエットブームが社会問題化しはじめる前後の一九八六年に、諸橋は女性雑誌三〇誌を分析し、そこに掲載されている身体変形・改造にかかわる全ての広告（以下、痩身・整形広告）を分類し量化した。(注7)

その結果明らかになったことは、三〇誌合計で三九五件、ページ量にして三五七・九ページ分におよぶ痩身・整形関係の広告が氾濫する実態であった。一誌あたりの当該広告掲載件数は一三・二件、一一・九ページの平均となる。グラフ2に示したように、雑誌ジャンル別にみると『女性自身』『微笑』をはじめとする女性週刊誌で最も多く、当該広告の平均ページ量は何と四〇・六ページ、平均件数は四三・六件、全ページに対する広告掲載比率（当該広告ページ量÷全ページ量×一〇〇）は一五・二％に達している。およそ六ページに一ページはこれらの広告ということになる。他ジャンルでは、ファッション誌の平均掲載比率が四・五％、若い女性向け誌で三・三％、婦人誌は一・五％、ライフスタイル誌ほかが〇・九％。週刊誌平均とはかなり開きがみられるものの、しかし何らかの身体変形・改造の広告が載っている点で、いずれの雑誌も皆無ではない。三〇誌全体の平均掲載比率は四・八％であった。つまり、雑誌を二〇ページめくれば一ページは、「理想のプロポーションに！」とか「Wシェイプ方式！」「2サイズダウン！」、また「＊＊整形外科」「＊＊ビューティセンター」などといった広告にお目にかかるわけだ。

分野別には、三〇誌合計三九五件中、①美容外科・形成外科八六件（一誌あたり平均二・九件、分野別構成比二一・八％）、②エステティックサロン七一件（平均二・四件、構成比一八・〇％）、③脱毛六六件（平均二・二件、構成比一六・七％）、④部分痩身三六件（平均一・二件、構成比九・一％）、⑤装着具等による痩身三四件（平均一・一件、構成比八・六％）、⑥ダイエット食品二八件（平均〇・九件、構成比七・一％）、⑦ニキビ・シミ治し、美肌二五件（平均〇・八件、構成比七・〇％）、などの順位で頻度が高かった。

総じて、顔やウェストや全身をスリムにするための装着具やダイエット食品など、自分で〝痩せる〟ための広告が主流であるが、外科的手術医院の広告とエステティックサロンのような外部サービスによるケアが目立つほか、サンプル誌が六月号という性質上か脱毛関連が目につく。その際、中・高年層や既婚の読者の多い女性週刊誌やいわゆる婦人誌よりも、ファッション誌や若い女性向け誌、ライフスタイル誌の方が脱毛広告の構成比率が高い傾向がみられる。ノースリーブや水着姿など「見られる（見せる）」機会の多い女性と、「見られる必要はない（さらしてはイケナイ）」という社会的規範が強くはたらいている年齢の女性との違いがあらわれている、といえようか。事実、週刊誌と婦人誌の方には、シミ治しやしわ伸ばし、養毛・かつらなど、年齢＝エイジング（老い）とかかわった分野が多く見受けられた。

2　女性週刊誌にみる〝痩せる〟広告の世界

（1）「美しく」なる商品・サービスの構成

既述の一九八六年調査における女性雑誌中、対象広告の件数や掲載率が最も高く、人気もあり、部数も一号あたり一時期一〇〇万部近い発行部数を誇っていた週刊誌『女性自身』（光文社）の、八六年一月から六月までの毎月初週号六冊分をサンプルとし、さらに分析を加えてみよう。ここではまず、商品・サービスの中身と機能の両面から分類、すなわち「施術目的と部位」（身体をどうしたくてどこを矯正するのか）と「施術方法」（どのような仕方で目的を達するのか）とに分けて分析してみる。先の三〇誌と同様、一広告一件とカウントし、一広告につき一つの商品・サービスに限定した。

表1　女性週刊誌における痩身・整形広告の施術目的と部位別商品構成

施術目的と部位	件数（6号計）	1誌平均件数	（%）
① 眼・鼻だちなどの修正（美容形成）	91	15.2	(31.7)
② 痩身・脱毛・美顔関連サービス（エステ）	72	12	(25.1)
③ 痩　身	24	4	(8.4)
④ しわ伸ばし	15	2.5	(5.2)
④ 二重瞼化	15	2.5	(5.2)
⑥ 部分痩せ（ヒップ、腕、脚）	11	1.8	(3.8)
⑦ 脱　毛	10	1.7	(3.5)
⑧ ウエスト痩せ	8	1.3	(2.8)
⑨ しみ・ニキビ・ソバカス治療	7	1.1	(2.4)
⑨ ヘアセット	7	1.1	(2.4)
⑪ 美顔＋顔痩せ	6	1	(2.2)
⑪ 養毛（頭髪）・かつら	6	1	(2.2)
⑬ 口臭・体臭除去	4	0.7	(1.5)
⑭ 顔痩せ	3	0.5	(1.0)
⑭ 美容・健康	3	0.5	(1.0)
⑯ スキンケア（顔、全身）	2	0.3	(0.7)
⑰ 豊　胸	1	0.2	(0.3)
⑰ 育　毛（まゆげ）	1	0.2	(0.3)
⑰ 歯を白くする	1	0.2	(0.3)
合　　計	287	47.8	(100.0)

注1：1986年1月から6月までの週刊『女性自身』各月初週号計6冊を対象に析出された287件の広告がサンプル（表2～表5、グラフ3～グラフ5まで同）
注2：1広告につき1商品・サービスに限定

この雑誌の半年分に掲載されていた身体変形・改造広告の総件数は二八七件、ページ量にすると二一三・三ページ分であった。一誌あたりの平均は四七・八件、三五・六ページであり、対象広告の全ページに対する掲載比率は一三・九％となる。『女性自身』誌全体の平均広告量（対全ページ比）は約三〇％であるから、広告の半分近くはこういった痩身・整形関連広告であるということになる。

施術目的と部位別にみた広告件数は（表1）、①眼や鼻だち等の修正（主に美容形成外科による）一誌あたり一五・二件（構成比三一・七％）、②痩身・脱毛・美顔関連（エステティックサロン）一誌あたり一二件（構成比二五・一％）、③痩身（ダイエット含む）同（以下略）四件（八・四％）、④しわ伸ばし二・五件（五・二％）、⑤二重瞼化二・五件（五・二％）、⑥ヒップ・腕・脚の痩せ一・八件（三・八％）、⑦脱毛一・七件（三・五％）、⑧ウェスト痩せ一・三件（二・八％）、⑨しみ・ニキビ・ソバカス治療一・一件（二・四％）、⑩ヘアセット一・一件（二・四％）などの順位となった。頭の先から足の先まで、全身にわたる「改良」のアイテムが網羅されている。

ここにうごめいているのは、かつてならば所与のものであり本来は変えることのできなかった自己の身体の体型や容貌を、とにかく変えたい、変えることによって新しい自分を経験したいという、切なる希求《ねがい》である。細い眼、低い鼻、はれぼったい瞼や一重の瞼、ずん胴な体軀、偏平な胸、身長一一〇を上回る体重、太い脚や大きなヒップ、毛深い腕や脚、〝老い〟を示す兆候としてのしわやシミや白髪……。これらの「マイナス身体」を忌避し、サービスの消費によって克服することで、異性のまなざしや同性との比較競争関係における〝勝利者〟のみが住むことのできる、明るく自信に満ちた日々の世界へと引っ越せるのではないかという思い。そしてその〝思い〟を現代のテクノロジーは、通院し・通信販売で購い、身を横たえるだけで、あるいは「着るだけ」「ほんの一滴塗るだけ」「食べながら」、可能にしてくれるというのだ。

施術方法別にみた広告件数（表2）は一誌平均四七・八件中、①美容形成・外科手術によるもの一誌あたり一五件（構成比三一・三％）、②通院によるもの（エステティックサロン等）一誌あたり一二件（構成比二五・一％）、③身につける装着具同（以下略）五件（一〇・五％）、④身にあてたりする器具

表２　施術方法別にみた広告の商品構成

施術方法	件数（6号計）	1誌平均件数	（％）
① 美容形成・外科手術	90	15	(31.3)
② 通院	72	12	(25.1)
③ 装着具	30	5	(10.5)
④ 器具	27	4.5	(9.4)
⑤ 液状剤	17	2.8	(5.9)
⑥ クリーム・スプレー剤	15	2.5	(5.2)
⑦ 本	8	1.3	(2.8)
⑧ 粉・顆粒状食品	6	1	(2.1)
⑧ 食品	6	1	(2.1)
⑧ パック状	6	1	(2.1)
⑪ 錠剤状食品	4	0.7	(1.5)
⑫ 茶	2	0.3	(0.7)
⑬ 教材キット	1	0.2	(0.3)
その他	3	0.5	(1.0)
合計	287	47.8	(100.0)

四・五件（九・四％）、⑤液状の塗布剤二・八件（五・九％）、⑥クリーム・スプレー状の塗布剤二・五件（五・二％）などのほか、マニュアル本、粉末やケーキ状や薬剤状の食品、パック等の方法が並んでいる。形成外科やエステのように他律的に施術・サービスしてもらうにしても、自分で着たり塗ったり飲んだりするにしても、ここには、めんどうで辛いトレーニングをしたり、三カ月も入院したり半年も刻苦《ガマン》勉励したりする必要からまぬがれた、容易に「美しくなれる」方法が求められている。そして同時に明らかなことは、いまや身体は人工的に矯正し得る／つくり得るものだという思想である。『SIGN』一九九一年一一月号の記事のタイトル「カラダをメイクUP！セクシーボディをつくるためのホームエステ」（傍点・筆者）などは、まさにその「思想」を物語っている。

表３　女性週刊誌における痩身・整形広告の商品・サービス構成

施術目的（部位）と方法	件数（6号計）	1誌平均件数	(%)
① 美容形成外科（手術）	90	15	(31.3)
瘦身＋脱毛＋美顔 25			
② エステティックサロン ｛瘦身 9／脱毛 18／その他の組合せ 20｝	72	12	(25.1)
③ その他の痩身法	50	8.3	(17.4)
装着具による痩身 25 ｛痩身 5／部分痩せ ｛ヒップ、腕、脚 10／ウエスト 8／顔 2｝｝			
食品による痩身 15 ｛食品 6／粉末・顆粒状 6／錠剤状 3｝			
電気的器具による痩身 6 ｛顔痩せ 5／脚痩せ 1｝			
痩せる本 4			
④ 塗布剤によるしわのばし ｛クリーム 7／パック 6／液 2｝	15	2.5	(5.2)
⑤ 二重瞼液	14	2.3	(4.9)
⑥ 脱毛 ｛電気的器具による脱毛 5／クリーム・スプレーによる脱毛 5｝	10	1.7	(3.5)
⑦ 電気的器具によるニキビ・ソバカス治療	7	1.2	(2.4)
⑦ 電気器具によるヘアセットごて	7	1.2	(2.4)
その他（豊胸プロテイン、美容茶、わきがを治す本、育毛クリーム、かつらなど）	22	3.6	(7.8)
合計	287	47.8	(100.0)

（２）可変的素材としての部分化された身体

表３は、施術目的と部位および施術方法とをクロス集計した結果を一覧したものである。最終的に、『女性自身』誌の半年分の痩身・整形広告はこのようなかたちにまとめることができる。

一位が顔の造作の修正を施したりスリムな身体を人工的医学的につくる美容外科・形成外科の手術（三一・三％）。二位が痩身・脱毛・美顔のために「低周波」を当てたり「石膏パック」をしたり「脂肪の揉みだし」をしたりしてくれるエステティックサロン（二五・一％）。三位が、発汗をうながして「着るだけで」全身が「すっきり」痩せるというサウナ・スーツなど全身痩せの装着具、「特殊波動」を出すアームやレッグやウェスト痩せの装着具にコルセット、「自宅でできる整形」というフレコミの顔痩せマスクなど部分痩せの装着具、「食べながら」痩せられ「めんどくさいカロリー計算も不要」のダイエット食品や錠剤、さらに「顔のゼイ肉を1日5分で追放」する「5ワットの強力パワー」などによる顔痩せ電気器具、そして痩せるための本、などなどからなる様ざまな痩身法（一七・四％）である。

以下、四位に「使ったその場で効果が」あらわれるシワかくしのクリーム・液やパック（五・二％）、五位に「みるみる外人のような」二重瞼になれる液（四・九％）、六位「高周波電子器具」や「バイオ技術」の泡による脱毛の器具・塗布剤（三・五％）が続く。そのほか「電子ビーム」によるニキビ治療器、「睡眠豊胸法」で「らくらくバストアップ」の器具（単なるブラ?）やジャムウ、プロテインなどの豊胸食品、養毛クリーム、まつげパーマ、「いつまでも若く」見せるかつらなどなど、女性週刊誌は宇宙大戦争で使えそうな「最新」兵器から「東洋の神秘」まで何でもござれで女性を「美」の世界へといざなっている。(注8)

「美しいからだ」がなぜこうまで希求されるのか。それは、そのような身体の所有が魂を救済し、自己への自信と威信をもたらす財（資本）となるからであり、ひいては地位の向上＝成功に結びつく機能をもつからだ（ただし「美しさ」は文化や時代によって相対的であることはいうまでもない）。「見せびらかしの身体」を手に入れることによって、注目され、ちやほやされ、称賛を浴び、プレスティージを上昇させ、さらには物理的・経済的にトクをすることにまでつながるという、身も蓋もないがしかし厳然たる実態を女性たちは知悉している。事実（?）、広告の中で「吉村＊美子さん・東京都・20歳」は、かつてバストが小さく、それが《原因で内気な性格になり、男性との交際も消極的になって暗い毎日の連続でした》というのが、「バストチャーム」によってバストが《日に日に大きくなるのを感じ》、念願のレースクィーンとなる栄光をつかんで、〝成功〟したほどなのだから。

女性の身体や容貌は、現代にあってはまさに「資本」であり「財」であり、さらに次なる「資本」や「財」を生んでいる。《(女性が―引用者注)社会的なパワーをもてるかどうかは容姿にかかわるのだ。医療技術が進歩し、鼻ばかりでなく顔全体や胸、臀部、二の腕、ふくらはぎにいたるまで整形できるようになった結果、美容整形に対する要求はだいぶ変わったが、手術の動機の方はほとんど変わっていない。人が何よりも望み、美容外科に期待をかけているのは「人並みになること」であり、また「世間で支障のない生活を送り、不遇な立場から脱却すること」だった[注9]》。だからこそ、ジェンダーの経済関係としての「性の商品化」や「売買春」「援助交際」「ブルセラ」はなくならないのであろう。

いうまでもなくその「財」としての価格をつり上げているのは、まるで女性が毎日見る鏡のような、男性の、女性に対するステレオタイプな美しさ観に裏打ちされたまなざしと態度である。この、「男という姿見」に加えて、後述するように「女性が内面化している男性のまなざし」や「女性の思っているセクシーな身体」観も拍車をかけている。したがって「美」の獲得は必然的に他者との比較競争関係に組み込まれることとなり、限りない差異化の競争へとエスカレートしてゆくことになる。「美の検閲」を受けるために常に最新のファッションを手に入れなければならないのみならず、スリムなからだを獲得したらそれに維持費を払い、次はまゆ毛、次はワキの下、その次は鼻、その次はシミ抜き、そして脚線、という具合に財を生む資本としての身体はひたすら局部化され、可塑的な素材(マテリアル)として管理・整備され、社会的記号としても操作されるようになるのである[注10]。

身体・容貌の「美しさ」が、「選ばれた者」の「財」となり〝救済〟と〝成功〟に結びつくとき、それは美の獲得のためのプロテスタンティズム的（禁欲的）な倫理となり（たとえば過度なダイエット）、その駆り立てられたエネルギーによる熱心な活動が、痩身・整形資本を形成し発展させることになる。一九七二年は店舗数約一〇〇、延べ客数三万人、年商一〇億円であったエステティックサロンを、九二年には二万五〇〇〇店延べ客数二〇〇〇〇万人、年商五〇〇〇億円へと伸長させたのは、彼女らに痩身行為と消費という熱心なシャドウワークをうながす「女性の身体の倫理と精神」である。「美しさ」へのブームは、こういった女も男も含む一人ひとりの意識と行動に支えられているのだ。

（3）目ざされるべき白人的な若い身体

それでは、このような〝痩せ〟をはじめとする〝美の強迫〟が目ざす基準は、どのような身体なのだろうか。

八六年の『女性自身』の広告分析から得られた、主要な女性登場モデルは一七四人。そのモデルの「人種」を推定したところ、四六・六％が日本人であり、三三・三％が明らかに白人系の欧米人モデルであった。白人系日本人（ハーフ）とおぼしきモデルは五・二％で、白人系全体としては四割近くにも達する（グラフ3）。身体部位だけなどで判定不明は一四・九％である。巷間よくいわれるように、日本の広告には欧米人がなぜかよく登場する。他の「有色」と思われる「人種」は見当たらないところに、日本（人）のエスニシティに対するコロニアリズムがみえる。「欧米崇拝」という近代の呪縛。またこのモデルの年代を推定したところ、グラフ4の分布にみるように二〇代後半のモデルが

グラフ３　女性週刊誌における痩身・整形広告に登場する主要女性登場モデルの「人種（推定)」構成

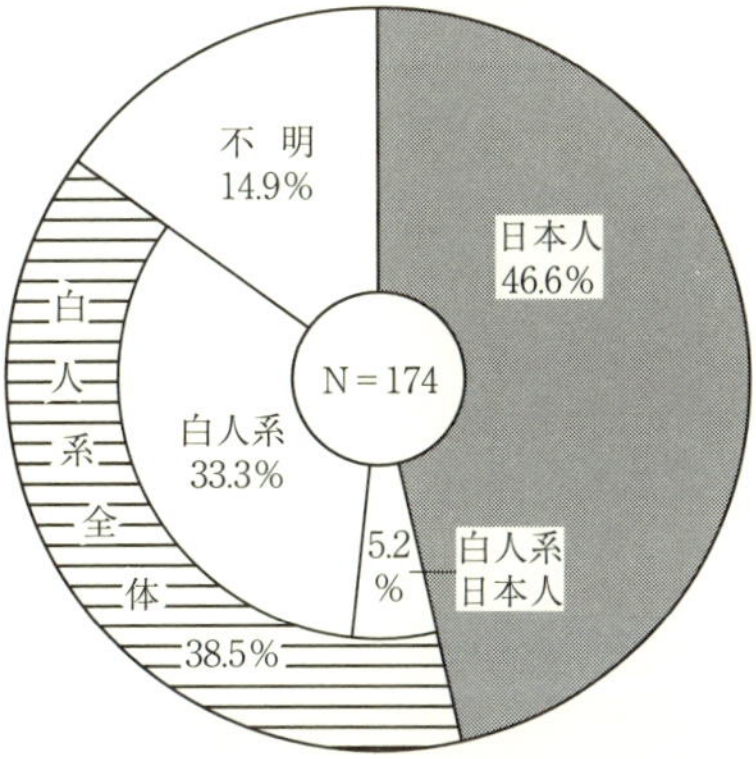

注：1986 年 1 月から 6 月までの『女性自身』各月初週号計 6 冊を対象に析出された女性の主要モデル 174 人を対象

グラフ４　広告登場主要モデルの年代（推定）構成

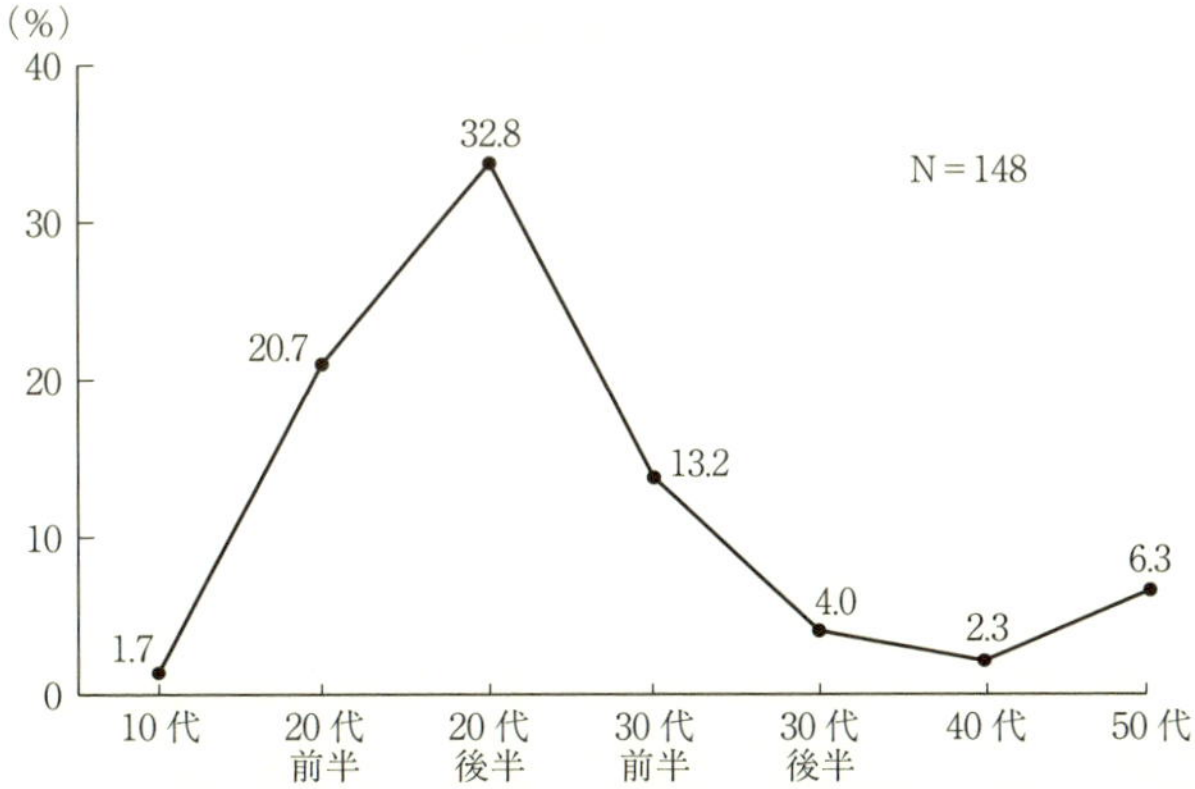

注：1986 年 1 月から 6 月までの『女性自身』各月初週号計 6 冊を対象に析出された女性の主要モデル（人種「不明」者を除く）を対象

表4　施術目的別主要モデル構成と広告表現

モデル属性／広告表現／施術目的	主モデルの「人種」	年　齢	ポーズ	「使用前」写真	推奨者	「今すぐ」表示・記述
瘦身・脱毛・美顔（エステティックサロン）	白人系（理想者）が多い	20～30代	全身、施術中、上半身	△	△（タレント、一般）	△（とくに脱毛）
瘦身関連全般（器具、ウェア、食品）	日本人／白人系（克服した者／理想）	20～30代 50代	全身、上半身		○（タレント、一般、専門）	△
部分瘦せ	主に日本人（克服した者）	20代	部位のみ		△（一般）	○
脱　　毛	主に白人系（理想）	20代	施術中、部位のみ、上半身	○	△（専内家）	○
スキンケア	日本人（克服すべき者）	20代前半	使用中			
しみ・ニキビ・ソバカス治し	日本人（克服すべき者）	20～40代	顔だけ、使用中		○（一般、タレント）	○
しわのばし	白人・日本人（克服すべき者）	20～50代	顔だけ、上半身	○	○（一般、タレント、専門）	○
二重瞼化	主に日本人（克服すべき者）	20代	顔だけ、部位のみ	○	○（一般）	

三二・八%と最も多く、二〇代前半の二〇・七%と併せて過半数を占めた。対象読者の年代層と重なっていることは確実だが、「二〇代」というのは完成した「女性」として最も理想形と考えられているということもあるのだろう。こういった広告の表象から、「女性の美しさ」は、欧米風の顔立ちとプロポーション、若さにある、ととらえられていることは間違いがない。

細かくみるとモデル構成は商品・サービスによって異なっており（表4）、エステティックサロンと瘦身ウェア、脱毛を中心に、白人系が多い。つまり白人モデルは、目ざされるべき価値（顔が小さく、スリムでグラマーで、肌が白く綺麗な）として登場しているが、逆に日本人モデルは、日本人女性の不満・コンプレックス（太ってずん胴、一重瞼で直毛でニキビ跡がある）を克服すべき者または克服した者として描かれている。同様に、一部のダイエット食品や瘦身器具、しみ治しやしわ伸ばしの広告には中年以降のモデルが登場するが、これも「老い」をマイナスととらえ克服すべきというメッセージが込められている。

（4）欠如性をあおる表現

柄本三代子は、雑誌のダイエット特集におけるあらゆる部分化された「理想身体」の「語られ方」を分析する中から、現実の身体とは乖離したディスクール上の「理想身体」が、コード化されていると述べ、《多様な「理想身体」の記述は、多様であるにもかかわらず現実の我々のいかなる身体をも「非理想身体」として差異化し「そのままではいけない」と、メッセージを送る》[注11]と指摘する。そのため、「使用前」や「施術後」の写真の掲載もエステやしわ伸ばしをはじめとして少なくない（表4）。「身体の検閲」は、雑誌メディア中のあらゆるところで張りめぐらされている。

瘦身・整形商品やサービスが存立するのは、自分が社会的に美しいと評価される基準から外れている、基準に達していない、つまり白人的なプロポーションや肌の色、若わかしさやバストの大きさや脚の細さや鼻の高さが不足している、といったスケアシティ（稀少性）の意識が人びとにあり、それを消費によって入手し不足性を埋めることができるからである。その「美の稀少性」を否応なく意識させ、あなたは基準に達していないとレッテルを貼るのが、ほかならぬメディアなのだ。広告がこ

グラフ５　広告の推奨者の有無と推奨者の内訳

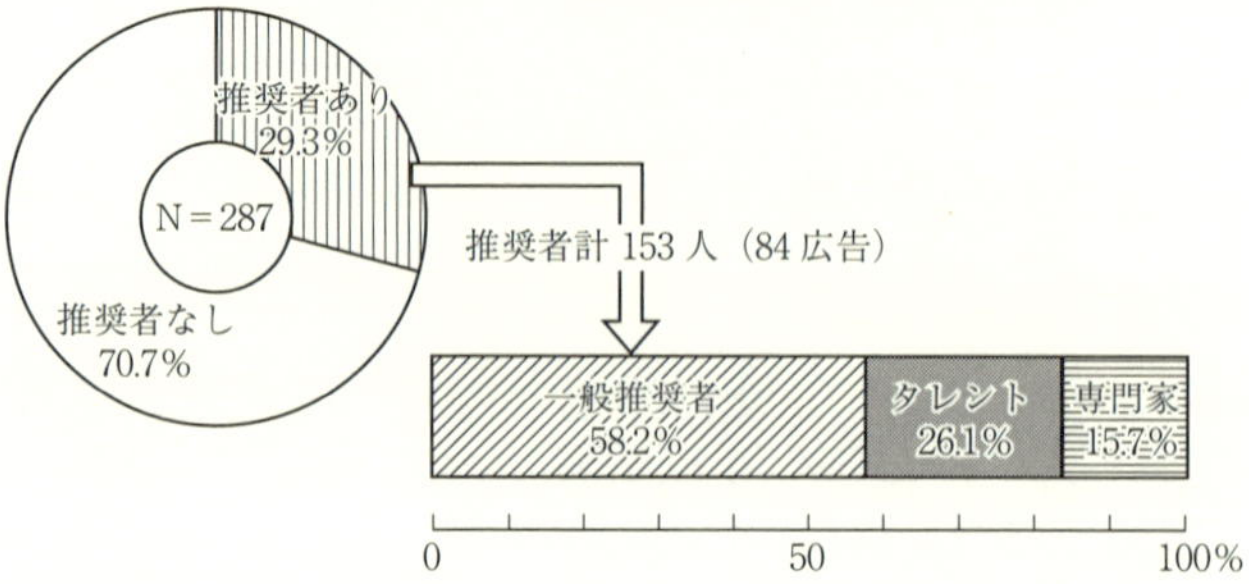

れでもかと登場させる若く美しい白人が美の基準となり、読者女性たちの白人的な身体の欠如性（白くないこと）や若さの欠如性（若くみえないこと）をあおる。レイシズムとエイジズムの社会心理の一端をメディアも担っているというのが、最近のカルチュラルスタディーズをはじめとするメディア研究の主張でもある[注12]。

また、〝福音〟と〝ご利益〟にお墨付きをあたえるため、広告には多くの推奨者が登場し、商品・サービスの説得性を増している（グラフ5）。半年分合計二八七件の広告中、推奨者は八四広告に登場し、総人数は一五三人に達した。一広告に一・八人推奨者が出現する計算になる。内訳は、「ひと昔前以上の若さをありがとう！」と「喜びの声」を寄せる「高橋＊美さん（31歳）」などの一般推奨者が八九人（五八・二％）、歌手や女性の俳優などのタレント四〇人（二六・一％）、そして「生理機能活性剤」を「発明」した「中島＊夫医学博士」や「TOKYO UENOクリニック・メディカルチーフ　桑＊おさむ氏」などの専門家が二四人（一五・七％）であった。特に、痩身関連のほか、しみ・ニキビ治しやしわ伸ばし、二重瞼化に多く登場する傾向がみられた（表4）。体重や顔立ちのコンプレックスに悩んでいたが、（これを使って）白人のような身体や若返ったからだを獲得でき、生き方の「自信」や性格の「明るさ」を得た、そしてそのことに周りの男性（夫やボーイフレンド）も喜んでいる、という内容に要約される利用者談は、女性を取り巻く身体観とその構造をよくあらわしている。《女性は一時的でしかない商品としての自分の美しさで他人に受け入れられようとする》（注13）のである。

広告文にはまた、「今すぐ」に代表されるような（表4）読者をあおり・焦らせるために煽情的な表現のほか、見出しコピーや説明文にエクスクラメーションマーク「！」が多用されてもいる。「！」印は二八七件の広告のうち一七六広告（六一・三％）にみられ、総計で一二七八個使用されていた。一広告につき六・七個の「！」マークが使われているということになる。何やら、買わなくてはいけない気にさせられてくるから不思議だ。

3　身体管理の時代のゆくえ

（1）〝痩せる〟広告にみる現代のエートス

表5は、一九八六年半年分の『女性自身』における二八七件の広告のキャッチコピーや説明文の中から、特徴となる〝釣り文句〟を数え出し、分類したものである。

人びとの「美」の所有欲と購入欲を補強する、広告上で使用されている最多のことばが、「グングン痩せる」「10日間で」（痩身ウェア）、「1日わずか10分」（痩身マッサージ器具）、「塗って55秒！ みるみる」「その場で」（二重瞼化）、「スピード痩身」（エステティックサロン）などの速効性・短期性を

表５　女性週刊誌における痩身・整形広告の言説

順位	コンセプト	件数（6号計）	1誌平均件数	（%）	主な施術目的・部位広告	主な文例
①	短期性	113	18.8	(39.4)	痩身、脱毛、エステ・サロン、美顔、ヘアセット、二重瞼、部分痩身	塗って55秒！みるみる、わずか30秒、5～16秒、塗って60秒、この効果！、30分後には、す早く、瞬間的に、はいたその瞬間、その場で、スピード痩身、瞬間脱毛、短期間でO脚にさよなら、スゴイ！すぐ細くなる、1回15分、わずか5分10日で、1日わずか10分、出合いから2週間で正確さに驚き！スピード効果
②	簡便性	88	14.7	(30.7)	脱毛、痩身、しわのばし、部分痩身、ヘアセット	あてるだけ、ほんの一滴ぬるだけ、のばすだけ、ヒモを止めるだけ、着るだけ、スイッチを入れるだけ、ひとふきで、スゴイ！これ1本でシワの悩み解消、横になったまま、眠りながらラクラク減量、食べながらやせる、家でできる、こする手間と時間一切不要、誰でも簡単、手軽に、技術不要、面倒くさがり屋さんでも
②	科学性	88	14.7	(30.7)	しみ・ニキビ・ソバカス治療、しわのばし、脱毛、痩身	レイソーゲン、スエルチオール、ガンマ・リノレン酸、エラスチン、コラーゲン、ヒアルロン酸、ミネラルゲル、プラセンターリキッド、半導体レーザー、電子美容、バイオ痩身、エレクトロパラフィンクイック、ハイテック脱毛、エレクトロ痩身法、高周波電流放電、生化学理論、科学的美容生理学、科学データにもとづいて、コンピュータの高度利用、科学的分析の体系化へ、東大出のバイオテクノロジー研究者が共同開発、医学界からクレームが入り美容か医学か意見奮闘（1981年）
④	特　典	67	11.2	(23.3)	エステ・サロン、しわのばし、ウエスト修正	10日間無料試着、無料体験モニター、無料Bコース、無料カウンセリング、今がチャンス脱毛30分無料体験実施中、先着150名様にボディ・フェイシャル、もれなくぬいぐるみプレゼント、今小ジワ専用クリームのサンプルをプレゼント中！、グアム旅行10名、ポケットカメラプレゼント
⑤	斬新性	56	9.3	(19.5)	エステ・サロン、かつら、美顔＋顔痩せ、しみ・ニキビなど	新発売、新発表、大発明、画期的、最新技術、従来にない

⑥	安心性（安心）	55	9.2	(19.2)	脱毛、エステ・サロン、ヘアセット、痩身、二重瞼	安全設計、安全処理、高度な技術で安心、肌にやさしいので、肌を痛めない、害がない、無痛、無理なく、健康的にやせられる
⑦	経済性（廉価）	47	7.8	(16.4)	エステ・サロン、脱毛、	低料金、お求めやすい、手軽な料金、何とこの価格、予算に合わせて、美容院より経済的、各コースが半額以下、35％ OFF、わずか 3000 円、電気代 1 カ月 5 円
⑧	話題性（評判・マスコミ）	46	7.7	(16.0)	ヘアセット痩身、しわのばし、ウエスト修正	話題集中！、話題騒然、大評判、今話題の、大好評、大ブーム到来、堂々 10 版、“ルックルックこんにちは”で紹介、TVCF 放映中、フジ・NHK・朝日放映、テレビで放映 3 回
⑨	話題性（人気・人数）	41	6.8	(14.3)	美顔＋顔痩せ、しわのばし、二重瞼、痩身	人気沸騰中、人気上昇、300 名公募のところ 1 万人以上、愛用者の口コミで人気、エステサロンでも人気、10 万人が愛用、300 万人愛用者、22 万人の女性を脱毛
⑩	稀少性	36	6.0	(12.5)	部分痩せ、しみ・ニキビなど治療、エステ・サロン	世界初登場、日本で唯一、本社独占販売、本社独自開発、業界初、限定 100 名様募集、日本で初めてサントロニック処理技術修得認定者

注 1：カウントは、1 広告中に出てくる同コンセプトのことばを「1 件」と数えてある
注 2：したがって（　）内の％は、総広告 287 件を母数としたもの
注 3：11 位以下、「個別性（個性）」「他社・他方法との比較」「確実性」「外国例」「権威」「秘密性」「自然性」「永久性」のコピー・コンセプトが続く

そのコンセプトとするワーディングで、二七八件の広告のうち三九・四％を占める一一三件（一誌あたり平均一八・八件）にみられた。一冊の雑誌中、広告の四割にこういったことばが躍っているわけである。次いで、「着るだけで」「眠りながらラクラク減量」（痩身ウェア）、「ヒモを止めるだけ」（部分痩せの装着具）、「食べながらやせる」（ダイエット食品）、「こする手間と時間一切不要」「誰でも簡単」「技術不要」（脱毛）、「スイッチを入れるだけ」（しみ・ニキビ治療器具）などの簡便性を唱ったものが八八件（一誌あたり一四・七件）、三〇・七％みられる。また同数で、「ヒアルロン酸」「ガンマ・リノレン酸」（ダイエット剤）、「半導体レーザー」（しみ・ニキビ治療器具）、「バイオ痩身」「コンピューターの高度利用」「エ

レクトロパラフィンクイック」（エステ）、「科学的分析の体系化へ」（痩身ウェア）、「コラーゲン」（豊胸クリーム）、「ミネラルゲル」（しわ伸ばし）などといった科学的信仰心に訴える有難い（?）科学的タームや成分や施術法が、セールストークとして並んでいる。

広告の上位にみられたこれらの短期性、簡便性、科学性は、明らかに近代のエートス（精神）であ る。あるいは近代科学が、加速化（時間の有効活用）、簡略化（誰でも操作可）を一見、可能にしたと もいえる。現代は、モノに向かっていたそれらのエートスが、身体にまで及び始めた時代なのである。

ダイエットが挫折するのは、多くが、その面倒さや気力がついていかないこと、ストレスで食べずにいられないことなどが原因といわれる。にもかかわらず、白人系のモデルや「九号」の既製服、「（身長－（マイナス）一〇〇）×〇・九」といった基準、異性のまなざしが「美」を強迫するさなかでは、「きつい、つらいダイエットはもう古い!! うわさの『ラクやせ』!!」「テレビを見ながら1日15分　短期スリムケア」「先端機能　エアータッピング・自動吸引排気システム」（いずれも『女性自身』一九九三年六月二九日号）を謳った商品に、誰もが飛びつかずにはいられない。

以下、「無料体験モニター」（エステ）や「ぬいぐるみプレゼント」（痩身装着具）などの特典（一三・三%）、「新発売」「大発明」「最新技術」などを連発した新奇性・斬新性、「安全処理」（脱毛）、「無理なく」（ダイエット食品）などの安全性（一九・二%）、「低料金」「何とこの価格」「お求めやすい」など経済性・廉価性（一六・四%）、話題性、稀少性などの〝売り文句〟が続く。こういった広告の文言、手法は古典的ではあるが、いまだ私たちはこういった「語り口」に〝弱い〟ことを知らしめさせる。

確かに我われは、佐伯啓思の指摘を待つまでもなく、《他人が欲しがっている手にはいりにくいものを欲しがるというのは、欲望のごく普通の姿だ。だから、欲望の充足である消費は、「他人のまなざし」を必要とする(注14)》。《さらにいえば、マーケティングとは、人々の潜在意識を掘り起こし、刺激をあたえ、操作することなのである(注15)》ということに気づいている。なるほど、コンプレックス救済産業・資本は、リタ・フリードマンのいうように、このようなマーケティング技術上の人間のココロのスキマを埋める稀少性充足の心理を刺激して、我が世の春を謳歌するに至っている。《これらの産業は、自分の容姿に対する自信のなさを食い物にして繁栄している。売り上を伸ばすためには、その清貧に対する購買意欲をそそるだけではなく、それを使わなければ自分は魅力的になれないと、女性に思わせなければならない。まず、曖昧に存在していた問題にスポットを当てる（略）。それから、その問題を魔法のように解決する商品を差し出す。広告は、正常な女性の身体を問題視するような風潮を生み出す。（略）／自己受容の道を求めている女性は、はっきりしたメッセージを声高に述べる賢い広告制作者の紡いだ巧妙な蜘蛛の糸に絡め取られてしまう。彼女がどんなに一生懸命、人に受け入れられるようになろうと努力しようと、彼女は永遠に未完成で不完全なままだ。彼女がどんなに美しくなり、いい匂いになろうとも、いつも必ず何かが欠けているのだ(注16)》

しかしこのように掘り起こされた、いや「欲望すること」に欲望して獲得した理想身体の果てに、彼女らは〝幸せ〟を見出すことができるのだろうか。

グラフ6　エステティックサロン苦情件数の推移

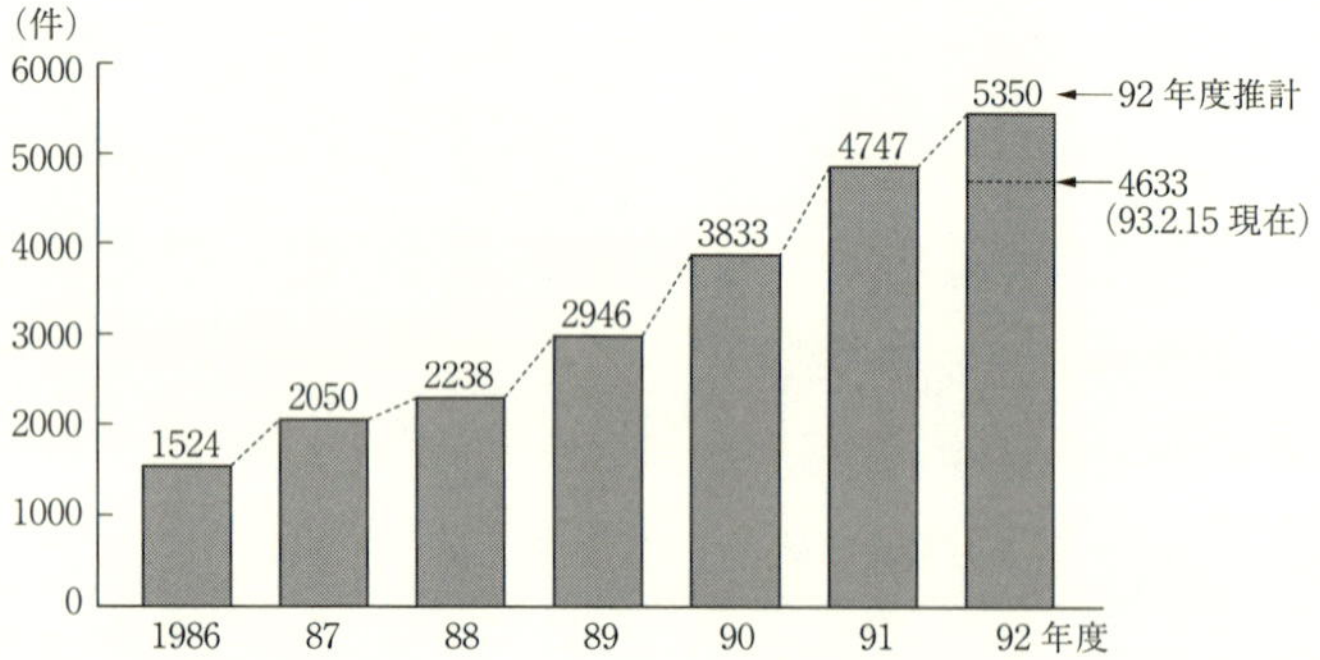

注：「全国消費生活情報ネットワーク・システム（PIO－NET）」を通して
国民生活センターに寄せられた苦情件数より作成
＊『国民生活』1993年5月号

（2）メディアが提供する「美しさ」

実際には、これらの身体や容姿を「美しく」改造するための商品・サービスは、商品やサービスの「質」の問題もあり、売り上げの伸びやブームに伴ってすこぶる不満・苦情が増加している。グラフ6にみるように、たとえばエステティックサロンに関し寄せられる苦情の件数は年々伸長しつづけ、国民生活センターの調べによると一九九二年度のそれは五三五〇件、八六年の三・五倍にも達しており社会問題化している。その主理由として、グラフ7にみるように効果のなさ、危害の発生、施術者の技術への不満などが挙げられている（注17）。その後の同センターの調査によると、脱毛エステの危害情報は九〇年から九八年までの八年間に八二八件寄せられ、腫れ、色素沈着、かぶれなどの皮膚障害が六八三件で八割、次いでやけどが六一件にのぼるという（注18）。

また、一九八七年に国民生活センターが実施した「痩身関連の商品・サービスなどに関する意識と調査」（既

グラフ７　エステティックサロン契約の解約希望理由
（マルチ集計、（　）内は件数）

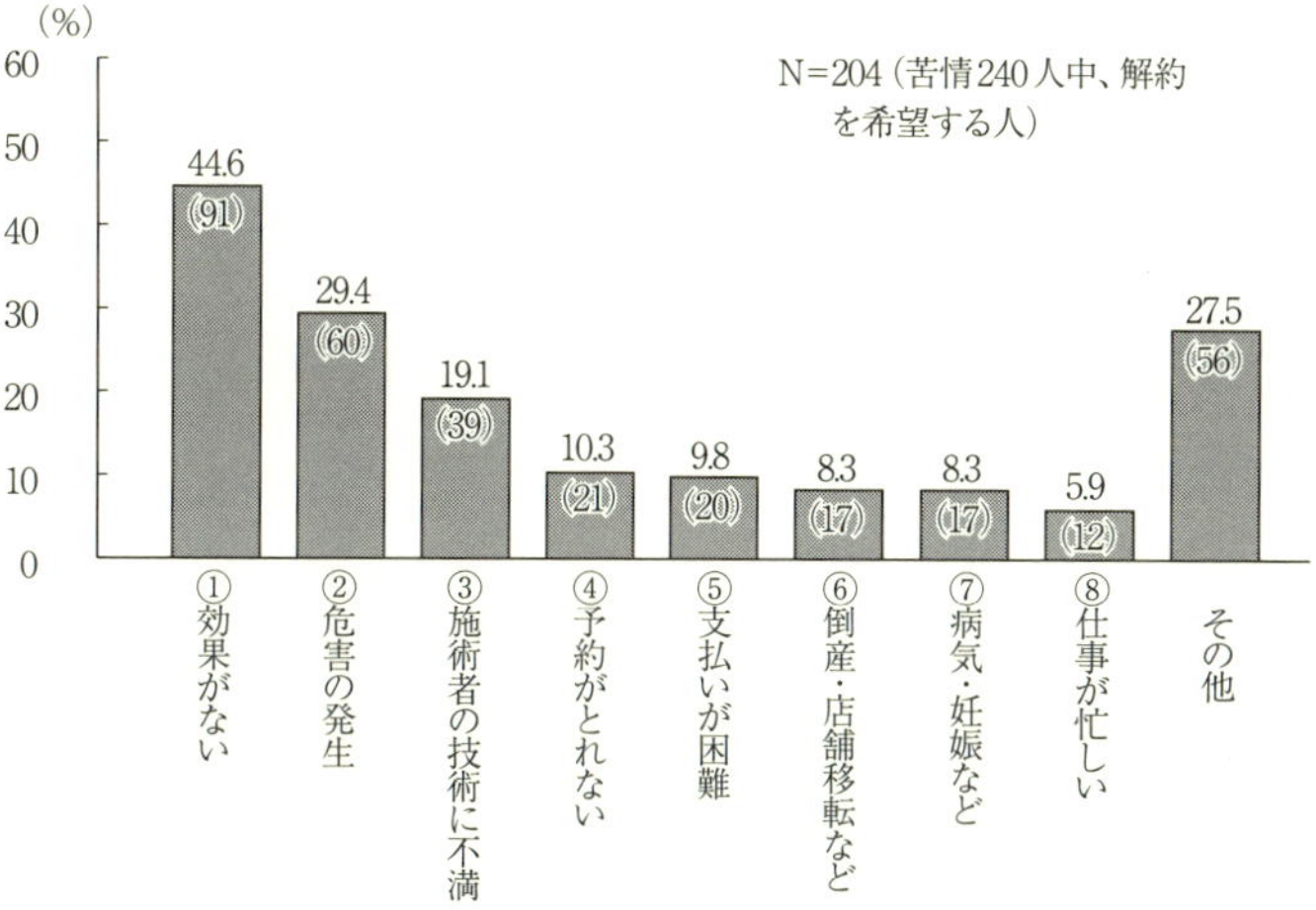

注：「国民生活センターが1992年11月に3日間実施の「エステティック・トラブル110番」に寄せられた相談360件（うち苦情240件）より作成
＊『国民生活』1993年3月号

出）の結果によれば、「健康食品・ダイエット食品」「痩せる衣服・下着」「マッサージ器など痩身美容器具」そして「痩身美容サービス」で、期待した効果がなかったり不満足とする人が、四割から七割近くにのぼっている（表６）。商品・サービスに対する心理的な過剰期待が、かえって不満度を高めていることも考えられるが、それにしてもダマす方[注19]、ダマされる方、双方ともに問題が多いといわねばなるまい。

もとより、美醜や体型がその人の人間性や性格の判断の基準となることの多い差別的な現在、特にその基準は女性に対しシビアにはたらく傾向が強い。メディアが散布する「美」の基準、メディアが貼るレッテルが人びとの規範となり、それから外れた人が「太っている」「色が黒い」「鼻が低い」等々と定義されることによって、強迫

表6　痩身関連商品・サービスの実施状況と効果・満足度

	N = 810	現在やっているおよび過去3年間にやったことがある	期待した効果がなかった	不満足
痩身関連商品	① 健康食品・ダイエット食品	22.5	53.9	58.3
	② 漢方薬など医薬品	12.7	32.3	40.0
	③ 痩せる衣服・下着	4.2	42.9	57.1
	④ ルームランナー、サイクルトレーナーなど健康増進器具	2.8	53.3	46.7
	⑤ マッサージ器など痩身美容器具	1.7	55.6	66.7
	⑥ 家庭用サウナ	1.9	40.0	40.0
痩身関連役務	⑦ ヨガ・太極拳	4.3	11.4	14.3
	⑧ エアロビクス・ジャズダンス	12.3	9.5	14.3
	⑨ テニス・水泳・ゴルフなどスポーツ	22.6	16.4	6.9
	⑩ アスレチッククラブ	3.1	25.0	18.8
	⑪ 痩身美容サービス	1.7	44.4	55.6
自分でやれるもの	⑫ 節食・減食	33.8	24.3	−
	⑬ ダイエットメニューをつくる	5.9	36.7	−
	⑭ ジョギング	11.0	23.2	−
	⑮ なわとび	8.5	22.7	−
	⑯ ラジオ体操	15.1	19.5	−
	⑰ その他	7.3	13.5	−

◯で囲んだ数値は50%以上のもの

注1：第15回国民生活動向調査＝政令指定都市および東京23区の2名以上世帯の主婦69歳以下、1540人を対象に1987年実施

注2：表は、そのうち痩身関連商品やサービスを現在または過去3年間にやった52.6%の人（N = 810）を分母としたもの

＊伊藤 麻「痩身関連の商品・サービスなどに関する意識と調査」『中央調査報』1988年6月号より作成

神経症的にダイエットブームや痩せ商品の流行現象を形成している側面は否定できない。あなたは外れているというメッセージは基準外者を〝発見〟し、その基準に合わせなさいというメッセージのシャワーはあまりに昂じるとかえってストレスとなり、過食にすら走らせかねない。痩せる広告は太った人をつくっているのである。(注20)

事実、緑川英子が行った中学生の女子を対象とした研究による(注

グラフ8　中学生女子の実体重と肥満意識

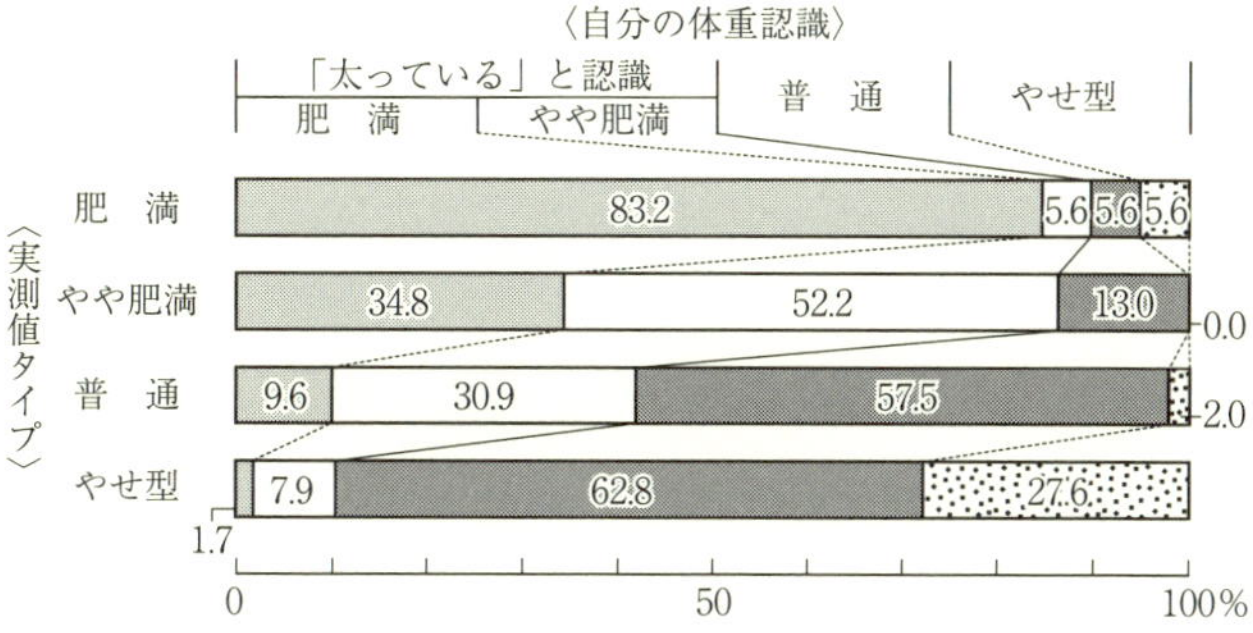

注1：会津若松市内の中学生1、2年生女子852人を対象に1991年実施
注2：実測値の体重は、ローレル指数をもとに体格を判定
＊緑川英子「女子中学生の自己体位に対する意識と食行動」『会津短期大学研究年報』No.50、1993年より作成

と[21]、グラフ8に示したように実体重が「普通」の生徒で四割が自分を太っていると思っており、実体重が「やせ型」の生徒でさえ一割近くが自分を肥満タイプと認識、六割もが普通の体型だと思っている。「太った女性」忌避の意識は、かくのごとく身体事実を超えるほどまでに認識深く入り込んでいる。

(3) 男性が要求する「美しさ」

同時に、女性をそこまで追い込んでいるのは、男性のまなざしであることも再度指摘しておくべきだろう。表7にみるように高校生女子の「理想体重」は四六・九キロで実体重より三・四キロ少なく、「肥満度」はマイナス一四・五％と大幅に低下している（男子は「理想体重」はむしろ増えており、「肥満度」のマイナス値に変動は全くない）。一方、「交際したい相手」のプロポーションをみると、女子が望む男子のそれは男子自身が抱いている自己「理想」とは多少のズレがあるのに対して、男子が望む女子の体重は四六・五キ

表7　高校生の実際と理想の身長・体重（平均値）

		女　子	男　子
実　際	身　長	158.0cm	169.5cm
	体　重	50.3kg	59.0kg
	肥満度	-4.9%	-2.2%
自身の理想	身　長	161.2cm	177.8cm
	体　重	46.9kg	65.9kg
	肥満度	-14.5%	-2.2%
交際したい異性の理想	身　長	159.2cm	174.3cm
	体　重	46.5kg	61.2kg
	肥満度	-13.4%	-4.9%

注：京都市立病院・古川 裕、京都府立医大・沢田 淳の調査＝京都市内の高校1年生女子3,556人、男子2,840人を対象
＊『朝日新聞』1992年10月9日の記事より作成

ロと、女子自身の「理想」体重の四六・九キロとほとんど変わらない。この、交際相手として男が望む女性のタイプと女性の自己理想との一致、そして女性の望む男性タイプにはむしろずれがあることは、女性のセルフイメージや自己理想が男性の価値観に合わせせられてつくられていることを示唆するものであるといっていいだろう。

ロビン・ラコフとラクェル・シェールは、次のようにいう。《整形外科と外科医師について語る時に奇妙なのは、医師を画家に、患者を画家のキャンバスに例えることが非常に多いことである。（略）女性は男性の純然たる創作品と見られる時が最も望ましい、と言っているピュグマリオーンの神話を人はよく連想する》（注22）。この医者＝画家＝男性／患者＝キャンバス＝女性、というアナロジーとピグマリオンの神話は、ヴェブレンのいう男性の女性支配＝所有と重なるだろう。すなわち、女性がスカート姿やハイヒールやコルセットといった働きづらいファッションや身体観は、《現代文明の生活様式では女性はなお理論上、男性に経済的に依存するものであるということ――（略）女性は

なお男性の動産であるということ——を証明する多くの項目である》（注23）

ナオミ・ウルフとリタ・フリードマンは、そのことをより過激に述べる。《女性の肥満というテーマに人々は情熱を注ぎ、女は女性の肥満に対して罪の意識を持つ。なぜなら、美の神話のもとでは、女の肉体は女のものではなく、社会のものであり、痩せることは私的な美意識の問題ではなく、飢えとは社会が強要する社会への譲歩なのだという暗黙の了解があるからだ。女に痩せることを強いるのは、美を求めてのことではない。女に服従を求めているのだ》（注24）。《女性は、主として、男性と絆を結ぶことによって、これらの資産の分け前にあずかってきたのである。適当な相手を引きつけたり、自分の相手をつなぎ留めておくためには、女性は若々しくて、洗練されていて、健康で、色っぽく、魅力的で、慎みがあり、ほっそりとして、胸が大きく、無垢で、みだらで、その他どんなふうにでも、彼の望み通りにならなくてはならない。（略）美しさが女性の役割として割り当てられると、それは両性の間の交換の際の重要な強みとなり、大切な商品となって、経済的に生き残るための重要な鍵となるのである》（注25）と。

本章では〝痩せる〟広告を素材に、その実態と問題点、その語り、それを支える社会意識とをみてきた。特にファッション雑誌や女性週刊誌に大量にみられる広告中で求められていた美しさの価値は、若くて西欧的という一元的でステレオタイプな身体であり、それを手間をかけずに獲得できるという広告の惹句が我われのコンプレックスと〝ものぐささ〟をくすぐっていた。美の基準はメディアが培養し・レッテル貼りをし、その基準は男性のまなざしに等しい（図1）。

服を脱ぎ替えるように手軽に身体も変えられる（と思う）現代、そして変えることが強迫的に求め

図1　女性雑誌の痩身・整形広告のモデル

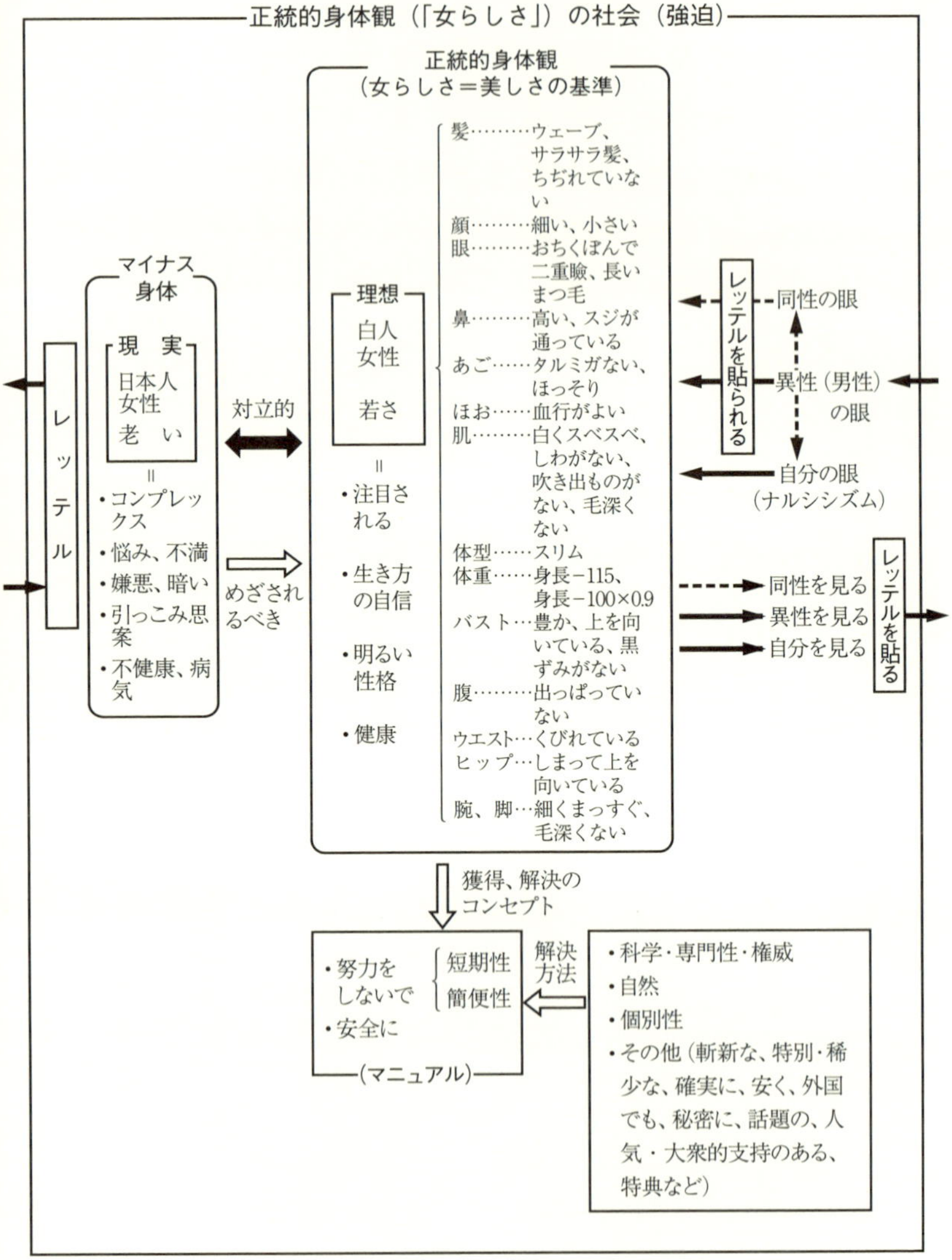
正統的身体観（「女らしさ」）の社会（強迫）
正統的身体観
（女らしさ＝美しさの基準）
髪………ウェーブ、サラサラ髪、ちぢれていない
顔………細い、小さい
眼………おちくぼんで二重瞼、長いまつ毛
鼻………高い、スジが通っている
あご……タルミガない、ほっそり
ほお……血行がよい
肌………白くスベスベ、しわがない、吹き出ものがない、毛深くない
体型……スリム
体重……身長−115、身長−100×0.9
バスト…豊か、上を向いている、黒ずみがない
腹………出っぱっていない
ウエスト…くびれている
ヒップ…しまって上を向いている
腕、脚…細くまっすぐ、毛深くない
マイナス身体
現　実
日本人
女性
老　い
＝
・コンプレックス
・悩み、不満
・嫌悪、暗い
・引っこみ思案
・不健康、病気
レッテル
対立的
めざされるべき
理想
白人
女性
若さ
＝
・注目される
・生き方の自信
・明るい性格
・健康
レッテルを貼られる
同性の眼
異性（男性）の眼
自分の眼
（ナルシシズム）
同性を見る
異性を見る
自分を見る
レッテルを貼る
獲得、解決のコンセプト
・努力をしないで
短期性
簡便性
・安全に
（マニュアル）
解決方法
・科学・専門性・権威
・自然
・個別性
・その他（斬新な、特別・稀少な、確実に、安く、外国でも、秘密に、話題の、人気・大衆的支持のある、特典など）

＊諸橋「女性週刊誌における痩身・整形広告の研究」の図に手直し

られる現代、そのための投資や維持費の支払いをすればそれがかなう現代を、果たして手放しで評価してよいものだろうか。いまこそ我われはフリードマンの指摘に素直に耳を傾けた方がよいだろう。《女性がもっと公平に扱われれば、女性はこれほどマゾヒスティックに美しき性に変身しようとしないだろう。（略）だが、変える必要があるのは、女性の内なるマゾヒストではなく、外にいるサディストなのだ。あまりにも多くの女性が、自分の顔を作り変えるために鏡の前で長い時間を過ごす。だが、社会の鏡は、表面を張り直す必要が大いにあるのだ。女性が社会の鏡の中に映る神話を見つめ続ける限り、女性は自分の姿を恥じ続け、歪んだ映像を正さなければならないという思いから逃れられないだろう》[注26]。《外にいるサディスト》とは誰か、「痩せ」という身体実践を強迫するもの、それはもちろん言うまでもない[注27]。

注

（1）宮 淑子『ダイエットってなんだろう』岩崎書店、一九九二年、四頁。
（2）伊東 麻「痩身関連の商品・サービスなどに関する意識と実態——第15回『国民生活動向調査』の結果から」『中央調査報』一九八八年六月号、一〜五頁。
（3）日経リサーチ「現代女性のライフセンスPART 1」『ブレーン』一九八八年六月号、六〜一二頁。
（4）伊東、前掲文。
（5）「悪質通信販売　子供をだます」『朝日新聞』一九八九年、五月三日。
（6）たとえば、データは古いが、井上輝子・女性雑誌研究会『女性雑誌を解読する　COMPAREPOLITAN

――日・米・メキシコ比較研究』垣内出版、一九八九年には、日本の女性雑誌の「美容」関連情報（広告、広告記事、記事）の多さが量的なデータでとらえられている。この傾向は、現在でもほとんど変わらない。

（7）諸橋泰樹「女性週刊誌における痩身・整形広告の研究」『吉田秀雄記念事業財団昭和61年度助成研究集（要旨）』一九八七年、一八九〜二〇二頁、および同「女性雑誌の『痩せたい広告』の現在―痩身・整形広告の内容と問題点」『出版ニュース』一九八七年七月中旬号、八〜一一頁。

（8）こういった、「そんなバカな」と思わず笑ってしまう雑誌等の広告の中味や「美しくなりたい」女性たちの悲喜こもごもの実態については、『別冊宝島162　人体改造！――きれいになりたい女と男の物語』ＪＩＣＣ出版局、一九九二年、に詳しい。

（9）エリザベス・ハイケン（野中邦子訳）『プラスチック・ビューティー――美容整形の文化史』平凡社、一九九九年、二四〜二五頁。

（10）ジャン・ボードリヤール（今村仁司・塚原史訳）『消費社会の神話と構造』紀伊國屋書店、一九七九年、スチュアート・ユーウェン（平野秀秋・中江桂子訳）『浪費の政治学――商品としてのスタイル』晶文社、一九九〇年、および諸橋泰樹「醜い化粧品広告、太る痩身・整形広告」井上輝子・女性雑誌研究会、前掲書、一〇四〜一四六頁などを参照。

（11）柄本三代子「語られている身体――ダイエット記事にみる『理想』と『非理想』」『年報社会学論集』第六号、一九九三年、九五〜一〇六頁。

（12）たとえば、キャス・デイビス、ジュリアンヌ・ディッキー、テレサ・ストラトフォード編（井上輝子・女性雑誌研究会編訳）『メディア・セクシズム――男がつくる女《ファンタジー》』垣内出版、一九九三年や、ジリアン・ダイヤー（佐藤　毅監訳）『広告コミュニケーション――広告現象を解読する』紀伊國屋書店、一九八五年などを参照のこと。

(13) ロビン・T・ラコフ、ラクェル・L・シェール（南　博訳）『フェイス・ヴァリュー［美の政治学］』ポーラ文化研究所、一九八八年、一九五頁。

(14) 佐伯啓思『「欲望」と資本主義――終りなき拡張の論理』講談社現代新書、一九九三年、一五四頁。

(15) 佐伯、同右書、一五四頁。

(16) リタ・フリードマン（常田景子訳）『美しさという神話』新宿書房、一九九四年、七六〜七七頁。

(17) 国民生活センター（好光陽子）「エステティック・トラブル１１０番から」『国民生活』一九九三年三月号、七〇〜七三頁。

(18) 『くらしの危険』第二一八号、国民生活センター、一九九三年の記事による。

(19) 『買ってはいけない』（一九九九年刊）のオリジンとでもいうべき化粧品・痩身・整形の商品に対する警告書として、船瀬俊介『どうしても化粧したいあなたに』三一書房、一九八八年がある。ほか、痩身・整形商品やダイエットの被害者に関しては、宮　淑子『美の鎖――エステ・整形で何が起こっているか』汐文社、一九九一年、および宮『「女」なんていや！――思春期やせ症を追う』朝日新聞社、一九八八年などを参照のこと。

(20) 諸橋泰樹『雑誌文化の中の女性学』明石書店、一九九三年、一六八頁。

(21) 緑川英子「女子中学生の自己体位に対する意識と食行動――会津若松市内中学１、２年生女子を対象として」『会津短期大学研究年報』五〇号、一九九三年、八一～九五頁。
(22) ラコフおよびシェール、前掲書、二六七頁。
(23) ソースタイン・ヴェブレン（小原敬士訳）『有閑階級の理論』岩波文庫、一九六一年、一七五頁。
(24) ナオミ・ウルフ（曽田和子訳）『美の陰謀――女たちの見えない敵』ＴＢＳブリタニカ、一九九四年、二一六頁。
(25) フリードマン、前掲書、一八六頁。
(26) フリードマン、同右書、一八六～一八七頁。
(27) 本論ではふれられなかったが、浅野千恵『女はなぜやせようとするのか』勁草書房、一九九六年が指摘する女性に対する「美の強迫」に対して、男性には、男性に対する強迫《オブセッション》がある。男性の場合は、チビ・デブ・ハゲといった〝三重苦〟、そして包茎・インポテンツ・早漏といった下半身＝セックスにかかわるコンプレックスが、重要な〝克服すべき〟対象であり、男性雑誌には〝魔法の商品・サービス〟によって〝男の幸福〟を獲得すべしとのメッセージが横溢している。美を要求される女性と性的征服力を要求される男性の対照性、ダブルスタンダードは、今後の男性学の重要なテーマといえよう。男性の「頭髪」と心理については、須長史生『ハゲを生きる』勁草書房、一九九九年を参照。

第4章　テレビゲームにおけるジェンダー

——暴力で敵を倒し地位と財と獲物を得る、男の子の経験世界

1　ATTENTION——このゲームの遊び方

子どもの玩具嗜好や遊技行動に性差があるとはよく言われることである。そういった性差論の根本にあるのは、女性と男性とでは生まれながらにして身体的・生理的な違いや脳の違いがあり、そのために好みや行動、意識などが異なるのだという本質主義的「特性論」とでもいうべきものである。

男の子は自動車や電車、合体ロボットなどメカニックなものを好み、機械的なものを操りたがり、戦隊ものなどミリタントなものを好み、暴れん坊で戦闘の真似をする、といった少なからぬ思い込みがある。一方女の子は、花のような綺麗なものやぬいぐるみなど可愛いものを好み、鏡台の前でしなをつくったり化粧の真似事をし、ままごと遊びや人形遊びなどを通じて母役割などを早くからシミュ

レートする、といった思い込みは人びとに根強い。いわば「男性についての言説（語られ方）」「女性についての言説（語られ方）」が、あたかも男性や女性の本質であるかのような観念を我われに植え付けている。本章で扱うテレビゲームなど、「メカ」（ハード）と「戦闘もの」（ソフト）という〝男性的〟なものを具現しているとされる遊戯機器であるだけに、そこにジェンダー差の「意味」を読み込んでしまう誘惑を抑えきれない人は多いだろう。

しかし、ジェンダー論はそういった観点には立たない。性別に関する「語られ方」や「思い込み」を、一度疑ってかかるというのがジェンダー研究のスタンスだ。

人が、たった二つの性という〝容れ物〟であらかじめ決定され規定されていたら、むしろこんな楽なことはない。もし筋力や脳の違い、性染色体だけで我われの行動パターンや思考など全てが決まるのならば、教育や学習、努力などいらないではないか。また、このところ女性の電車やバスの運転手が増え、男性の保育士や客室乗務員がみられるようになり、様ざまな仕事に性の別なく人びとが就くようになってきたけれども、外国では当たり前のこれらの職業への就業を日本で阻害したのは、果たして性別による「体力」や「脳」の違いが原因だったからだろうか。

ジェンダー論は、生物学的な性の違いが社会的な男女の存在様式の違いにストレートに結びつくという神話をしりぞける。そして、人間の社会的関係のダイナミズムにおいて、性に割り振られた社会的な望ましさの価値や、それに沿った周囲の期待や働きかけや集団の圧力、またその周囲の期待に沿ったり同調しようとする本人の心の動きや態度に着目する。社会、政治、経済、文化、歴史によって構築され、意識となり身体化される「性の違い」という共同幻想。

ゲームは始まったばかりだ。読者は、スタートボタンを押して、ジェンダーというアドベンチャーゲームにこれから参加することになる。

2 START——子どもたちのテレビゲーム接触

今や社会のコミュニケーション・サービスは、人との接触によってではなく機器の操作を通じての〝対話〟によって進行している。電車駅の券売機、清涼飲料水の自動販売機、銀行の引き出しや振り込み、もとよりテレビやビデオ・DVD、ヘッドホンステレオ、パソコンによるインターネットや携帯電話にいたるまで、その特徴は電子化、ボタン操作、そして音声や映像や文字がハイブリッド化した画面、という点で共通している。我われはこれまでとは違う指先の器用さや画面を見る視力、機器操作のカンのようなもの（＝ある種のリテラシー）を要求されている。

アーケードゲームの先駆となったスペースインベーダーが喫茶店に登場したのが一九七八年、ゲーム&ウォッチが発売されたのが一九八〇年、家庭用テレビゲームのファミリーコンピュータが任天堂から発売されたのが一九八三年。すでにファミコン第一世代が成人年齢に達している。彼ら・彼女らは、ファミコンが当然のように家にあり、お小遣いでスーパーマリオをはじめとするゲームソフトを買い、新しいハード機器に何回か買い換えてき、たまごっちやミニテトリスで登下校時に遊び、学校の公衆電話からポケベルに目にも止まらぬ速さで文字メールを送り、現在は携帯電話で着メロをダウンロードしたり小さな文字盤上で器用に親指をあやつってメールを送受信している。生まれた時からテレビゲームを最も身近な遊戯機器・娯楽機器として育ってきたこれらマルチメディア世代・ビジュアル世代・キーボード世代・ボタン世代が、機器に関する新しいリテラシーやコミュニケーション態様を持っていることは間違いない。少なくともそこにはジェンダー差は感じられない。

ＮＨＫ放送世論調査研究所が小学校三年生から六年生を対象に一九九七年に行った「小学生の生活とテレビ'97」(注1)調査では、テレビゲームで遊ぶ子どもたち（「いつも遊ぶ」＋「ときどき遊ぶ」）は男子が八九％、女子は六二％にのぼる。八七年の同調査では男子は七五％、女子が四〇％であった。この一〇年の間にテレビゲームをやる女子が増え、男女の差が縮まったことがわかる（ただし、たまごっちやミニテトリス、ゲームボーイなど携帯ゲーム機器の利用率もここに含まれている）。また、「夕食前の遊び」として、テレビに次いでテレビゲームを挙げる小学生が多く、男子で六六％、女子で三二％にのぼった。男女差はあるものの、八七年調査時の男子三八％、女子一二％から比べると、やはり女子の伸びの方が著しい。テレビゲームは子どもたちにとって、もはや男の子の遊びであるだけでなく、女の子にとっても生活の一部になっているのである。

ところで、テレビゲームは、ゲームを再生しプレイするためのハード機器とゲームのプログラムがパッケージされているソフトとの二つが原則として必要である。いわゆる家庭用テレビゲームはゲームメーカーによってシステムが異なり、後述するが様ざまなハード・ソフトがしのぎをけずり栄枯盛衰を繰り返している。他に、ゲームセンターなどにおける据え置き型ともいうべきアーケードゲーム、またＣＤ－ＲＯＭソフトやインターネットを通じてダウンロードして行うパソコンゲーム、インターネットを通じてパソコン上で行うネットゲーム、携帯電話・ＰＨＳに配信されるゲーム、さらにはゲームウォッチ型のミニゲームなど、様ざまな電子ゲームがある。本章では主として家庭用テレビゲームやアーケードゲームを念頭に置いて話を進めてゆく。

3　PLAY――子ども期は女子と男子とで差がない

㈳コンピュータエンターテインメントソフトウェア協会（CESA）が二〇〇二年に行ったテレビゲーム行動調査によると、(注2) テレビゲーム人口（三歳から五九歳まで）は、推計で男性一六五七万人、女性八八九万人とされ、男女比は六五％対三五％である。若年層では差があまりなく、三歳から一二歳までだと男女比は五七％対四三％まで近接している。

三歳から五九歳の男女全体でテレビゲームを「今まで一度もやったことがない」人はわずか七％、「一～二度試しにふれたことがある程度」が二一％、「以前はよくやっていたが今はほとんどやらない」が最多で四四％、「現在も継続的にやっている」人は二九％であった。男女別には、男性で「現在もやっている」が三七％に達するのに対し、女性の「現在もやっている」は一九％にとどまった。だがこれも、表1にみるように若年層ほど男女差がなく、継続派は三～六歳で男子五三％に対して女子は四六％、七～一二歳で男子九二％、女子六八％といずれも高率で、一三～一五歳でも男子五〇％、女子三六％と比較的差が小さい。

現在もプレイしているというユーザーの年齢推移別を表1にみると、ジェンダー差が目立ってくるのが一六歳くらいからである。男性はティーン時代も五～六割がゲームを続け、二〇代から三〇代前

表1　性・年齢別ゲーム参加率（「現在も継続的にプレイしている」と答えた率）（単位：%）

	全体	3～6歳	7～12歳	13～15歳	16～18歳	19～20歳	21～24歳	25～29歳	30～34歳	35～39歳	40～49歳	50～59歳
男性（N=189）	37.0	53.3	92.1	50.0	65.6	50.0	36.8	40.0	36.5	23.5	18.7	10.0
女性（N=93）	18.5	46.2	68.4	36.4	29.2	11.8	18.9	11.7	15.2	16.4	11.7	2.9

注：2002年2月現在の一般生活者対象の調査（男性511人、女性502人）中、「現在も継続的にやっている」人

＊『2002　CESAゲーム白書』コンピュータ・エンターテインメントソフトウェア協会、2002年より作成

半まで四割前後で推移し、四〇代いっぱいまで二割近くを維持している。つまり、「いい年」になってもテレビゲームをやめないのだ。ところが女性は二〇代以降はおおむね一〇％台で推移している。

「ファミコン元年」の世代が二〇歳前後だから、男性の場合はそのまま高い継続率のコーホートが見られるのだと推測される。女性の場合は、先のNHK調査にみられるように男性よりやや遅くテレビゲームに参入した世代のズレがあらわれており、したがって一五歳くらいまでが最初のテレビゲーム世代なのかもしれない。

4　MENU――テクノロジー時代におけるテクノ性差

それにしても男性は、「ファミコン世代」でなくとも全般的に高い継続率を維持しており、女性と大きな差がある。ゲームをする人の一週間あたりのプレイ日数やゲーム時間は、男性の方が長い。これはどうしてだろうか。アスピレーションの違いは、果たして「特性」からくるものなのだろうか。

第一に、男性の「メカ好き」は、「頭のよさ」が女性よりも男性に期待され、その「頭のよさ」は理数系・工学系能力と同義とされる現

代の生産社会・情報社会の能力観の中で、男性がテクノロジー開発や操作に向いているという神話が形成されてき、女性はそれらから遠ざけられてきたからだと考えることができる。(注3)

機械や技術、科学のことは男性向けという社会通念が、男性をしてこれらに関心をもたないと「男のくせに」格好がつかないという意識を持たせ、扱うようにせしめているのに対して、女性は機械や技術、科学については普段からあまり関心をもたなくてもよいとされており、操作できなくても「女だから」と言われて最初から評価の対象外という傾向がある。女性の「メカに興味が持てない」理由は、持たなくてもよいという社会的・家庭的期待、持たせてくれない社会的・家庭的構造にある。

また、男性の「おたく」的のめり込みは、学究的（凝り性、蘊蓄《うんちく》、職人芸などにつながる）ということもあって周囲は寛容だが、女性にはそのように一つことに血道をあげることを快く思わない文化が存在することも挙げておこう。

第二に、男性の興味対象の固着と周囲の許容、ライフサイクルの変わらなさ、そして逆に女性の興味対象の移行とライフサイクルの激変が原因しているように思われる。

おそらく男性は、勤めに出ても、結婚しても、子どもができても、テレビゲームをやる時間的余裕があり、また男性がテレビゲームに夢中になっていても許容される文化がある。それに対して女性は、「いい若い女」が一人でゲームに向かうことは、少なくとも男性に対してよりは周囲が不寛容であり、むしろ生身の人間関係やレジャーの方に興味が向く方が「健全」であるとのまなざしがある。男性は「おたく」でも（まだ）いいが、女性は異性にモテないと本人のみならず周りもハラハラする。また結婚後は、男性はこれまで通りしっかりと余暇時間を取得しているのに対して、女性は夫の世話や家事・育児などでとてもそれどころではないということは明らかだ。

たとえば、ゲームをする人のプレイ頻度やプレイ時間は、おおむね全年齢を通じて男性が高いものの（平均すると男性七〇分くらい、女性五〇分くらい）、休日になると男女差が縮まり、男女とも二時間くらい行っている。（注4）つまり女性も、時間があればゲームをしたいのだ。

また第三に、「ソフトの魅力のなさ」が、加齢とともに女性を「ゲーム離れ」させているとも考えられるが、これについてはあとで述べよう。

いずれにしても我われは、男女別のこういったデータを、「男女の特性」に還元して思考停止してしまうのではなく、様ざまな読みの可能性の中で解釈してゆかねばならない。

5　CAUTION――マイナス成長期に入ったゲーム市場

ゲーム市場はハード（ゲーム機本体）、ソフト（ゲームプログラム）とも急成長を続けてきた。（注5）二〇〇一年の両者併せた総出荷金額（国内出荷＋海外出荷）は一兆四五七四億五八〇〇万円で、年々成長を続けている。内訳はハードウェア出荷額が九四〇〇億七一〇〇万円（構成比六四・五％）、ソフトウェア出荷額が五一七三億八七〇〇万円（構成比三五・五％）である。

ゲーム市場は海外マーケットのほうが大きく、総出荷額一兆四五七四億円のうち九七二二億円、つまり七割近くは海外向けである。国内向けのみだとハードの出荷額は二二一一億円、ソフトは二六四二億円で、併せて四八五二億八七〇〇万円となっている。ここでは、ゲーム業界は伸び続けており一兆円を超える産業であること、それを支えているのは海外出荷であることを押さえておけばいいだろう。

出荷台数に単価を掛けて算出した国内市場は、ハードとソフト合計で六一三四億二四〇〇万円、内訳はハード二四四八億八九〇〇万円（構成比三九・九％）、ソフト三六八五億二五〇〇万円（構成比六〇・一％）。一九九九年からの国内市場の推移をみると、ハードは成長しているが、実はソフトの方はマイナス基調にある。少子化による子どもたち＝ゲーム人口の減少と、細分化された多様なゲームソフトの多品種少生産時期に入ったこと、ゲームの内容が出尽くして大ヒット商品がなくなったことなどが原因として挙げられよう。

銘柄別には、ハードとソフト合計で最も多いのがプレイステーション2の三〇〇〇億円であり、半数近いシェアを占めている。ソフトのみだとプレステ2のシェアは四割ほどだが、生き馬の目を抜くゲーム業界だから、ソフトもハードも市場地図は次の年にどう変化するかはわからない。とにかくこの数年でもゲームボーイやドリームキャスト、ニンテンドウ64などが、ゲーム史二〇年でみればファミコン、PCエンジン、スーパーファミコン、セガサターンなど一世を風靡したゲームが、みな衰退してしまったのだ。現段階では、プレステ2が市場を席巻しており、ソフト市場そのものは低迷していることを指摘しておくにとどめよう。

6　OPTION――多様なゲームソフトの種類

テレビゲームのソフトのタイトルは、一九八三年から二〇〇一年までの累積出荷本数で、第一位がスーパーマリオブラザーズの六八一万本、第二位がテトリスで四二三万本、第三位スーパーマリオランド四一八万本、第四位ドラゴンクエストⅦ四〇〇万本、第五位スーパーマリオブラザーズ3三八四万本とされる。シリーズものでは、出荷累計本数第一位がドラゴンクエスト三〇〇〇万本、第二位ファイナルファンタジー二三九八万本、第三位ストリートファイター一三〇〇万本、第四位ロックマン八六〇万本、第五位実況パワフルプロ野球八四〇万本とされ、いずれもお馴染みのタイトルが並ぶ。

ゲームには様ざまなジャンルがあり、おおむね次のようなものが挙げられる。

①ロールプレイングゲーム（RPG）……戦士や魔法使いなどの役を選び、モンスターを退治していく（代表的ソフトとして『ファイナルファンタジー』『ドラゴンクエスト』など）。

②アドベンチャーゲーム……登場するキャラクターを操って謎解きをする（『バイオハザード』『メタルギアソリッド』など）。

③スポーツゲーム……サッカー、野球など、自分もプレイヤーになれる（『ウイニングイレブン』『実況パワフルプロ野球』など）。

④レースゲーム……自動車、スキーなど、自分がハンドル操作したりコースを走る（『グランツーリ

スモ』など)。
⑤対戦格闘ゲーム……空手や剣術で技を入力して相手と闘う(『ストリートファイター』など)。
⑥アクションゲーム……ダッシュ、ジャンプなどで障害物をよけ、アスレチックのように冒険する(『スーパーマリオブラザーズ』など)。
⑦育成・恋愛シミュレーション……競走馬を育てたり、異性との恋愛を育むプロセスをゲームにしたもの(『ダービースタリオン』『ときめきメモリアル』など)。
⑦パズルゲーム……図形を組み合わせて、その組み合わせで得点を競う(『テトリス』など)。
⑧シューティングゲーム……戦闘機などを操って敵と戦い得点を競う(『式神の城』など)。
⑨ミュージックゲーム……リズムに合わせて指定されたボタンをタイミングよく叩いて音楽を作る(『ビートマニア』など)。
⑩ボードゲーム……将棋・麻雀、パチンコ、パチスロなど。
⑪学習用ソフト。
これらは、マンガタッチの画像からリアルな3D画像までビジュアル性に長けており、また迫力ある音声・音楽、そして双方向の操作性など、テクノロジー的には最高峰のレベルにある。

7　SELECT——ジャンル別の好みとジェンダー

さて、これらジャンル別の人気を、男女別にみたのがグラフ1である。CESAのテレビゲーム行

グラフ１　子どもの好きなテレビゲームのジャンルベスト５

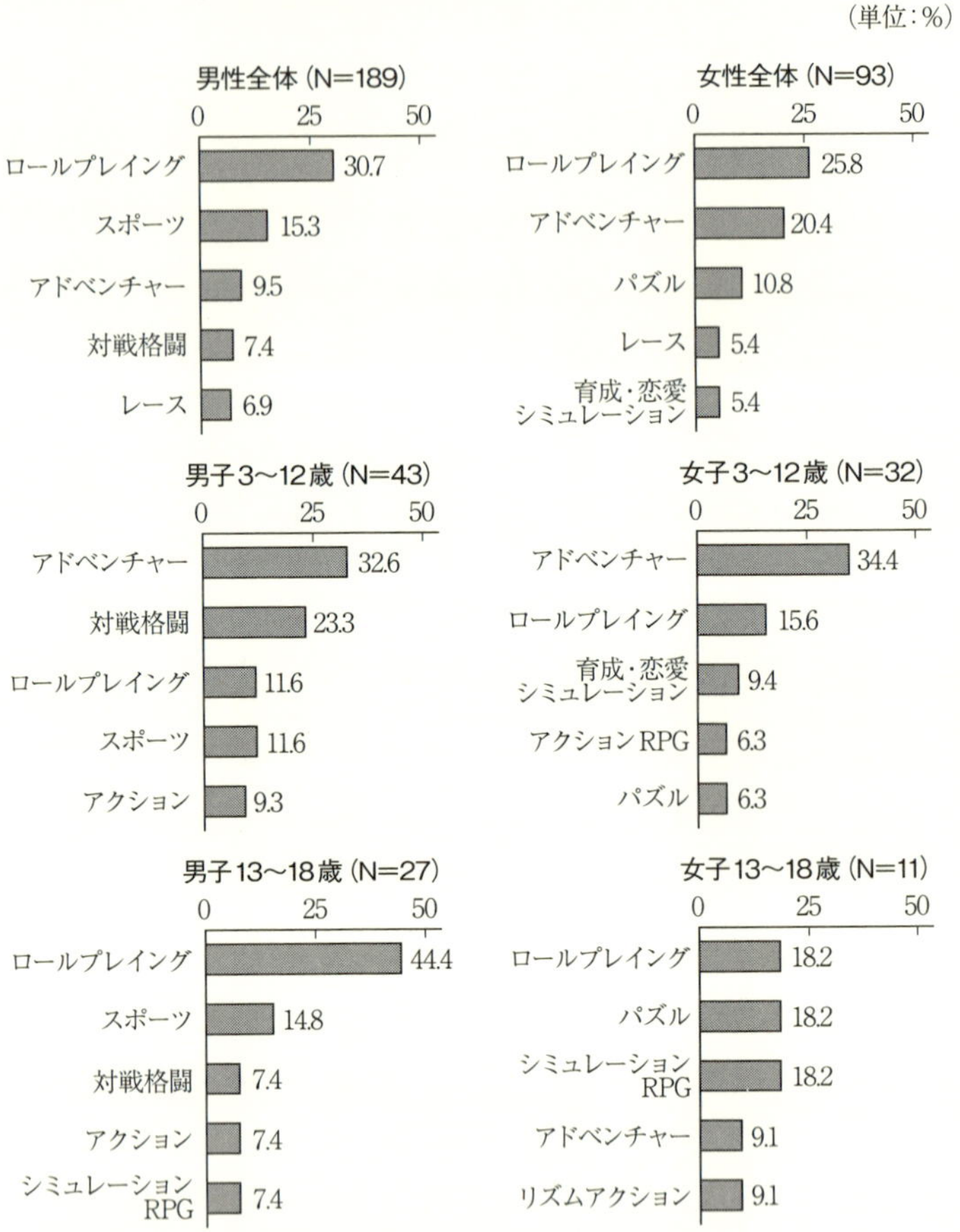

注１：2002年２月現在の一般生活者対象の調査中、「現在も継続的にやっている」(男性189人、女性93人)人のデータで、ここでは3〜18歳までのデータを掲げた

注２：「最も好きなジャンル」に対する単答

＊『2002 CESA ゲーム白書』コンピュータエンターテインメントソフトウェア協会、2002年より作成

表2　小学生にとってのテレビゲームの魅力（複数回答）（単位：%）

	全体	男子				女子			
		3年	4年	5年	6年	3年	4年	5年	6年
いろいろなゲームソフトがあること	58	52	**66**	**71**	**65**	44	49	56	49
キャラクターが成長すること	40	40	40	**43**	37	27	39	**41**	**47**
友だちに教えたり教えられたりすること	38	35	37	**46**	**45**	22	30	34	**46**
自分で画面を動かせること	34	32	31	**37**	**43**	23	32	28	**37**
ひとりで遊べること	31	**35**	26	**40**	26	23	27	**38**	**33**
敵をやっつけられること	29	**46**	**34**	**32**	25	18	23	28	20
物語が楽しいこと	27	21	25	**33**	**34**	23	26	24	**29**
いろいろな攻め方ができること	21	**28**	**23**	**36**	20	11	13	16	16
画面や音がきれいなこと	15	12	10	**17**	**20**	7	9	14	**25**

注1：ゴチック数字は「全体」を上回るもの
注2：1997年11月全国の小学3年〜6年生1,478人を対象
＊NHK放送文化研究所「小学生の生活とテレビ'97」『放送研究と調査』1998年4月号

動調査によると、男性女性とも一位は「ロールプレイング」で四人に一人が挙げている。二位以下は差が見られ、男性で「スポーツ」「対戦格闘」が、女性で「アドベンチャー」「パズル」「育成・恋愛シミュレーション」が、それぞれ目立っている。

年齢別にみると、三〜一二歳までの子ども期は男子女子とも「アドベンチャー」が好きで三人に一人が挙げ、男子は次に好きなのが「対戦格闘」、女子が次に好きなのは「ロールプレイング」となっている。特に「対戦格闘」の差は大きく、男子の四人に一人が挙げているのに対して女子はベスト5以内に入っていない。一三〜一八歳までは、男子の「ロールプレイング」人気が突出し、女子は好みが分散する。男子はRPGに続いて「スポーツ」や「対戦格闘」がノミネートされ、女子はRPG系と並んで「パズル」や「リズムアクション」がノミネートされているのが特徴だ。

このようなジャンル別を裏付けるような調査が、先に紹介したNHK放送調査研究所の「小学生の生活とテレ

ビ'97」でも行われている。(注6) テレビゲームの魅力を尋《たず》ねたところ、表2にみるように男子で「いろいろなゲームソフトがあること」という選択幅の広さ、「自分で画面を動かせること」という能動性、「敵をやっつけられること」という闘争性や射幸心、ストレス解消、「物語が楽しいこと」というストーリーテリング性、「いろいろな攻め方ができること」という闘争オプションの豊富さなどで女子を上回る値を示していた。

それに対して女子は、おそらく調査当時のたまごっちブームを反映して「キャラクターが成長すること」、また「友だちに教えたり教えられたりすること」といった対人コミュニケーションがゲームの魅力として挙げられており、「画面や音がきれいなこと」が男子を上回る値を示している。

8 STAGE——テレビゲームの女性学

このようなジャンルの嗜好の違いや魅力に対する意識の違いについても、我われは〝男は闘争/女は情緒〟つまり手段的役割/表出的役割などとつい「ジェンダー」を「語って」しまうが、ジャンルにみるアスピレーションの男女差は、社会や親たちの抱いている、男女に対して異なるダブルスタンダードな価値観を反映していると考えた方がいい。

男子の「対戦格闘」好き、「スポーツ」好きの理由として考えられるのは、一つは「強さ」「勝利」に代表される目的達成的な暴力性向が、社会や親たちから奨励ないし許容されている男性文化によって承認され支えられているからであろう。逆に女子が「ロールプレイング」や「恋愛・育成シミュレーション」を好きなのは、男性文化とされる戦闘やスポーツ、政治から排除されて、むしろ「やさしさ」や「育《はぐく》み」といった調整的な平和性向が期待される女性文化にシフトさせられているからであろう。事実、CESAが行った二〇〇一年の東京ゲームショウに来場したゲーマー対象の調査では、一〇〜一五歳までの女子は「対戦格闘」が最も好きとする率が男子を上回ったほど（女子一〇〜一二歳二三・五％、一三〜一五歳九・五％に対し男子一〇〜一二歳一三・六％、一三〜一五歳七・九％）だから、〝戦闘もの好き〟は決して男性の専売特許なのではない。

男女で異なる社会的望ましさのダブルスタンダードは、たとえば男児は変身戦隊ものの「ごっこ遊び」で、ヒーローを模倣して空中跳び蹴りをしても怒られず、むしろ「男らしい」と評価されるのに対して、女児が同じことをすると「女のくせに」と言われ、「ままごと」や「人形遊び」で家庭をシミュレーションすると「女の子らしい」と評価される、というのに端的にあらわれている。ここには、戦争や政治を男性に担わせ、女性には「銃後の守り」と「子づくり」を担わせる構造と同根のものが看て取れる。

もう一つは、「達成」や「成功」に対するアスピレーションの違いの問題である。

男子は、アイテム（武器）や鍛えられた肉体、また超人的な能力や優れた知力などの力をもってして、努力し、相手をやっつけ、得点を重ね、競い、勝利することによる達成や成功を、早い時期から期待され、賞賛されることで社会的承認を得るようにし向けられていることは先に述べた通りである。

それに対し、女子は、これらのアイテムを使いこなしたり肉体を鍛えたり、秀でた能力や知力などを、率先して身に着ける必要がない、いやそれどころか身に着けてはいけないという禁止が働いている。女性は、男性よりも「力」が上回ってしまってはいけないからである。なぜならば、言うことを聞かせ、シャドウワークを担わせ、性的に従順であってもらうためには、すなわち女性を「征服」するためには、こういった「力」を女性が持つことは男性にとって不都合だからだ。DV（ドメスティック・バイオレンス）の根源も、ここにある。

9 SCORE——テレビゲームの男性学

考えてみると、道具を使いこなし、肉体を鍛え、能力を鍛え、努力し、それを得点化し競うことによってワンランク上をめざす世界は、何と学校の価値観や実態と相似形をなしていることだろう。ジョン・フィスクは、ゲームセンターにおけるアーケードゲームのテレビゲームを例にとって、学校や勉強という生産性セクターからスピンアウトした若者たちがゲーセンにたむろし、自己の主体を形成するためにテレビゲームに時間とお金をつぎ込むことは、非生産性セクターでのレジャーであり支払われない労働だと喝破する。(注7) 若者たちはそこでマシンの制御感を味わい敵を倒す征服感を充たし、自在感や全能感を味わう（それはプログラムされた範囲内での自在感や全能感でしかないが）。(注8) ジョイスティック、コントロールボタン、発射ボタンなどは、もはや性的なメタファーであり、制御し相手を爆砕した時の征服感によるバーチャルな「男らしさ」の誇示こそが、経済社会における自己の従属性を解消してくれる。(注9) フィスクは、ゲームでプレイヤーが死ぬとき、あるいは有り金を全て使い果たしたとき、それはまさにオーガズムだと指摘している。(注10) このアナロジーでいえば、やはりテレビゲームは「男性世界」の原理で存在していることになる。

努力と財の投資のプロテスタンティズム的結果は、最高スコアに載ることやボーナス得点によるゲームの延長という報酬である。だがこれは学校的価値そのものであり、結局は「不良」たちのストリートコーナーであるゲームセンターのテレビゲームという、一見「抵抗の場」「主体性の獲得の場」とみえるものが、実は学校や勉強といった生産性セクターを補完しているということになりはしまいか？ 勉強や体力、努力による社会的成功をめざし得点化によって競い、未来の報酬を担保する学校は、女子に対してよりも男子に期待し、男子に適合的な場であるというのが教育社会学の知見である。テレビゲームと学校は、ジェンダーの視点からみても、相反するものというよりも、同根のものと考えたほうがいいのかもしれない。

女子は、学校の中でオミソ扱いされてき、努力して何かを達成したりハイスコアを出しても評価されてこず、それどころか男子から疎んじられたり同性の女子からやっかまれたり、さらには教師から期待されず充分に指導・育成されなかったりする中で、むしろ努力や達成を放棄してデキないふりをし、ちゃっかり依存して助けられるのを待つ方が得策であろう。こういった、社会的な成功から降りてしまう女性の心理的・行動的ストラテジーを「成功回避動機（成功への恐怖）」というが、努力して成功することに価値を見出す学校やテレビゲームの世界において、女子だからという理由で期待されず評価されないのでは、女性にとって「つまらない世界」と映るのは当然のことなのだ。

10　ＦＩＧＨＴ――「戦闘美少女」はなぜあんな格好をしているのか

このように、テレビゲームはやはり男性メディアであることがみえてきた。それを如実に示すのがテレビゲームのコンテンツにおける女性の描かれ方であろう。

まず第一に、多くの人気ソフトで、女性は主人公の役を与えられておらず、冒険する主人公の男の子の相手役だったり、せいぜいが何人かのうちのサブキャラクターであり、あとは母親や呼び込みをする町の女性だったりする。一般のメディアと全く同じように、女性が排除されているか、登場したとしても性別役割が固定的に描かれ既存のジェンダーを反映する造形がなされている。また副主人公格であっても、男性である冒険者の主人公や強い主人公に救出されるお姫様役といった設定に代表されるように、徹底して受け身で待ちの姿勢である。

第二に、女性は性的でエロチックな存在である。主人公の相手役やサブキャラとして登場するにせよ、また女性が主人公でそれが高校生やミリタントな格闘家であるにせよ、女性はしばしば裸に近い存在となって、ゲーム主体である男性のゲーマーにビジュアル的・音声的に「サービス」する。その「サービス」シーンに至るため、数かずの仕掛けをくぐり抜けなければならないものもあり、男性のゲーマーは女性の性（セクシュアリティ）の稀少性のもとに翻弄されている。しかし、プログラムには逆の設定、つまり男性のキャラが女性のゲーマーに性的「サービス」のシーンを提供するようなプログラムは、まずない。ゲームは「男の子の国」として支配的コードを形づくっており、斎藤美奈子

がいうように「男の子の国はセクハラ天国」となっている。(注11)

テレビゲームに登場する主人公格のエロチックな女性のキャラクターはおおむね二パターンで語られており、女のコードを形づくっている。一つは可愛らしく、うつむき加減で何かあると顔を赤らめ、もじもじとして消え入りそうな声を出し、従順で、性的にも未熟でなされるがまま、しかし胸は大きいというロリロリの「萌え」キャラ。もう一つはリアルな造形による美人で、剣や空手などを使いこなし、回し蹴りなども得意で強く、アグレッシブで、声も大きく、グラマラスなムチムチタイプである。

テレビゲームの倫理委員会やゲーム内容の暴力等のレーティング(格付け)を行う機構とかかわっている後藤弘子は、ゲームに登場する女性のキャラクターが、戦いの場面にもかかわらずどうしてあも肌の露出度が高くて「戦いづらい」のだろうかと問う。(注12)水着や胸が半分出ているような形では、気になって動きにくいのみならず無防備だし、たとえ甲冑に身を包んでいてもハイヒールだったり、お姫様スタイルのロングドレスで頭にティアラまで着けていたりで、どう見ても戦いのスタイルではないというのだ。

いわゆる「ギャルゲー」と呼ばれるソフト、またパソコン用のノベルゲーム、さらに「エロゲー」と呼ばれるソフトなどは、戦闘シーンによるミニスカートやチャイナドレスからのパンチラや服が破れてオッパイポロリどころではない、もはやポルノグラフィの一ジャンルとして定位している。そこでは、全裸のセックスシーンからＳＭシーンまで何でもござれの世界で、ゲーマーが画面にバーチャルに働きかけを行うことができる。

11 REPLAY――エロチックなコンテンツに対する社会的態度

こういったコンテンツにおける女性の扱いが、女性のゲーマーを遠ざけていることは想像に難くない。小さいうちはアドベンチャーやRPGなどをしていたけれども、長じてプレイするにはあまりに男性に都合のよい、男性中心の内容のため、女性がゲームに見切りをつけ、それよりも現実の方にシフトして行っていることは間違いないだろう。

女性のセクシュアリティが見世物として扱われるメディアに対する女性の嫌悪感は、男性が想像する以上に強い。伊藤裕子・江原由美子・川浦康至らが行った一九九五年調査によると、(注13) 雑誌における女性のヌード写真について高校生女子の二一％が否定的意見をもち、高校生男子のそれ六％を大きく上回っている。その理由として、女子は「女性の身体が見せ物になっているようで不愉快」(三八％)、「男性の欲望がむき出しになっているようでいやだ」(三〇％)を挙げているのに対し、男子の方は「性的なものは人前に出すべきではない」(二五％)が主な理由となっている。一方、女性のヌードを「別にいいと思う」とする男子の大多数(九三％)は、その理由に、「興味のある人がいる以上当然だ」を挙げる生徒が四〇％に達する。

こういった女子の、セックス情報やセクシュアリティに対する忌避傾向は、所与のものと考えるべきではない。女の子は、小さい頃から「女らしさ」の中に、しとやかさや恥じらい、貞淑であることが必須アイテムとして組み込まれ、セックスを話題にすることは汚らわしく、はしたないこととしつけられ、ジェンダー社会化されてきたからであり、反対に男子は性的な話題が豪放磊落さやフランクさをあらわす態度として、また男性性にお墨付きを与えるものとして、黙認され奨励すらされてきた結果の社会的態度に過ぎないからである。

女性は、自分と同じ性別が、ひいては自分という性別がこのように見られ、このように扱われていることにショックを受け、嫌悪感を抱いている。それに対して男性にとって女性の性と身体は、自らとは違う「他人のカラダ」であり、しかも鑑賞や性的対象物として〝使用〟する、オブジェクトということなのであろう。女性がこういったメディアから離脱するのは、生得的な性差というよりも、メディアにおけるセクシュアリティの一方向性・非対称性の差別を見抜いてしまった者として、またそういうものに否応なくさらされている社会的な立場からも、当然のことなのである。

同様に、女性がゲームから遠ざかってゆくのも、戦闘もの・暴力ものに対する社会的異議申し立てと考えられる。暴力を使った戦闘によって敵を倒し、地位（権力）と財（得点）を得、獲物（女性）を得るのが男性価値であることは既にふれた通りだ。

12　GAMEOVER? or CONTINUE?

テレビゲームをはじめとして、電子メディアは男性のユーザーが使うものという前提でハード、ソフトとも男性が作っているために、男性文化から排除されてきた女性は参加しづらい面をもつ。女性は、知識情報の取得や娯楽の機会を奪われてき、メカ操作のためのスキル習得から遠ざけられき、やっと扱えるようになったと思ったらその中身は自分の性がこんな風に見られ・扱われ、語られていることに驚かされるのだから、早々に逃げ出すのは無理からぬことだ。

このようにして女性不在でサイクルを繰り返してゆくメディアは、あたら女性という新しい顧客を逃しているともいえる。電子メディアが女性のマーケットを視野に入れずに、「男《マン》の世界」を「人間《マン》の世界」と勘違いしたままでゆけば、この業界の未来は単なる暴力・ポルノ産業を補完するメディアとして、一時期の映画やビデオのような推移をたどりかねないことを認識しておいた方がいいだろう。

一方、地域が崩壊し、家庭教育の機能が衰え、学校の機能も衰微している中、今後メディア機器、中でも電子メディアは新たな教育的・家族的役割を有し、人を社会化する機能とともにジェンダー社会化をも強く担う外部エージェンシーになってゆくことは間違いがない。また子どもたち同士のコミュニケーションのための話題としてもゲームは欠かせないという実態がある。

そうだとすると、子どもたち、そして周囲のおとなたち、さらに作り手の男性たちのメディアリテラシー（批判的読み解きや情報発信のための全般的な能力）が今後重要になるとともに、ジェンダーにとらわれず、ジェンダーを押しつけるものに対抗できる視点や実践が子ども期からいかに可能かが、模索されなければならない。やはり、ゲームは始まったばかりだ。

参考文献

（1）白石信子「〝つきあい〟にも欠かせないテレビとテレビゲーム――『小学生の生活とテレビ'97』調査から」『放送研究と調査』一九九八年四月号、二一～一九頁。

（2）『2002 CESAゲーム白書』コンピュータエンターテインメントソフトウェア協会、二〇〇二年のデータから。
（3）諸橋泰樹「テレビゲームの社会学」『D・i・V・A』1号、芸術科学会、二〇〇一年、四二～四九頁を参照。
（4）コンピュータエンターテインメントソフトウェア協会、前掲書による。
（5）コンピュータエンターテインメントソフトウェア協会、同右書。本論における以下のデータも全て同書によっている。
（6）白石、前掲論文。
（7）ジョン・フィスク（山本雄二訳）「テレビゲームの快楽」『抵抗の快楽——ポピュラーカルチャーの記号論』世界思想社、一九九八年、一二四～一四九参照。
（8）東 浩紀『動物化するポストモダン』講談社現代新書、二〇〇一年を参照。ゲームに隠されたウラ技やオプションなどの多様性・双方向性や物語消費は、もはや高度化してしまったプログラムの既定事項にすぎなくなっている。
（9）フィスク、前掲書、一三七頁。
（10）フィスク、同右書、一四九頁。
（11）斎藤美奈子『紅一点論』ビレッジセンター出版局、一九九八年参照。
（12）後藤弘子「どうして女性は戦うとき肌を露出するのか——テレビゲームとジェンダー」コンピュータエンターテインメントソフトウェア協会、前掲書、一一～一二頁。

(13) 伊藤裕子・江原由美子・川浦康至『性差意識の形成環境に関する研究――性差に関する文化の形成および教育効果に関わって』東京女性財団、一九九六年。

第Ⅲ部

第5章　性教育バッシング番組のメディアリテラシー的分析
——番組はどのように構成され、視聴経験はどのように構成されるか

ジェンダーやセクシュアリティとマス・メディアの問題について考えるとき、我われはメディアの性役割表現や性表現に対して注意が行きがちである。もちろんメディアが、女性という存在をステレオタイプ化し性役割を固定化する観念を女男双方に植えつけ、女性の性を商品化する社会意識を醸成し、男性の好色なまなざしとそれを受け止める女性の身体や性の政治学を生み、セックスをしないと愛の証にならないと考える若い女男を増加させていることは間違いないだろう。

しかし、メディアが若い女男の性役割や性を採り上げるしかたそのものの中に、事象をことさら大袈裟に扱い、驚き・嘆いてみせるセンセーショナリズムのストラテジーが匿されていることにもまた、注意を向ける必要がある。二〇〇二年頃から〇六年頃にかけて吹き荒れ、行政や教育現場に萎縮効果をもたらしたジェンダーフリー批判・性教育批判は、マス・メディアを舞台にして行われたことを忘れてはならない。まさにそこでは性教育のあり方に発情したとしか思えないメディア言説が、人びと

の社会意識的下地があったとはいえ、政治の介入を後押ししたのである。

本章では、性教育バッシングをメディア報道がどのように語り、構成したのか、そして、オーディエンスはそこにどのような「意味」＝価値を見出す視聴経験をしたと考えられるのか、二〇〇五年のある番組を一事例として分析しながら改めてたどってみよう。

1　バックラッシュ報道に対するメディアリテラシーの必要性

（1）小泉政権下における性教育バッシング時期の番組

ここで分析する番組は、六星占術師である細木数子がレギュラー出演し、毎週火曜日午後九時から九時五四分まで放送された、ＴＢＳテレビ系列の人生相談風トーク番組「ズバリ言うわよ！」の中の、「ズバリ女１００人　幸せ白書」という一〇分ほどのコーナーである。対象となる、二〇〇五年五月二四日（火）に放映されたこのコーナーのタイトルは、当日の新聞テレビ欄によると、「細木魂の叫び…日本の性教育は絶対反対命をかけてつぶす」という〝勇ましい〟ものであった（紙面１）。メインの司会はお笑いコンビ・くりぃむしちゅーの上田晋也、コーナーはくりぃむしちゅーの有田哲平とジャニーズ事務所の滝沢秀明が受け持っている（番組は〇八年三月に終了した）。

この番組が制作され放映された背景には、二〇〇一年の米国同時多発テロをメルクマールとする、「９・11」以降の小泉純一郎政権下におけるこの国の状況〝悪化〟がある。すなわち、小泉首相が唱

紙面1　『朝日新聞』2005年5月24日（火）

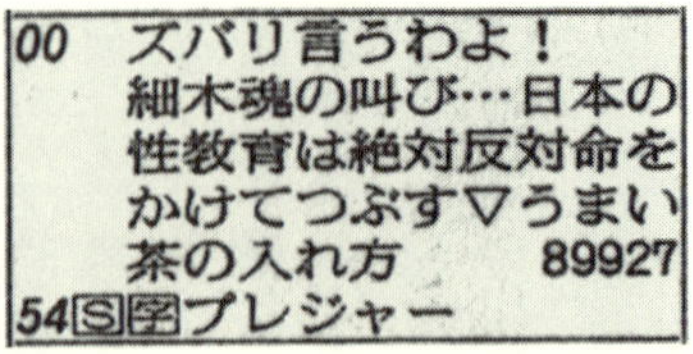
00　ズバリ言うわよ！細木魂の叫び…日本の性教育は絶対反対命をかけてつぶす▽うまい茶の入れ方　89927
54Ⓢ字プレジャー

導する「聖域なき構造改革」に名を借りたネオリベラリズム的弱肉強食主義・自己責任論による格差社会化が国内で進行する一方、国外ではイラクに武力介入する米国に追随して「国際貢献」に名を借りた日本の軍事化が一層進み、朝鮮民主主義人民共和国（北朝鮮）による日本人拉致が明るみにもなってナショナリズム的な社会心理が一挙に醸成され、非武装を規定する憲法やその憲法に基づいた教育基本法の改定に向けた基盤がつくられたのがこの時期である。

　こういった時代精神のもとにあって、九〇年代後半からまがりなりにも成果を挙げつつあった女男共同参画行政や女男平等教育、ジェンダー概念の浸透などに対し、伝統的な家族主義を掲げ、アジア・太平洋戦争（一五年戦争）で日本がなした戦時性暴力の事実を否定しようとする学者、グループ、一部メディアなどによって激しい反対キャンペーンが繰り広げられ、フェミニズムはそれを八〇年代後半に米国を見舞った女男平等に対する揺り戻し現象(注1)と重ね合わせて「バックラッシュ」と呼称した。

　そこでは、ジェンダーフリー教育は性差をなくそうとする共産主義思想であるとか、体操着に着替える際に男女が一緒に着替えをしているとか、小学校低学年で性交まで教える「過激な性教育」が行われているといった、ほとんどデマゴギーかプロパガンダとも呼べるような不確実でイデオロギー的な言説がキャンペーンされ、これらが強力な意図と方策を持ったメディアを介して、人びとのアジェンダとなっていた(注2)。

たとえば国会では、二〇〇二年四月に、文部科学省委嘱事業として作成された日本女子社会教育会（現・女性学習財団）が編集・刊行する『新子育て支援――未来を育てる基本のき』が採り上げられ、お雛様や武者人形による節句祝いまで否定しているとされて、当時の福田康夫官房長官がそのような教育内容には賛成しない旨の答弁を行った。五月には『思春期のためのラブ&ボディBOOK』が、セックスをあおっていると叩かれ、後に回収されることになる。続く六月、山口県の宇部市において、ジェンダーにとらわれない女性・男性のあり方を志向するこれまでの自治体における女男平等推進条例から一転、「男女の特性を認める」といった趣旨の内容を盛り込んだ条例が成立した。さらに〇三年七月の国会では、教育現場は性器つきの人形を用いて性行為を教えているなどの批判がなされ、当時の小泉首相は「私は小・中学校時代に性教育など受けたことがない」「学校教育のあり方を見直すべき」などと述べた。

こういった一連のバックラッシュの火付け役となったのは、当初民主党から衆議院議員となり、のちに保守新党を経て自民党の議員となった、現在は参議院に所属する山谷えり子議員である。続いて二〇〇五年三月国会で山谷議員は、小学校低学年向けの性教育図書が性行為を図解入りで説明していると糾弾、質された小泉首相が「ここまで教える必要があるのか」などと発言し、歴史教科書から「従軍慰安婦」「強制連行」などのことばが減ってよかったと発言したことのある当時の中山成彬文部科学大臣からも、文科省として全国的な実態調査をする考えを引き出した。これらを受けて四月には自民党内に「過激な性教育・ジェンダーフリー教育実態調査プロジェクトチーム」が結成され、当時の安倍晋三党幹事長代理がこのチームの座長となる。周知のように、二〇〇六年に小泉の後を継いで「戦後レジームの総決算」「美しい日本」を掲げ、拉致問題での強硬姿勢を打ち出し、「新しい歴史教科書をつくる会」とも近しく、実際に教育基本法を改定し憲法改変のための国民投票法を成立させ、防衛庁を防衛省に昇格させた安倍総理の、政権の懐刀になるのが、この山谷えり子議員だ。

本番組は、そのような時期に制作され、放送された。

レギュラーの細木数子は、自身で開発した「六星占術」師とされ、その著書でベストセラーを出しているほか、高視聴率を取るらしくテレビ番組にもしばしば出演、人の「来し方・行く末」や「運命」を言い当てながら（？）倫理的な託宣・指南をすることで知られている。TBS「ズバリ言うわよ！」の公式ホームページによると、《この番組は女性が抱える、恋愛の悩みや仕事の悩み、夫婦生活の悩みなどの解決策を見つけ、より『幸せになる方法』を考えていく番組です》とある。ズバリ相手の本質や隠したいところを指摘する（らしい）、そして指針を与えてくれる（ようだ）、このようなカリスマ性ある占い師が、「日本の性教育は絶対反対」で「命をかけてつぶす」と言うのであるから、バラエティー番組とは言え、いやそうであるからこそ、その大衆的影響力はあなどれないものがある。

（2）オーディエンスのみならず現場教師に必要なメディアリテラシー

〇五年五月二四日のTBS「ズバリ言うわよ！」における「ズバリ女100人　幸せ白書」のコーナーは、一一分二〇秒ほどの放映時間量で、大きく三つの部分から構成されている（表1）。

司会の上田晋也が一〇秒ほど前振りをしたあと、最初に流れる、いま学校でトンデモナイ性教育が行われており、それが国会でも問題になり、文部科学省が調査に乗り出したというドキュメンタリー

表1　コーナー「ズバリ女100人幸せ白書」の3部構成（約11分20秒）

流れ（時間）	番組内容	番組の構成
第1パート（約1分10秒）	・問題提起	センセーショナルなドキュメンタリー的構成
第2パート（約5分30秒）	・会場の「女性100人」への質問と回答 ・登場タレントとメインゲスト（中尾）との討論 ・司会の発言 ・会場の女性2名の意見	トークおよびバラエティー番組風構成
第3パート（約4分30秒）	・細木数子の“託宣”	ワンマン（ワンパーソン）ショー

注：開始前に、司会による「前振り」が約10秒ほどある

風の部分（約一分一〇秒）。本コーナーの社会背景を解説する、いわば〝問題提起〟の部分である。

次に、画面はスタジオに戻り、司会の滝沢秀明と有田哲平の進行で、出演者や会場（全員女性）の参加者一〇〇人に「小学校低学年からの性教育は必要だと思う」という問いに賛成か否か答えてもらった結果を示し、ゲストの中尾彬を中心に他の芸能人や会場の参加者たちが討論をするパート（約五分三〇秒）。つくり方は、トークショーのようでもあり、バラエティーのようでもある。

そして三つめに、これらのやりとりを聞いていた細木数子が、ご託宣をたれるパートである（約四分三〇秒）。ここは、彼女の〝一人舞台〟となっている。

映像素材を分析するためには、シーンごとに、「何が映っているか」「誰が映っているか」「どのような演出がほどこされているか」の三点を縦軸とし、それぞれ「内容」「意味」「効果」を横軸にしたマトリックスにして見てゆく必要がある。特に我われはテレビなどを観る場合、どうしても「映っているもの」ばかりに眼を奪われがちだが、出演者のせりふ、表情、姿勢、それらの映り方、かぶっている音、映像技法など感覚に訴える手法を言語化し

書き出すと、何気なく挿入されるその他の細かな映像素材、生理的に影響を与える音響・音楽や画像の特殊処理、ボイスオーバーの性別や口調など、「映っている主たるもの・人」だけではない多様な情報が眼と耳に押し寄せてき、身体全体で感得するよう構成（演出・編集）されていることに気づくことができる。(注3) ニュースやワイドショーなどで扱われる独裁国家北朝鮮、危険な中国からの輸入食品、凶悪な犯罪者、こういった特に「脅威もの」に関して、繰り返し流される映像や挿入される映像資料、アナウンスや要所要所で流れる音、タイトル文字、挿入字幕などがいかにオーディエンスに情緒的な影響力を発揮しているかがわかるだろう（本論ではこれらの記述に際し、会話・司会・ナレーションなど音声を「　」で、テロップを〈　〉であらわすことにする）。

この分析方法は、メディアリテラシーの手法であり、メディアリテラシー概念の中で最も重要な「メディアは構成されている」というテーゼと密接にかかわるものである。プロの制作者たちが計算しあるいは何気なくまたは苦しまぎれにないし経験則で企画・取材・制作・編集し、制作者の思惑や無意識だけでなく上層部や広告主や政治家の圧力が反映され、それらを表現するためにカットやクローズアップ、音入れ、特殊効果などの技法が詰まっていることに、我われオーディエンスの多くが気づかないまま、できあがった作品を受け身的に漫然と見ている。そしてこのように「構成されたメディア」をもとに、我われは「現実を構成」している。意図的なバックラッシュ報道に、少なからぬ人びとが手もなくひねられてしまったことの背景には、人びとのメディアリテラシーの欠如に加えて、性教育を実践する教員たちやジェンダーにとらわれない学校や社会にしてゆこうというフェミニズムの側の、こういったメディアリテラシー的な批判力の欠如ないし怠慢があったからのように思われる。

もとよりフェミニズムは、バックラッシュ派が喧伝するようにことさら性の違いをなくすことを目的としているわけではない。性の違いは多くの人が思い込まされている近代のイデオロギーであることを明らかにし、自明視されている性という概念の相対化を目指すとともに、性の違いを基盤として女性（や男性）の自由なあり方を抑圧する自己意識やふるまい、まなざし、習慣や規範や社会システムを批判することを志向してきたのだと言っていいだろう。性の抑圧や性差別という暴力が突出したものが、性暴力（セクハラ、DV、レイプ等）であり、また性の商品化（売買春やポルノグラフィ等）に他ならない。

そのような性の抑圧・性差別という暴力の天蓋に覆われている現代社会にあって、性教育は、生命が人間のからだから生み出されるものであり、生命の連鎖の中で一回限りの生を受けた自身の身体を知り健康を保つことによって、自己を尊重することを学び、同時に他者の身体や存在を尊重することの学びを通じて、性暴力を振るう人間にならず、性暴力を許すような社会を醸成せず、また自分の身体を守り自己決定するための知識やスキルを身につけることが、重要な目的の一つであると考える。にもかかわらず、世間が、メディアによる性教育批判のプロパガンダにいともたやすく乗ってしまったことは、今後も波状的に起こるであろうバックラッシュに対処しなければならないフェミニズムや性教育現場に、多くの課題を残したと言えよう。「くだらない番組・報道だから見ない」、「反論することすらアホらしい」と言って、高をくくってはいられない事態が進行している。おそらく多くの人びとにとっては、性差別を問題化するよりも、「過激な性教育」や「性差をなくすジェンダーフリー教育」をやり玉にあげた方が面白いし、自分のアイデンティティ不安を引き起こさないのだ。

2　冒頭「問題のあらまし」部分の技法を読み解く

(1) センセーショナルに構成された導入部で「驚き」が構成される

さて、当該「ズバリ女100人　幸せ白書」のコーナーが始まっていきなり眼と耳の両方に飛び込んでくるのは、コンピューター音楽による機械的で緊迫感あるリズムと不安な電子的メロディーにかぶる、「今、教育現場が揺れている」という男声のナレーションと、そのアナウンスと同じ内容の〈今、教育現場が揺れている〉という斜体文字で「教育現場」のところだけ朱に彩られた字幕（テロップ）である。

そのバックには学校や子どもたちが映っており、オーディエンスは瞬時に、「学校で何か重大な問題が起きている」と、番組にキャッチされる。コーナー冒頭、オーディエンスが番組のイメージをキャッチするのではない。番組によって一瞬にして視聴者がキャッチされるのである。

続いて不安な音楽を背後に、バッシング報道を主として担った新聞の「性／進む低年齢化／子にどう教える」という記事見出しが効果音つきで画面に踊るとともに、重おもしく「性情報の氾濫」という男声が響き、新聞記事見出しが「中学校に過激な表現の性教育本／文科省所管法人が送付」に変化、見出しをなぞるようにナレーターが「過激な性教育などの問題が世間で騒がれている」とアナウンスする。既に「学校現場でのゆゆしき問題」にとらわれの視聴者は、そこで「性教育」が「過激」に行われていることを、新聞見出しや音楽（ＢＧＭ）や音声（ＭＣ）によって否応なく解釈せざるを得なくなる仕掛けだ。

画面の右上には最初から、スタジオでこのイントロをモニターしている細木数子の顔が小さな四角に切り取られて映っている。カゲキさを強調する映像や音声のたびに、憮然たる表情をする（あるいは憮然たる表情をしているように見える）彼女を同時に見ることができるのも、オーディエンスをキャッチするのに有効だ。このような、細木数子の顔を、彼女が気にくわないであろう議論のたびに挿入する手法は、番組半ばの会場一〇〇人アンケートとゲストのやりとりの最中にもしばしば使われ、我われはおっかなそうな彼女の顔色をうかがいながら番組進行を見守ることになる。

この新聞見出しシーンの途中から、右上に映っていた細木の顔がこの日のメインゲスト中尾彬の顔に替わり、次には服を着た女男の人形が効果音（ＳＥ）とともに映って、その解説として〈教材として小学校で使用されている人形〉という字幕が出る。しかし、男声のナレーションが「現在、一部の小学校では、低学年から、人形を使っての性教育や」と言っている間にこの女男の人形が裸に変化し、それとともに画面右上は細木の憤懣やるかたないといった表情の顔に戻る、といううきめ細かな演出がなされている。女性の人形にも男性の人形にもアンダーヘアがあり、男性にはペニスも着いている。

画面はさらにガラス管にコンドームを装着している映像と、〈コンドームの使い方も指導〉のテロップが流れ、ナレーションの「コンドームの使い方など、具体的な指導がなされていると言う」が続く。視聴者は、学校で「今やこんなことまで教えられているのか」と驚くようにし向けられるのである。

（2）性教育が政治問題化したことを問題とは思わない流れ

導入ドキュメンタリーの後半は「バシーン」という効果音とともに国会議事堂がアップになり、朱文字で〈この問題は国会まで！〉というテロップ、国会議事堂のアップから引きとなって男声ナレーションが煽り口調で「このような性教育の低年齢化、過激な性教育問題は、国会まで飛び火！」と叫ぶ。学校は一体何をやっているのかと政府にクレームが行き、政治が解決に乗り出してきたかのような印象を持たせる流れだ。細木数子の顔は一貫して右上に出ている。

次いでシーンは、字幕に〈2005年3月4日参院委答弁〉と出ているように、資料を片手にピンクの服を着た女性の国会議員が「小学校一、二年生用、教育委員会が発行している性教育の副教材でございます」と質問に立っている場面へと移る。視聴者はこの議員が誰だかわからないだろうが、衆院選挙時に一度落選し参院に鞍替えして返り咲いていた山谷えり子議員である。

それに続いて当時の小泉首相が「これはちょっとひどいですねえ」と言い、資料に眼を落として「これは…私も問題…だと思いますねえ」と例の口調で他人《ひと》ごとのように答え、さらに「ここまで教える必要があるのかどうか」としゃべったあとに、毅然と前を向いて「教育のあり方っていうものはもっと考えていただきたいと思います」とぶっきら棒に言って席に戻ろうとするシーンが流れる。これらはいずれもひとつながりのものではなくシーンをつなぎ合わせたものだが、国会が採り上げ、首相が問題であると述べた効果は一二〇％発揮されている。またテロップは逐一、二人の発言をなぞっていた。

そこでBGMは一転して早いリズムでエレキギターの効いた激しいロック調に変わり、センセーショナルさを増した音楽を背後にセピア色の学校の校舎と校庭がインサートカットされたのち、後ろから黒板側を撮った教室風景に、男声ナレーション「文部科学省は、行きすぎた性教育について、四月から全国の小中学校の実態調査をすることを決定！」という叫びが重なる。ここでも〈文部科学省は／全国の小中学校を実態調査へ〉というテロップがかぶり、「全国の小中学校」と「実態調査」のところを朱文字にして強調することを忘れない。国会で問題になり、あの小泉総理までが問題だと言い、学校という閉じた空間に対して、文科省が調査に動き出したという一連の政治的プロセスをここで知ることで、オーディエンスは、あたかも学校現場（教師）が好き放題をしているかのような印象を抱くだろう。「決定！」という体言止めのナレーションと激しいリズムと音量のBGMは、本件が〝お上〟まで乗り出すほどの一大事であることをあおる効果をもたらしている。国会場面では出ていなかった細木数子の顔が右上に再掲され、その表情はここでも相変わらずだ。

最後のシーンで都心の航空写真が映り、効果音とともに大きな字幕〈みなさんは／どう考えますか?〉がかぶり、「みなさんは、この問題どう考えますか?」とダメ押し風の口調でアナウンスされて、イントロ部のドキュメンタリーは終わる。

ここで構成された「意味」は、表2に示したように、性教育が「行きすぎ」で政治問題化していることであり、教育や性の問題に国家が介入しようとしていることに疑問を持たないようにする、映像・文字・音響全てを動員したイメージである。このセンセーショナルな導入部分だけで、視聴者は、今や学校でセックスの仕方まで教えられていると驚愕し、親は自分の知らないところで学んでい

表2　第1パート（問題提起部分）のつくられ方（主要なもののみ）

	シーン	場	音声	メッセージ(オーディエンスが経験する意味)
1	・校舎 ・子どもたち	学校	・不安な音楽 ・重々しい男声 「今、教育現場が揺れている」	子どもたちが暮らす見えない日常
2	・「過激な表現の性教育本」の新聞見出し	社会	「性情報の氾濫」	メディアも問題視
3	・性器付きの性教育人形（服～裸） ・コンドーム装着	教育現場	「低学年から人形を使っての性教育やコンドームの使い方など具体的な指導がなされて…」	こんなことまで学校現場で行われている
4	・国会議事堂	国会	「過激な性教育問題は、国会まで飛び火！」	国会という政治（権威）の場でも問題化
5	・事例を紹介する山谷えり子議員 ・感想を述べる小泉純一郎首相	国会質疑	山谷議員「小学校1、2年生用性教育の副教材です」 小泉首相「これはちょっとひどいですねえ」 首相「教育のあり方はもっと考えていただきたいと思います」	小泉総理まで問題化した
6	・校舎や校庭 ・教室	学校	・アップテンポのロック調の音楽に変わり、あおる 「文科省は行きすぎた性教育について実態調査を決定！」	文科省によって閉鎖空間の現場にメスを
7	・都心のビル群	都会	「みなさんはどう考えますか」	都市空間で見えなくなっている問題

る我が子や我が子の通う学校が急に心配になり、親でないおとなたちは自分たちの知らない間にそこまで来たか、それにしてもこの頃の学校教育やマセガキは、と感嘆する仕組みだ。文科省介入当然、という雰囲気ができあがる。

三部構成のこの一分一〇秒にわたる導入部分に、コーナー「ズバリ女100人幸せ白書」全体の〝姿勢〟があらわれているとともに、ここで印象づけられたオーディエンスは、以後の番組の「見方（視聴のしかた）」が水路づけられることとなる。

そもそもこの〝問題提起〟部分は、番組素材の選び方も恣意的であり、性教育現場の実態を反映していないばかりか、現場の教師や子どもたち、親たち、研究者たちなどの声を吸い上げておらず、また賛成する意見も紹介されないなど公平性を欠いている。「初めから結論ありき」なのだ。また当のメディアが、性を面白半分なネタとして、子どもたちの前で扱っていることへの自己言及や反省的視点、社会が女性の性を商品化し人格権を侵害していることを容認し推進していることに対する批判的視点など、薬にしたくとも見当たらない。

しかしながらバラエティー番組のこういった言説は決してないがしろにされるべきではない。おそらく多様なポリティクスの中でこのような番組があちこちで制作されているだろうからだ。もともとこの特集が、局や番組スタッフ内部だけで企画・取材されたものなのかどうかを考えてみるのも一興だろう。

3　芸能人の発言と会場の女性たちの存在・発言がもたらす「意味」

（1）低学年性教育肯定は「意外に多い」ズバリ100人

次の五分三〇秒ほどは、今の、現実の素材を集めてドキュメンタリー風につくられた導入部分を観たあとで、会場の女性一〇〇人（出演者も含んで一〇〇人のようである）に「小学校低学年からの性教育は必要だと思う」と質問し、手許スイッチでYES、NOを回答させ、ゲストの芸能人たちや会場の女性たちが発言したり交互に討論したりするスタイルで進行する。

まず前段で小さく映っていた細木数子の顔のアップで始まって視聴者は注意を惹きつけられ、右上には〈国会でも大論争！／児童への性教育問題〉のテロップが出る。すかさず司会の上田晋也が「さぁ、ということでねぇ、今VTRにもありましたように、あくまで一部ですけどもね、小学校一、二年生からもう性教育を始めていると」と説明、その話の間にもうなずく会場の一〇〇人の女性たち、驚きの表情をみせるゲストの女性たち、口を一文字に結んだ細木数子の映像と、司会の話をなぞるテロップが次つぎと挿入される。

一〇〇人の女性たちは全員が全く同じ仕様の白のブラウスを着用し、左胸に赤い薔薇の花を着けている。かなりぴっちりとしたシャツで、胸元は開いてはいないが前合わせのところに横皺が入るデザインで胸が強調される服だ。細木も白いスーツである。会場の女性たちの白ブラウスに赤薔薇は、明らかに処女性（と処女だった「しるし」）をあらわし、女性の聖性・清性・純潔性を表象しているように見える。同じ白い服の細木数子が〝先輩格〟として「指南」する構図だろう。

続いて司会は「もともとあの人形は性的虐待を受けた方とか障がい者への性教育のために作り出されたものなんだそうですが」と解説し、ゲストも会場の女性たちもうんうんとうなずいているところへ、上田が「あ、ありますか」と話題はすぐに他の司会陣である有田哲平と滝沢秀明が取り出した裸の性教育人形に移ってしまい、画面はすかさず驚いた表情のゲストと口をあんぐり開けたり笑ったりしているバックの女性たちを映す。取り出した有田が、「これを使って、こうやるんだよああやるんだよとやっているそうです、実際」と言いながら人形を向かい合わせたりぶらぶらするしぐさがむしろ卑猥にみえ、会場の声や出演者の「ほえ〜っ」という声も入っているところが、視聴者をさらにあおる効果をもたらしている。そして司会者の上田が、「これが行き過ぎなんじゃないかということで、問題が起こったりしているわけですが」と言い訳がましくしゃべるところで、憤懣やるかたないといった表情の細木が細かく首を横に振るアップが挿入される。

そこで司会は「皆さんに質問したいと思います。小学校低学年からの性教育は必要だと思う。必要だと思う人、お手許のスイッチをどうぞ！」と指示、映像は画面下に〈皆さんも一緒にお考え下さい／Q．小学校低学年からの性教育は必要だと思う〉の字幕がかぶった会場の女性たちを、クレーンで上から鳥瞰してなめるように映したり、スイッチを持ったその手許から一人の女性をズーム・アップしたりして、まだかまだかと思わせる電子音によるBGMが流れて視聴者に気を持たせ、「ジャジャン」というSEとともに会場の電光掲示板に結果が出る。YESは六八人、NOは三二人とおよそ七対三の賛否となり、スタジオがどよめいた。誰もが予想しなかった結果、つまり自分はこのご時世、低学年くらいから性教育は必要だと思うが、人はそうは思ってないだろうと思って押したものの、そういう人が意外に多くて予想が外れたというどよめきかもしれない。

司会は「あ、多いですね、六八名の方」と言っているところへ、この日のメインゲストの中尾彬（俳優）がうんうんとうなずいている。すぐ切り替わる、口を一文字にむすんだ細木数子の貌《かお》顔の映像。ここでの中尾の役割はもう一方の意見の体現者であり、性教育は小さいうちからやった方がいいという立場のようである。

（2）出演者の発言は一見多様だが、深まらない議論

最初に司会から指名され、出演者の一人でＮＯに押したという清水ミチコ（タレント）は、一〇〇人の白ブラウスの女性たちをバックに、日本はアニメをはじめとして性的な表現が多い国なので、小学校低学年から性教育をすることは興味を持てと言っているのと同じであり、教える必要はないと発言した。それに対しすぐに中尾彬が反論、それは快楽についての表現が多いだけで、日本は性に関しては遅れていると述べるが、さらに清水は、興味を持つのが凄く早いために「ヘンな犯罪」が多いので、「大体わかってくるような年頃」である小学校高学年から中学生くらいで教えるのでいいのではないかと言う。

だが、最初の発言者となったこの清水ミチコの意見は、バラエティー番組のため吟味されたものでないとは言え、よくわからないところが多い。ただでさえ性情報がメディアに氾濫している中、低学年からの性教育は「発情教育」であり、性犯罪につながるということなのだろう。早期の性教育が男子に興味をもたせるから〝性犯罪予備軍〟をつくり、女子にも興味をもたせるから〝性被害者予備軍〟をつくるのだ、ということだったらそれはとんでもない〝曲解〟である。あるいは、メディアに性情報があふれているから学校で教える必要がない、という風にも聞こえる。

マンガをはじめ日本のメディアに性的な表現が多いのは確かであるが、それは年少者が見るものに散見されるだけでなく、一般向けのバラエティー番組からＣＭ、コンビニエンスストアの店頭で売られている成人雑誌、宅配される新聞の雑誌広告に至るまで、他国の人が驚くほど女性の性が商品化さ

れているのは周知の事実であり、それが年少者の耳目にも日常的に飛び込んできている。実態として、学校における性教育以前から「興味を持てと言っているのと同じ」なのは、清水らが仕事場としているマス・メディアの方であろう。性情報の氾濫が性犯罪を増やしているかのように言うが、性犯罪がどのように増えているのかという統計も示されず、メディアとの因果関係も明らかでなく、あまつさえ小学生低学年で性教育をすることで性犯罪（加害ー被害）が増加するという趣旨であればそれは疑問が多い。メディアが「発情装置」（上野千鶴子）の役を果たしているというのであれば、むしろ性被害の予防という側面からも、性教育は重要だというのが清水の主張の流れにならないとおかしいのではないか。だが、「性教育＝発情教育」ととらえる〝曲解〟は根強くあり、この番組のトーンでもある。

出演者たちはそれぞれ〝役回り〟を担っており、賛成した原史奈（タレント）は、「小学生でも性犯罪の対象となる現在、知っておいて損はない」と述べ、反対の松居一代（俳優）は「知るときは絶対あるので、小学校低学年はコウノトリが赤ちゃんを運んできたといったようなイメージでよい」、同じく反対の山田花子（芸人）は「早いうちから色んなことを教え込んでしまうから、目醒めて、おとなになって物足りなくなって、変態が生まれるのだ」と言うなど、それぞれコントラストをなすように発言が編集されている。賛成派の原史奈の発言のときにはしきりに眼をパチクリさせる細木数子が映り、反対派の山田花子が「まだ早いと思います」と言ったときにはうなずく細木がショットで映り、先述したように発言のたびに顔が挿入されることで、オーディエンスはジャッジの細木数子の顔色をうかがいつつ番組の進行にハラハラするようになっているなかなか心憎い（?）演出である。

中尾の方は反対派のそれぞれに反論し、コウノトリの松居に対しては、教育なのだからきちんと教えるべきだが教師が教えるのではなく性についてわかっている人が教えるべきだと主張し、「セックスってそれだけ奥深いんだよ」と付け加え、会場から「ハア〜」という感嘆のどよめきを引き出している。この人は自分たちの知っている／しているセックスとは全然違うものを知っているらしい、それをサラッと言ったことに対する感嘆なのかもしれない。何やら性教育からセックス〈性行為〉に話がズレてしまったきらいがあるので、中尾の発言もちょっとピントはずれだ。早い時期からの性教育は変態をつくると言うムチャクチャな山田に対しては、小さいうちから性教育をしているスウェーデンなどはむしろ性犯罪が少ないと指摘している。字幕も、逐一両者の発言を映し出し、〈北欧では低年齢から性交や避妊法などの教育をしその結果性犯罪が減少している〉と出た。

しかし、甲論乙駁にみえながら、いずれも言いっぱなしの発言で深まりに欠ける。録画時には多少のやりとりがあったのかもしれないが、時間枠の都合等でカットされたとも考えられる。いずれにせよ、このテーマに明るくないオーディエンスは、「放送された部分＝構成されたもの」で意味をつかみ、判断することになる。中尾はウェストショットだが細木はバストショットでやや大きくみえる。中尾の発言の最中、首の下をしきりに掻いたりして、落ち着きがない。

(3)「賛否両論」「まぜっかえし」「真打ち登場」という構成

全体司会の上田晋也がコーナー司会の滝沢秀明にどう思うかと振ると、滝沢は、病気などの予防の上で性教育は意味があると思うが小学校低学年では早すぎ、高学年くらいがいいのではないかと言う。

もう一人のコーナー司会有田哲平は、セックスについては中学一年生ぐらいで本や友だち同士の噂ばなしで知っていたが、現在自分のセクシュアリティが「正常」かと言うと「自分は大丈夫か？　と思うこともある」と自己韜晦し、自分は異常性欲かもしれないので、誰かが教えなければいけなかったかもしれないといったニュアンスのことを語って、会場の笑いを誘っていた。

有田は、どうもメディアや口《くち》コミで知るよりも前にきちんとした教育が必要ということを言いたいようだが、議論はここでも、「自分と他者の自尊心と身体を大事にするための教育」「人権侵害である性暴力を行使しないための性に関する教育」という本質からそれて行っている。少なからぬ民放トーク番組で、政治や社会問題を扱うケースが増えているが、お笑いでまぜっかえすような司会やゲストの発言によって、議論が中途半端になったり話が本質からそれたりする場合が多い。その際、センセーショナルで噴飯ものの部分ばかりがオーディエンスの印象や記憶に残る仕組みだ。この間、画面左肩は「あなたはどう考えますか？」画面右肩は「低学年からの性教育は必要だ／YES68　NO32」と字幕が出続けていた。

次に司会は会場の声を拾うため、白ブラウスで胸に赤いバラの参加者たちの中からKさんを指名、彼女は「NO」を押したと最初に言い、弟が小学校五年生の時に性教育を受けていたが身についていないので、生理がきたあたりで教える方がよいと思うと答えた。身についていないというところで映る中尾、もっとあとで教えた方がいいと言った最後に映る細木の顔。字幕には効果音とともに〈NO／低学年のうちに教えても効果は薄い／名前（19）／独身／アパレル販売〉と出て、発言者のプロフィールを知らせている。

次いでMさんが指名され、効果音入りで〈YES／現在の幼稚園児は…／名前（24）／独身／歯科助手〉という字幕が出て彼女は「YES」を押したと申告、うなずく中尾の顔が出る。「友だちの幼稚園の先生から聞いたのだが」と前置きして「幼稚園生で生理が始まる子がいる」と発言し、会場が「え〜っ」という叫びで騒然となった。驚くゲストの顔。ポーカーフェイスな細木の顔。

続いて彼女は、「もし何も知らずに妊娠してしまい心や体が傷ついてからでは遅いので、最初からちゃんとした知識を教えるべきだと思う」と意見を述べた。眼をしばたたかせてうつむく細木。発言中、ゲストが互いに顔を見合わせながら「（幼稚園の時から生理なんて）凄いね〜」と大袈裟に驚いてみせているシーンが映っている。

「会場の声」は、他にも色いろな発言がありそれらも収録されたのだろうが、おそらく賛否両論のこの二事例のみを編集して残したのだと思われる。その二人も、指名から本人が答えるまで音はつながっているように聞こえるが、すぐに彼女らが答えている映像からすると、ジャンプカットでつないでいるようだ。

このように一応、芸能人や女性一〇〇人の会場から両方の見解について訊《き》いたのち、司会が「会場では六八名がYESで、教えた方がいいんじゃないかという意見が多いんですけれども、先生はどのようにお考えですか」と細木数子に振った。星占術師はもはや「先生」となり、いよいよ番組は彼女の独壇場だ。以下、このコーナー最後の細木のご託宣が四分三〇秒ほど続くことになる。

満を持して彼女は、豪華な装飾をほどこした椅子にふんぞりかえっていた姿勢をおもむろに直しながら、「あたしは、現場の何十万人の人をこの三〇年間鑑定してきて現在もやっています。そんな中

──」と言って、語気を強め首を振り眼を閉じ、「ぜっっったいに**反対ですっ！　命をかけても、この教育は、つぶします！**」と断固たる口調で獅子吼し、「とんでもないことです」とつけ加えた。

発言と同じ字幕がピンクの地色で出て、「つぶします」を言い終えたところで白装束の会場に切り替わり、ズーンというドラのような効果音が響いて女性たちが一様にうなずく映像が、この演出あふれるコーナー後半の幕開けを知らせる。この日の新聞テレビ欄の能書き「細木魂の叫び…日本の性教育は絶対反対命をかけてつぶす」は、ここからきており、視聴者は遠山の金さん的〝大見得〟をこのシーンに見るだろう。画面右上には〈「低学年からの性教育」に／細木の熱きメッセージ〉のテロップが出ている。

4　細木数子の〝ご託宣〟はどのように演出されているか

（1）シンプルな「魂の叫び」の内容を彩る細木キャラと音楽と字幕

彼女は、「まず、もっとシンプルに考えてください」と言って、ＢＧＭはすかさずゆっくりとしたテンポの、電子ピアノの和音によるメロディーがあるともないともわからない音楽に変わり、次のように語る。

「中尾さんが言うことはわかるの。でもそれは〝熟練した性の奥義〟の話であって、年端もいかず知恵も授かっていない小学校に入りたてのこれから読み書きそろばんを習おうというときに、男と子宮のついた女の人形を持って見せて（間髪を入れず画面左下に裸の性教育人形が映る）、セックスの話を三年四年生までに聞いているから興味はルンルン、小学校六年生でどれだけの子が妊娠して堕ろしてますかッ！」

字幕にも〈小学校6年生でどれだけの子が妊娠して堕ろしてますか！〉とピンクの文字が出て、BGMは悲しげなマイナーのメロディーを奏で、細木の感情は爆発、ふりしぼるような声と口調、手振りである。ここで挿入される山田花子の顔は、どうとでも読めるが、さっき自分が言った「変態」うんぬんよりももっと深刻な問題にハッと気づいた表情にも見える。本人の意識がどうであれ、オーディエンスにとって「そう見える」というところが重要である。

そして、「その現実（小学生の妊娠・中絶）をみんなが見なきゃいけない」と言い、「魂の叫び」はさらに続く。「私のところにもの凄く来ます。その時一六、一七、一八になって、親に言えない堕ろした心の傷は、癒えないんですよッ。そういう後遺症も考えてください」と、「癒えないんですよッ」のところは胸を押さえてふりしぼる声となり、下の字幕も〈堕ろした心の傷は癒えないんですよ〉とピンク字でそこに重なっている。ピアノの短調のメロディーの中、中尾彬も細木の方に頭を寄せて深刻な顔をしている。

細木数子の怒りは収まらない。「幼稚園児で生理になる？　もしそうなら親が教えるべきです。全幼稚園児に、メンスというもの、男の精液が危ない、そんなことまだ教えるには許容量がない。受ける子どもの。能力がないですッ（会場で発言した先のMさんも映り、うんうんとうなずく画面右肩には、〈児童への性教育は親がやるべき！〉のテロップ）」と大喝一声。「これは断じて中尾さん、考え違い（考え直）してください」と握り拳で片手を叩きながら言って、彼女は半ば涸れたような声で首を振り振り付け加えた。「**まだ早いと思う。それはまだ早い**（画面下の〈まだ早いと思う〉のピンク字幕）」

腕組みし直して中尾「早い」、細木「早い。せいぜい小学校五、六年になるまで待つべきです。**待つべきです**」

右肩テロップは〈心の成長とのバランスで性教育をするべき！〉に変わり、画面下は〈せいぜい小学校五、六年生になるまで待つべきです〉、発言と同じくもう一回〈待つべきです〉のピンク字幕が出て、〝叱りの細木節〟は続く。「受け容れがないですよ〜。そして一生懸命仮に教えたとしても、これは人間として、人の道の精神力、心の常識も教えて初めて一緒に合体して教えられるものです（中尾の、思慮するような顔のアップ）。テクニックと技術と興味本位で教えるのは、**ダメです**。そこには心の常識も付属して加味して教えていくべきです」

画面下はしゃべりに重ねて〈心の常識も加味して教えていくべきです〉の字幕も出、先に発言した清水ミチコ、原史奈、松居一代、山田花子ら芸能人たちの神妙な顔が次つぎとインサートされる。

「そして、あたしは現実に見て、子どもたちが興味本位でやってしまった後遺症の苦しみを見たとき、もう少し学校も、親たちも、しっかりと子育てに愛を持ってやらなきゃいけない。子どもの頃からの心の傷を治すには五年、一〇年かかるんです。したことはわずか一日であっても」

そうしゃべっている間にも、右肩に〈親も先生も子育てに愛を…〉、画面下に〈子育てに愛を持ってやらなきゃいけない〉のテロップ、そして会場の白装束の女性たち、さらにいよいよ悲しげなメロディーのピアノ。この頃には細木の顔は心なしか穏やかだ。彼女は「それをみんながわかってあげなきゃいけない。もっと人の心、人体を大切に、生きることの喜びを、学んで欲しいと心から思います」と続け、画面下には発言と同じ〈もっと人の心　人体を大切に　生きることの喜びを学んで欲しいと心から思います〉という字幕が出る。

〈心から思います〉のシーンでは、白ブラウスに赤いバラの若い女性たちの前列部分が斜めアングルからずらりと映り少しパンされるが、彼女らは一様に両手を前で結んでいる。手許スイッチを持っているということもあるが、そのようにかしこまった姿勢をするよう、「統一美」のためあらかじめスタジオで指示を受けているのであろう。しきりに、感じ入ったようにうなずく彼女ら。この白装束の「女１００人」はもはや個別性を剝奪されて集団思考しているようだ。細木の座っていた会場正面の椅子は、ゲストの中尾よりも大きな背もたれでまるで玉座のようであることに改めて気づく。

（2）「怒りの細木」から「菩薩の細木」になることで惹きつけられる

このように、何ら新しい指摘もない低学年向け性教育への反対意見に、おっかない細木数子の表情、口吻、身振り手振りといった全身パフォーマンスと、音楽・字幕などによって情緒に訴えるよう構成された「魂の叫び」とが重なって、共感してうんうんとうなずく会場の女性たちを見ることで、視聴者自身が「うんうん」と納得してゆく磁場が構成される。言うまでもなく、音響や音楽、字幕などは後から付け加えられたものであり、編集カットなどパッケージ化の作業もあとでなされたものである。スタジオの女性たちがうなずいている「経験」をさらにオーディエンスが見るという視聴経験の構造に加えて、音響や音楽、字幕やシーン挿入がテレビの前のオーディエンスに対する説得効果を増しているわけだ。

「中尾さん、早いです」「早いですか」「早いです」「ただ性教育というのは必要ですよね」「必要です。しかし、雄しべ雌しべでもいいんです。そこから徐々に思考力ができたとき、感受性をコントロールできるときに教えていくべきだと思います」

そして右肩に〈成長に合わせた性教育は必要！〉、画面下に〈感受性をコントロールできる時に教えていくべきだと思います〉の字幕が出て、深刻そうな中尾の顔、厳粛な顔つきとなったスタジオの女性たちが左右から二カット映る。低音の暗い音のコードが余韻を残した。

次の瞬間、細木は晴ればれと明るい貌顔《かお》に一転、スタジオの女性たちに言い聞かせるように言った。「だからね、もう一度ね、人間としての原点に戻って親が子どもにしていいことと悪いこと（真剣に聞き、うなずいている白装束女性たちのカット）、しつけだわね、もう一度教えていく（感極まったような表情でうなずく芸能人たちとその後ろの白装束たち、右肩の〈人間らしさの躾／愛のある性教育を！〉のテロップ）。もっともっと慎ましく、夢を与えるセックスの教え方があると思う」

画面はもう一度スイッチして芸能人と会場の女性たちのカット、腕組みをして深くうなずく中尾。しんみりしてしまった番組。

この時の細木の表情は実ににこやかで、それまでの般若の形相からまるで菩薩のような顔になり、これまでと同じBGMすら気のせいかやさし気に聞こえてくる。そして司会を見上げて「わたくしはそう思う」と付け加え、司会の上田晋也が「はい、非常に大切な問題ですので、テレビをご覧のみなさまも小学校低学年からの性教育、本当にいいのか悪いのか、是非一度お考えになっていただきたいと思います」と引き取り、全体で一一分二〇秒ほどのこのコーナーは終了する。

5　メディアは構成され、それにより視聴経験が構成される

(1) 報道内容、主張内容、受容する社会心理、番組構成、社会的意味

本章で分析してきた〇五年五月二四日に放送されたTBSテレビ「ズバリ言うわよ！」でのコーナー、「ズバリ女100人　幸せ白書」の構成のされ方およびディスクール（言説）には、五つの問題があるように思う。最後にこの五点についてふれておきたい。

一つ目は、冒頭の、ニュース映像等から構成された「今、学校現場で小学校低学年から過激な性教育が行われ、国会や文科省が問題化している」という部分の問題。

二つ目は、細木数子の低学年性教育に反対する主張内容の、問題点。

三つ目は、「六占星術」師・細木数子というキャラクターがもたらす効果と、「細木的なるもの」を求める人びとのメンタリティ（心性）や社会心理の問題。

四つ目は、細木キャラに加えて、演出を凝らした番組のストーリー的・技術的構成のされ方と、それによって構成されるオーディエンスのメディア経験の問題。

そして五つ目に、こういった性教育やジェンダーに関するバッシング報道と言説が社会的・政治的文脈に与える影響の問題。

表3　番組のストーリー構成

流れ	番組の主張	コンセプト	オーディエンスの経験
第1パート（約1分10秒）	・低学年に過激な性教育が行われている ・国会でも採り上げられ、文科省が乗り出したほどである ・この性教育の無法状態をどう考えるか	・最初から決まっている結論（過激な性教育＝悪）	・近頃の子どもはこんなことまで学んでいるのか（不安と驚き） ・今、これが問題らしい
第2パート（約5分30秒）	・低学年からに賛成68人、反対32人 ・セックスを教えるのは早すぎるか、それが問題だ	・賛否両論にもってゆく	・意外に賛成派が多い ・どの意見も一理ありそうだ（判断保留？）
第3パート（約4分30秒）	・早すぎるので絶対反対 ・早くから性に目覚めたため子どもたちは中絶しどれだけ傷ついているか ・子育てに愛が必要	・「最初から決まっている結論」に落ち着く	・やはり早い時期からセックスを教えるのはまずいかもしれない

一点目のコーナー冒頭「行きすぎた性教育」の報道コラージュは、既に指摘したように、素材の選び方、並べ方、採り上げ方、そして演出のしかたに一貫して悪意があり、放送法や日本民間放送連盟の放送基準に掲げられているような政治的公平性の担保や多様な角度からの提示をしておらず、視聴者を番組冒頭から水路づけしようという企図が透けてみえる。ショッキングなキワモノネタを並べてこれから始まるコーナーの布石とするこのパートは、ほとんどプロパガンダの体をなしており、事実かどうかよりもセンセーショナリズムが優先されている。(注4)親の不安をあおり、オーディエンスに議題設定するのが目的だからだろう。この番組企画や情報収集・取材がテレビ局独自でなされたとは考えがたく、〝腹話術師〟が背後にいることを彷彿とさせる。表3に示したように、結論の決まっている〝問題提起〟の第一パートと細木の反対論の第三パートが対応しており、中ほどの

討論はいろどり的である。
　ただしスタジオでは、参加者の女性たちはこのセンセーショナルな編集にそれほど惑わされず、「この性教育、どう思いますか?」と問われて七割が賛成と回答した。これは、空間的に開かれた撮影現場とパッケージ化された番組の視聴空間との違いとも考えられ、テレビで番組を視聴したオーディエンスがこの構成されたコーナー全体をどのように視聴=経験したか、そしてどう思ったかはまた別の問題であろう。視聴者に対して、番組の事前と事後にテレゴングでもすれば、番組による短期的影響を受け、最初は低学年からの性教育は必要という回答が多くても、事後はその値が下がったかもしれない。それにしても第二パートの「七割の賛成」がほとんど無視されていることに、あらかじめ決まっている主張、つまりもともと変えるつもりがなく〝台本〟が用意されていたことがうかがえる。
　事実無根のメディア報道（と言うよりもプロパガンダ）が、大した検証もなくなされることによって「ジェンダーフリー教育」や「過激な性教育」が一人歩きしていった例証については他文献に譲る。ただ、一つ挙げておけば、〇三年、「性差をなくすジェンダーフリー教育」の実践と称して小中高校において女子と男子が体操着の着替えに際して一緒の教室で着替えているとんでもない実態があるというエピソードが報道を通じて広まり、その勢いに乗じて、たとえば鹿児島県議会ではジェンダーフリー教育を行わぬよう求める陳情を採択するほどだった。しかし、地元紙が調べたところ、事例として挙げられた女男一緒の身体検査や着替え、宿泊などについての事実は確認されなかったという。(注5)
　二つ目の問題は、細木数子を典型例とする早期性教育反対の論拠についてである。

彼女の主張を整理すると、①性教育はセックスに興味を持たせる教育である、②現在行われている性教育は性交すなわちセックスのしかたを教える教育である、③セックスは子どもの発達段階に応じて教えるべきで、性交は年端もゆかない子どもに教えるべきではない、④早い時期からセックスのしかたを教えているから若年妊娠・中絶するのである、それは「心の傷」になる、⑤何よりも親による子どもへの愛が大事、などが挙げられるだろう。これらの主張は一見するともっともらしく、多くの人にわかりやすいため、批判しづらい。

(2) 主張内容の「もっともらしさ」とそのロジックの落とし穴

二つ目の早期性教育反対論に関してまず第一に、性教育はセックスに興味を持たせる教育(＝発情教育)ととらえていることそのものが、歪曲化したとらえ方だ。むしろ子どもたちの周りには性情報、しかも興味本位で女性をバカにして、人権の観点のないそれが横溢している。少なくともおとなの世界での性暴力や性暴力表現はそれ自身が批判されるべきであり、それを子どもたちが接するような垂れ流しはさせたくない。だが一方で、このような性情報社会から子どもたちを隔離して純粋培養することももはや不可能である。それらに対する子どもたちのメディアリテラシーを養うことこそ暴力的な性情報から身を守ることになる、というのも一つの考え方ではあるまいか。

あるいはヨーロッパや北米の一部の国のように、おとな向けポルノグラフィはゾーニングされ、私見では必ずしも同意しないが、性や暴力シーンの多いテレビ番組にはレーティングによるペアレンタルロックがかかっているところでも、子ども向けの、インターコースまで描かれている性教育の絵本などは普通の家に転がっているし学校では低学年から性教育がなされていて、性交のしかたぐらいは幼児期から知っているという教育文化のあり方もあり得るだろう。さらには、インターコースは卵子と精子の受精手段のワン・オブ・ゼムであるということを科学的事実として知らしめて何ら問題ないというラディカル（根源的な）な考え方もあるかもしれない。

第二に、性教育をセックスのしかたにのみわざと矮小化しているところに悪意が潜んでいると言わざるを得ない。これは第三の主張、年端もいかない子どもにセックスを教えるべきではなく、発達段階に応じて教えるべきという主張ともかかわるが、性教育は生命の誕生と再生産にかかわって生命の連鎖と次世代に思いを馳せ、そういう機能をもつ自分の身体のしくみを知り、自分の身体と同じように他者の身体も尊重し、自分の身体の自己決定と等しく他者の身体の自己決定をも認める、そういう教育であるとすれば、発達段階や年齢に応じて「教育」するというよりも、幼少時からごく自然に知っているべきことと主張することもできよう。いずれにせよ、この番組は性教育の目的や現実、全体像を無視して、性交教育のみが学校における性教育であるかのような話題に終始している。

第四に、早い時期から性に興味を持たせ、性交のしかたまで教えているから望まない妊娠や中絶をし、身体も心も傷つくのであるというロジックの短絡にも意図的なものを感じる。この背後にあるのは、女子のみに対する貞操教育の発想である。何よりも小学生を妊娠させることは犯罪であり、相手の（おそらく年上の）男こそ糾弾されるべきであろう。「好奇心」を「愛」と勘違いする小学生の女子はいるだろうが、一般的にこの年齢層にインターコースに直結するような性欲があるとは考えられない。興味をもち、インターコースまで知っていても、実際に行為を行うのは「相手」があってのことであり、デートDVやレイプを正当化しかねない男性に対する、人権の視点・フェミニズムの視点を持った性教育がそれこそ必要だ。女子が性行為に応じるのは、性教育によって性欲に「目ざめた」からなどではあるまい。家庭や学校などの中で受容されていない場合に、体を求められることで自分が必要とされているという感覚を得ることができる、愛しているのならセックスをという「求める男の論理」に応じないと嫌われる・捨てられるという恐怖、そういった心理が原因しているように思われる。これは、女と男のセクシュアリティや排他的所有関係をめぐるパワーポリティクスの中で、自己決定できていないからに他ならない。

そもそも、学校で早いうちから性教育をしたために妊娠・中絶が増えたというデータはあるのだろうか。若年層の妊娠・中絶や性感染症が増えているのは、繰り返すがメディアが興味本位で取り上げ、一方で愛の証がセックスであると称揚しつつ他方で愛のないセックスを蔓延させる報道を繰り返してばかりいて、避妊や性感染症の予防のしかた、すなわち自分の身の安全および他者の身体の尊重について報じていないからだ。

第五に、細木数子が言う、子に対する親の愛情や家庭が大切なことはもとよりその通りだが、多様化する家族・家庭にあってそういう倫理・道徳一般を唱えること自体、何ら解決策を提示していることにならないというべきだろう。むしろ、「家族共同体」を重視し厳父・慈母の復古的性別役割を固定化する方向に作用しかねない懸念がある。家族や家庭が解体し、子どもたちが孤独になっているのは、女性の社会進出、離婚や共働きの増加、「国を愛する心」を失ったからなどではなく、小泉・安倍内閣やそれ以前の政権が進めてきた、自由な企業活動と市場万能主義（民営化促進や規制緩和）がもたらす格差拡大～弱者切り捨て～貧困化を必然的に招来したネオリベラリズム的政治・経済政策のゆえである。社会問題は社会的に解決すべきことがらだ。

（3）ロジックの陥穽を覆うキャラと番組構成による視聴経験の構成

話を戻して、番組分析から見えてくる三つ目の問題は、細木数子そのもののキャラクターの独特な面、すなわち「キャラ立ち」の影響力と、彼女を求める心理である。迫力あるフェイスとガタイ、野太い声、怒りの口調、しろうとっぽさ、そしてこわそうな表情をして相手をズバリと叱ってそのあとにやさしく諭すように包容するしかたで誰にでもわかるもっともらしい道徳訓に持ってゆくところに、ポピュラリティと説得力が生じている。こうみると、若い人たちは叱られたがっており（それも親や教師にではなく、占い師や憧れのスターなど利害関係のない第三者に）、しかるのち受容されたがっており、カリスマや強いリーダーを求める現代人のメンタリティや社会心理とつながっていることが看て取れる。

そして四つ目の問題は、番組の構成のされ方と、オーディエンスの視聴経験の構成のされ方である。見てきたように、映像・文字・音響全てを動員したメッセージが視聴者を動かそうとしている。番組のテンポ・進行はちょっと間が抜けており、上手い編集とは言えないかもしれないが、細木キャラおよびその言動に効果をもたらすよう、要所要所で会場の女性たち、ゲストの芸能人たちを映し、効果音を入れ、逐一テロップを出す技法が駆使されている。スタジオの構成も、白服の細木がさながら卑弥呼のごとく鎮座ましますゴージャスな椅子に向かって、白装束の若い女性たちが一斉に注目し、司

表4 細木数子のカリスマ性演出と「女性100人」との対比

	ファッション	身体技法(1)	身体技法(2)	アングル	主張
細木数子	白いスーツ〈王として統べる〉	豪華な椅子に座っている〈権威〉	野太い声〈説得力〉	正面からの大写し〈迫力〉	早期の性教育はつぶす〈道徳〉
会場の女性たち	白いブラウスで統一全員胸に赤いバラ〈集団、清純、純潔〉	手を膝の上で組む〈従順〉	うなずき〈感得〉	鳥瞰・正面またはサイドからの集団写し〈信者たち〉	早いのは役立たない早いほうがいい〈実態に根ざした発言〉

会が従者のごとくそばにいる、という司祭的空間だ。ここに、教組さまと、お揃いの制服に身を包んだ信者集団という「細木教」の雰囲気が生成される(表4)。

番組の流れも、賛否両論の芸能人、細木に対しディベートする中尾彬とのからみ、司会者のお間抜けなまぜっかえし、白いブラウスに赤いバラの会場の女性たちの賛否両論の紹介を経て、真打ちとしての細木数子が裁断を下す、しかも最初は怒ってやがてやさしくなだめるようにして終わる、そういうドラマトゥルギーの構造を持っている。しかも、元気にからんでいたあの中尾彬が、最後は、思いつめたように感得する表情とふるまいをしたのだ。

中でも圧巻は、吼える細木、口柔らかな細木のトークにいちいち首肯している会場の若い女性たちの姿である。うなずきという身体技法には、感染性がある。カメラはこれをよくわかっていてかあるいはわからなくても直感的にか、彼女らにスイッチを切り替えて画面に挿入し構成してゆく。先述のように、うなずく会場の女性たちを見て(そこに音楽や字幕もポリフォニックつまり多層的にかぶる)オーディエンスがうなずくという、二重の構造がこの視聴空間に構成されるのである。しかも話の中身は、単純化され、結論は可もなく不可もない当たり前の、むしろ人びとの保守的な心性にふれるスピリチュアルなもの(ただの道徳論・精神論)だ。テレビマジックと細木マジックが両輪となって説

図１　番組世界の構造

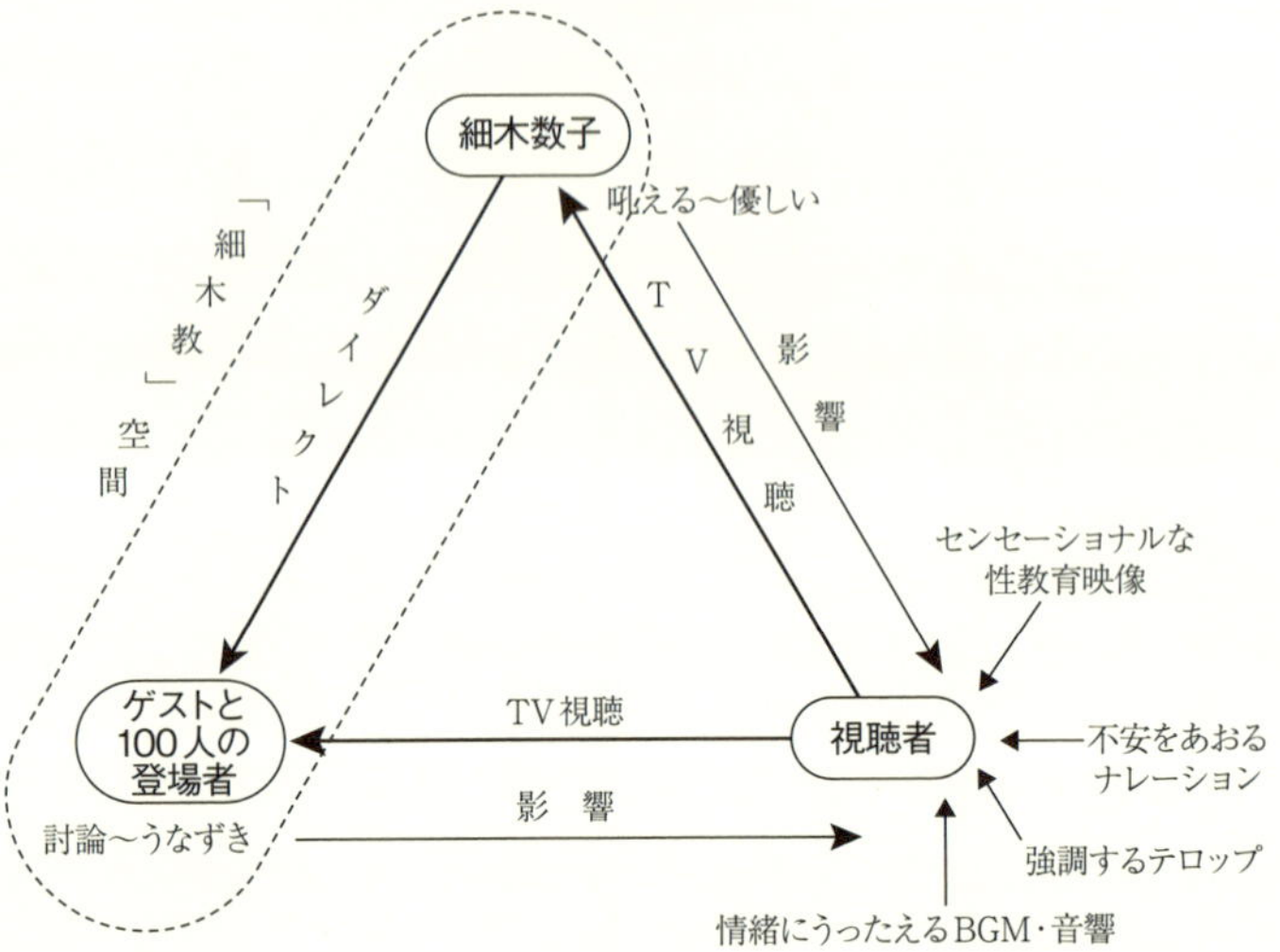

得性を増す仕掛けとなっている。この番組世界の構造シェーマは、図1に示したようになるだろう。

最後の五つ目に、こういった大衆番組や大衆雑誌、新聞報道による、トンデモない性教育、権利ばかり主張する女性たち、性別をなくそうとするジェンダーフリーやフェミニズム思想、といったネガティブキャンペーン(注6)、これらが持つ社会的・政治的影響の問題がある。社会的閉塞感を、差別や脅威といった「対象」を見つけることで心理的に補償しようとするこのような傾向は、イラクで人質になったボランティアたちに対する「自己責任論」をはじめとしてこのところの時代の通奏低音である。しかも総なだれ的な「いじめ」状況が現出すると、人びとはそれに異を唱えられなくなり、沈黙のスパイラルが生じることとなり、事実、「もの言えば唇寒し」の状況が起きている。また「外なる脅威」をもって来てのブラフ（おどし）がもたらす浮き足立った世論は、為政者側にとって好都合だ。
それに対して我われは、①たかが大衆メディア、見るのも馬鹿らしいし金持ち喧嘩せず、という態度ではなく、メディアの主張内容（誤謬、事実誤認、デマ、言説など）とメディアの構成のされ方をきちんと分析し批判してゆくこと、②内容を吟味せず、視聴率や部数が取れそうだからということでセンセーショナルに報じるメディアに対して地道な抗議・働きかけをしてゆくこと、③少数者の意見も取り上げるメディアを育て・つくってゆくこと、こういった取り組みが求められていると言えるだろう。(注7)
「見えない影」におびえての「自主規制」に拍車がかかる時代になっている。(注8) セクシュアリティやジェンダーについてまっとうに議論・主張したり、必要な性教育を実施することに、躊躇する風潮になってきてしまった。「事なかれ主義」や「内なるおそれ」は権力の望む支配形態である。

注

（1）スーザン・ファルーディ（伊藤由紀子・加藤真樹子訳）『バックラッシュ――逆襲される女たち』新潮社、一九九四年、を参照。

（2）もちろん、これら一連のバックラッシュに対して手をこまぬいていたわけではなく、研究会、学会、現場教師たちなどによるきちんとした反論も行われていたし、運動も存在した。バックラッシュの経緯、背景、反論などをまとめた文献として、①浅井春夫・北村邦夫・橋本紀子・村瀬幸浩編

『ジェンダーフリー・性教育バッシング　ここが知りたい50のQ&A』大月書店、二〇〇三年、②木村涼子編『ジェンダー・フリー・トラブル――バッシング現象を検証する』白澤社（現代書館発売）、二〇〇五年、③上野千鶴子・宮台真司・斎藤環・小谷真理ほか『バックラッシュ！　なぜジェンダーフリーは叩かれたのか?』双風舎、二〇〇六年、④日本女性学会ジェンダー研究会編『Q&A男女共同参画／ジェンダーフリー・バッシング――バックラッシュへの徹底反論』明石書店、二〇〇六年、⑤若桑みどり・加藤秀一・皆川満寿美・明石千衣子編著『「ジェンダー」の危機を超える！――徹底討論！バックラッシュ』青弓社、二〇〇六年、⑥浅井春夫・子安潤・鶴田敦子・山田綾・吉田和子『ジェンダー／セクシュアリティの教育を創る――バッシングを超える知の経験』明石書店、二〇〇六年、の各書を挙げておこう。

（3）ここでの分析手法は、いわゆるメッセージ分析ではないので、特段に定型化されたものではない。立命館大学鈴木ゼミ三期生「和歌山毒物カレー事件『初公判報道』を読み解く」『放送レポート』二〇〇〇年、七・八月号、三四～四一頁、伊藤守編『テレビニュースの社会学――マルチモダリティ分析の実践』世界思想社、二〇〇六年を参考にした。

メッセージ分析等については、①伊藤守・藤田真文編『テレビジョン・ポリフォニー――番組・視聴者分析の試み』世界思想社、一九九九年、②小林直毅・毛利嘉孝編『テレビはどう見られてきたのか――テレビ・オーディエンスのいる風景』せりか書房、二〇〇三年、③萩原滋・国広陽子編『テレビと外国イメージ――メディア・ステレオタイピング研究』勁草書房、二〇〇四年、④鈴木裕久・島崎哲彦『新版　マス・コミュニケーションの調査研究法』創風社、二〇〇六年、⑤島崎哲彦・坂巻善生編著『マス・コミュニケーション調査の手法と実際』学文社、二〇〇七年、⑥小玉美意子編『テレビニュースの解剖学――映像時代のメディア・リテラシー』新曜社、二〇〇八年などを参照。

（4）番組導入部では、裸体になる性教育人形や器具にコンドームを装着する映像コラージュなどがセンセーショナルに扱われたわけだが、教育現場における正当な使われ方を示し、その悪意ある扱いかたに対する反論として、浅井・北村・橋本・村瀬編、前掲書のほか、金田智之「『道徳主義型性教育』とその問題点」木村編、前掲書、六五～一八九頁を参照。

（5）『南日本新聞』二〇〇三年八月五日。また全国紙では『朝日新聞』二〇〇四年六月三十日の紙面において、「男女同室着替え」は更衣室不足が原因で現場では四苦八苦しているとの報道も行われている。

（6）佐藤文香「フェミニズムに苛立つ『あなた』へ」『論座』二〇〇六年四月号、二一二～二一七頁では、バックラッシュのプロパガンダの手法として、①攻撃対象に負のイメージを植えつけるラベリングである「ネーム・コーリング」（「性差否定のマルクス主義」「フェミナチ」などというレッテル貼り）、②都合のよいことを強調し都合の悪いことは隠蔽する「カード・スタッキング」（文脈を無視して恣意的に扱い、ことあげする）、③大きな楽隊が人目を惹くように、あることがらが世の中の趨勢であるかのように喧伝する「バンド・ワゴン」（裸に引き剝がされて性器をむき出しにされたむざんな性教育人形の写真）の三つのパターンを紹介している。

（7）イダヒロユキは、低水準のバッシング言説例を挙げて《ジェンダー・フリー・バッシングの質は、その中身を見てみると、かなり低いと言わざるを得ない》としながらも、《これらに豊かに、説得的に答えられるだけのことをしないと、バックラッシュは勢いを維持し続けるであろう》と述べている。イダヒロユキ「家族のあり方とジェンダー・フリー・バッシング――問題の解決を探る議論を」木村編、前掲書、一一七～一四三頁。

（8）本稿初出発表時の二〇〇八年春は、「自主規制」が相次いだ。一月に予定されていたつくばみらい市のＤＶ講演会に対する抗議による中止、二月に予定されていた日教組教研集会のグランドプリンスホテル会場提供中止、三月からのドキュメンタリー映画「靖国　ＹＡＳＵＫＵＮＩ」の相次ぐ上映中止、四月の最高裁により有罪となった立川反戦ビラ配布判決……。人びとの心、行政、司法、民間に、意思表示すること、表現することへの圧力と、それに屈したり屈する前に自主規制するような「おびえ」が蔓延している。

第6章 バックラッシュのカルチュラルスタディーズ
——新聞記事のディスクールを分析する

1 二一世紀に入ってからの「時代閉塞の現状」

(1) 反省を嫌う為政者とそれを支える有権者

今でこそ、いや何を今さらと言うべきか、苛斂誅求《かれんちゅうきゅう》の小泉純一郎ネオリベラリズム政権がもたらした格差の拡大や高齢者はじめ弱者の切り捨て策が批判されるようになった。しかし、小泉首相や安倍晋三首相のことをカッコイイと言い、街頭やテレビの前で快哉を叫び、心情的ないし実質的に支持した人びとは、(注1)現在、「後期高齢者」「ネットカフェ難民」「ワーキングプア」「派遣労働」「失業者」である自分の身にふりかかっている格差、貧困を「自己責任」として甘受し、(注2)自己を正当化して、元凶と言ってもいい彼らにまだシンパシーを持っているのだろうか。

人は、過去の行いを悔いそして反省し得る生き物である。しかしながらいまだに首相や大臣などの政治家、自衛隊のトップなどが、戦時中にアジアの人びとに対して振るった日本の非人道的な行いについて、村山談話や河野談話を認めたがらず、それどころか正当化する発言を繰り返し(注3)、しかもこういった歴史修正主義に対する与党内やネット上などでの賛同が少なからずあるらしいことを聞くにつけ、「反省」という態度はこの国にはついぞ縁遠いものではないかと暗澹としてしまう。列島の北から南まで、先住者や外国人など多様な人びと・言語からなっている日本を単一民族国家とする発言、被爆国であるにもかかわらず核武装を唱える発言などにもこと欠かない。

主権者が、かつて小泉・安倍首相らに賛辞を送っていたことを後悔し、反省し、行動することがあれば、グローバリゼーションの名を借りて規制緩和策や弱肉強食的な新自由主義政策によってネオコン大企業を保護し、弱者を自己責任の名の下に「負け組」と呼んではばからず、「美しい国」「普通の国」と称して改悪教育基本法に愛国心を盛り込み、軍備を持つよう憲法を変えるための国民投票法を採決し、ソマリア沖の海賊対策と称して自衛隊の海外派兵を恒久法化しようとするような、そういう為政者ら(注4)が行うこの国の政治を、少しは変えることができるかもしれない。

しかし、そのような機運はあるだろうか。現在の社会を構築し、未来の子どもたちの社会を残すべきおとなに。近未来を担う当事者である若者たちに。あるいはおとなたちがつくり若者たちが接しているマス・メディアに。

（2）強権に確執をかもさず、「出口なし」の中で

かつて石川啄木は、《我々日本の青年はいまだかつて彼《か》の強権に対してなんらの確執をも醸《かも》した事が無い（注5）》と述べ、《従って国家が我々に取って怨敵となるべき機会もいまだかつて無かった（注6）》と記した。一九一〇年に指摘した啄木の時代から一〇〇年。この間、我われおとなたち、若者たち、そしてメディアは、「強権に確執をかもす志」（大江健三郎）をほとんど行使してこなかったのではあるまい（注7）か。

のみならず啄木は、若者を取り巻く空気はよどみ、強権勢力はすみずみにまでゆきわたり、「希望は戦争」という気分（注8）や経済的不況、貧しい人びとの増加や性を売る女性たちの増加、小さな不正が取り締まれない実態、売買春が取り締まれない実態などを挙げて（注9）、次のようにも述べる。《今や我々には、自己主張の強烈な欲求が残っているのみである。自然主義発生当時と同じく、今なお理想を失い、方向を失い、出口を失った状態において、長い間鬱積して来たそれ自身の力を独りで持余しているのである。（略）すべて今日の我々青年が有《も》っている内訌《こう》的、自滅的傾向は、この理想喪失の悲しむべき状態を極めて明瞭に語っている。――そうしてこれは実に「時代閉塞」の結果なのである（注10）》と。

では、このように理想を失い、方向を失い、出口を失い、鬱積した自身の力をもてあまして、若者たちはどうなっているか。《かくの如き時代閉塞の現状において、我々の中《うち》最も急進的な人達が、いかなる方面にその「自己」を主張しているかはすでに読者の知る如くである。実に彼らは、抑えても抑えても抑えきれぬ自己その者の圧迫に堪えかねて、彼等の入れられている箱の最も板の薄い処、も

しくは空隙（現代社会組織の欠陥）に向って全く盲目的に突進している》(注11)

（3）「時代閉塞」を打ち破れないメディアの貧困化

啄木が著した「時代閉塞の現状」は、現在の状況に驚くほどあてはまる。

政治の貧困がもたらした経済的貧困という下部構造は、上部構造である人びとの心を貧困化し、すさませた。佐賀のバスジャック、アキバ事件(注12)、ネット空間での罵倒や殺害予告、幼い女子に対する性暴力、中・高校生にもおよぶ売買春やデートDV、せこく・卑劣な振り込め詐欺、高齢者への負担増、母子家庭の生活苦、「派遣切り」やリストラ、自暴自棄（死刑願望）ともいえる無差別殺人など、「入れられている箱の最も板の薄いところ」ないし「空隙（社会組織の欠陥）」に向かっていることは明らかである。荒廃した心と、他者に対する暴力によってカタルシスを得る我われのメンタリティ、そして自己破壊衝動をもたらしたのは、二一世紀に入って以降の、この「時代閉塞の状況」に他ならない。貧困が悪いのではない。もとより他国はもっと絶対的な貧困にあえいでいる人びとがいる。しかしこの国の貧困は、次元の異なる「貧困な豊かさ」で性格が歪んでしまった。しかも格差社会によって希望を失わせるような閉塞的な構造に憤りをおぼえるのである。

本来メディアは、知識を増やし、出会いをもたらし、希望や理想を抱かせ、精神を癒やし、情緒を豊かにし、表現方法を豊富にするなど人間の存在や能力を拡張するツールであり、様ざまな人との共生をはかる民主主義のための必需品であり、同時に強権に対してはその力をほしいままにさせない権力監視のためのジャーナリズム機能を持つ社会の木鐸であった。そのメディアも、ネオリベ社会の中で商業主義化し、それゆえにかえって空疎でその場限りの情報を垂れ流して貧困化していること、強権に確執をかもさないどころか権力に迎合していること、「時代閉塞の現状」を打破できていないことを、残念なことに今や誰も否定する者はいまい。

一方では、こういうすさんだ状況や民心は、戦後民主主義がもたらした腐敗の結果だとする主張も少なくない。そこでは、たとえば女男平等は国家基盤をあやうくする思想であるなどという、揺り戻し（バックラッシュ）の主張もみられる。

本章では、他者や状況に対する想像力を失った精神的に貧困化した人びとがかたちづくる時代閉塞の社会にあって、この閉塞状況を、戦後フェミニズム思想がもたらした「ジェンダーフリー」や「過激な性教育」に原因があると言わんばかりの牽強付会をもって打破、ナショナリズムに回収していこうとする報道について、メディアリテラシーの概念とカルチュラルスタディーズの方法論を用いながら分析することで、バックラッシュの生成と構造を抉出してみることにしたい。

2　ある視座と多様な技法から構成されるメディア

（1）バックラッシュを支えるメディア

ジェンダー、フェミニズム、男女共同参画、そして家庭科教育や性教育をターゲットに攻撃するバックラッシュが表立ってきたのは、それ以前からの〝動き〟はあったものの、一般的には二〇〇二年四月の国会質疑において、日本女子社会教育会（現・女性学習財団）が作成したパンフレット『新子育て支援――未来を育てる基本のき』が、「女らしさ・男らしさ」や「日本の伝統」を否定するものだとして追及された頃からであると言っていいだろう。五月には学校用サブテキスト『思春期のためのラブ&ボディBOOK』が国会で取り上げられ回収されるまでに至り、六月には山口県宇部市で男女の特性を認める文言をわざわざ入れた男女共同参画推進条令が制定されるなど、国政や地方自治体をステージにバックラッシュが繰り広げられるようになってきた。

この背景には、第一に、二〇〇一年の9・11、さらには翌年に発覚した朝鮮民主主義人民共和国（北朝鮮）による日本人拉致問題がもたらした、「憎しみ」と「恐れ」、そして「報復」の社会心理がある。そして第二に、この「憎しみ」と「恐れ」、「報復」への意識を利用して、改憲主張を底流に持つ議員組織の活発な活動、歴史修正主義者たちのグループのメディア利用、宗教団体やチューターが組織化する草の根的な市民運動等が、ターゲットを女男平等に定め組織的に動いたことが挙げられよう。

第三に、二〇世紀末にソビエト連邦や東欧圏における共産主義国家の終焉があり、世界がネオリベ路線をひた走る米国を中心に一極化して対立軸がみえなくなり、ナショナリズムの求心力がなくなっていたことも大きい。フェミニズムや女男共同参画、家庭科教育や性教育は、女性を自立させ、モノガミーを否定し、フリーセックスを助長し、離婚をうながし、子どもをないがしろにし、伝統的家族を破壊して、ひいては国家を滅ぼすという、恰好の「敵」として措定された。また第四に、そこへ、若者たちが使うインターネットのウェブサイトや掲示板の爆発的普及と、その匿名性による言いっぱなしのメディア特性が、苛立ちの対象を求めてすさむ心に拍車をかけた。このようにして、「イデオロギーの終焉」が右派のイデオローグたちに危機感をもたせるとともにイデオロギーを活性化させ、それが多様な回路を通じて、時代精神とも相まって少なくない人びとの琴線に触れ、いびつなナショナリズム環境や社会意識が醸成されて行った。そういった潮流にあって、たとえば与党の政党機関紙のようなメディア、産経新聞は、〝男女平等つぶし〟に執念を燃やす紙面を連日のように展開し、バックラッシュ派の発表媒体・応援媒体として機能してきた。

メディアリテラシーでは、「メディアは構成されたものである」という第一テーゼが非常に重要である。テレビ、新聞、雑誌、ラジオ、ポスターやパンフレット、インターネットのウェブサイトなど、あらゆる報道・宣伝・プロパガンダ媒体が、おのおののメディア文法＝技法を持ち、長年の経験と計算づくのテクニックによりオーディエンス（メディアの受け手）を認識世界・経験世界に巻き込んでいる。

そこで、二〇〇三年二月一七日（月曜日）の産経「教育」欄に掲載されていた、「お母さんは専業主婦がいい」という記事をテキストとして、そのポリティカルな「構成のされ方」とディスクール（ディスコース＝言説）を詳しくみてみよう。

（2）数値のマジックと文章のロジックで構成される

産経〇三年二月一七日二六面右肩のその記事（紙面1）は、縦組み四段の「お母さんは専業主婦がいい」という主見出しに、「小学生の4割回答　家事の大変さ認識」のサブ見出し、「ベネッセ総研調

紙面1　産経新聞　2003年2月17日（月）

産経新聞　平成15年(2003年)2月17日　月曜日　12版　教育 26

お母さんは専業主婦がいい

小学生の4割回答　家事の大変さ認識

ベネッセ総研調査

ベネッセ教育総研（東京都多摩市）が「家族」について小学校高学年にアンケート調査したところ、四割の児童が母親は専業主婦であってほしいと望んでいることが分かった。「外で働くお母さんのほうがいい」と答えた子供は二割強だった。また、「母親の家事は大変」と思いやる子供ほど、家族を肯定的にとらえていた。（家族取材班）

調査は昨年五月から六月にかけて、「居場所としての家族」をテーマに、都内公立小学校の高学年を対象にアンケート。千三百二十六人から回答を得た。

それによると、どちらの母親がいいかという問いに「家で家族の世話をするお母さん（専業主婦）」と答えた児童は40・8％、「外で働くお母さん」は23・1％、「どちらでもいい」が36・1％だった。専業主婦の母を望むのは男子が37・4％、女子は44・6％で、女子の方が多かった。

調査対象の児童の母親は「家の仕事だけ（専業主婦）」が34％、パートや自営業も含む仕事を持つ母親が45％だった。

「家での仕事（家族の世話や家事）は大変か」との質問には、母親が「とても大変」「わりと大変」と答えた児童は計85・4％だった。一方で「父親の家事が大変」と答えたのは計42・3％で、やはり家事は主に母親が担っていて、わりと大変そうだと子供は認識しているようだ。

また、家事を含む母親の仕事は「とても体が疲れる」「とても人のためになる」と思っている児童は、父親の仕事が「大変で人のためになる」と思っている児童よりも多かった。総じて子供は、父親よりも母親の役割の方が、大変かつ重要だと感じているようだ。

さらに、「母親の家事は大変」と思っている子供ほど、「この家に生まれてよかった」「お父さんとお母さんは仲がいい」「家の人が帰って来るとみんながうれしい気持ちになる」などと、家族を肯定的にとらえていることも分かった。

結果についてベネッセ教育総研は「昔から子供は親の背中を見て育つといわれるが、子供が『親はよく働き、家族を一生懸命支えてくれている』と感じるとき、子供は安定感を持って育つ」と分析している。

いつも出迎えてくれる母は〝心の基地〟

「子供のためパートで我慢」その献身が日本を支える

深谷和子・東京成徳大教授 ▶

子供にとっての母親の大切さを強調する深谷和子教授

調査を行ったのは深谷和子・東京成徳大教授（児童臨床心理学）を中心とするグループ。子供にとっての母親の大切さを多方面で発言している深谷教授に調査結果について聞いた。

――専業主婦を望む児童が四割という結果について、どう分析しますか？

いつの時代も子供は、お母さんには家にいてほしいものです。子供の正直な気持ちでしょう。むしろ「どっちでもいい」との答えが予想以上に多くて、驚きました。外で働く母親に慣れ始めたのでしょうが、ただ、子供は決して「お母さん、働いてもいいよ」と積極的にサポートしているわけではありません。

――母親が働く場合の子供への影響は

子供は母親にしがみつきたいものです。それなのに母親は、しがみつくわが子の手を振り払って仕事に行く。それで大丈夫な子供もいるけれど、あまりいいことではない。子供にとって母親は、そばにいると安定できる〝心の基地〟のような存在です。父親がうちにいれば母親が外に出ても問題ないかもしれませんが、今の日本の労働環境では父親に母親の代わりはできません。

――子供が望む母親像は

たとえば、本当はフルタイムで働きたいのに家事をこなすためにパートで我慢する母親はとても多い。そういった母親の献身が日本の子供を支えているんです。子供は「自分のために尽くしてくれるお母さん」を求めています。それは「母親の仕事（家事）が大変だと思っている子供ほど、家族を肯定する気持ちが強い」という今回の調査結果にも表れています。

――子供にとっての家族とは

いつも同じ家に帰ると同じ人がいて同じように迎えてくれる、それが子供の心の安定につながります。子供には、保育園・幼稚園のような大規模集団ではなく、自分を受け入れてくれる小さな閉鎖された集団が必要です。それが家族です。家族が子供の〝居場所〟になるには、誰かが家庭にいた方がいい。大人にとって家族は煩わしい面もありますが、子供は家族に縛りつけられる方が、不自由だけど安定するのです。

家族再興を追求　情報をお待ちしています

産経新聞の年間テーマは「家族」です。教育面でも「教育の基本は家族にある」との理念から紙面を展開します。「ゆとり教育」の中での家庭の教育力▽男女の特性をなくすジェンダーフリー教育▽伝統的家族観を否定する家庭科教科書の記述▽道徳を無視した過激な性教育▽母性を否定する男女共同参画行政―などについて、身近な情報をお寄せください。

教育

毎週月曜日掲

査」の横見出しからなっており、調査代表者である東京成徳大学深谷和子教授の写真をはさんで、左上が深谷教授のインタビュー、右下が調査結果の概要記事というレイアウトで構成されている。見出し＝キャッチコピーは、記事内容を端的にあらわすとともに、読者に一目で内容がわかるようにするものであり、また眼を引くためのものであり、その並べ方や文体には一定の法則性＝文法がある。読者はほとんど無意識のうちにその文法を身につけており、自然に眼にしながら内容を掴んでいる。

　リード文は、《ベネッセ教育総研（東京都多摩市）が「家族」について小学校高学年にアンケート調査したところ、四割の児童が母親は専業主婦であってほしいと望んでいることが分かった。「外で働くお母さんのほうがいい」と答えた子供は二割強だった。また、「母親の家事は大変」と思いやる子供ほど、家族を肯定的にとらえていた。（家族取材班）》となっている。

見出しとリード文とで、①子どもたちの四割は母に働かずに家にいてほしいと願っており、②働く母を肯定する子は二割にとどまる少数派であると強調し、③家事をする母親を思いやる子どもたちのけなげさを植えつけて、あらかじめ読者を誘導するように構成されたディスクール（言説）となっていることがわかる。

調査結果の紹介部分は全部で七段落からなっており、一段落目では《調査は昨年五月から六月にかけて、「居場所としての家族」をテーマに、都内公立小学校の高学年にアンケート。千三百二十六人から回答を得た》と調査クレジットが示され、第二段落は、次のように続く。《どちらの母親がいいかという問いに「家で家族の世話をするお母さん（専業主婦）」と答えた児童は40・8％、「外で働くお母さん」は23・1％、「どちらでもいい」が36・1％だった。専業主婦の母を望むのは男子が37・4％、女子は44・6％で、女子の方が多かった》とデータが記述されている。

この数値から、どういった傾向を指摘すべきだろうか。五ポイント程度の差は統計的誤差の範囲とすれば、「家事専従の母」がいいとしたのは四割、働いても家にいても「どちらでもいい」とするのが四割と読むこともできる。さらには「外で働く母」二三％と「どちらでもいい」三六％を合わせて、働く母親でいいという子どもたちは六割に達するとみることもできるだろう。微妙なデータであるにもかかわらず、紙面右肩の目立つ見出しで、小学生は「お母さんは専業主婦がいい」とだけ言っているかのような印象を読者に抱かせるよう、データが恣意的に用いられ、構成されている。

この記事の主見出しとリード文からして、事実の提示において大きな疑問符が付かざるを得ない。こういうテクニック（あるいは弥縫策《びほう》）を使って、オーディエンス（読者）をいったいどこへ誘導したいのだろうか。

（3）先に結論が決まっていて構成される

続く第三段落は、《調査対象の児童の母親は「家の仕事だけ（専業主婦）」が34％、パートや自営業も含む仕事を持つ母親が45％だった》、第四段落は《「家での仕事（家族の世話や家事）は大変か」との質問には、母親が「とても大変」「わりと大変」と答えた児童は計85・4％だった。一方で「父親の家事が大変」と答えたのは42・3％で、やはり家事は主に母親が担っていて、わりと大変そうだと子供は認識しているようだ》とある。

ここに示されているのは、たとえ母親が働いていても家事のほとんどを母が担っている実態であり、子どもたちはそれを見て大変そうだと思っている事実である。大した知見があるとは思えないにもかかわらず、なぜこのデータを紹介したかといえば、おそらくは次の第五段落とかかわるからだと思われる。

《また、家事を含む母親の仕事は「とても体が疲れる」「とても人のためになる」と思っている児童は、父親の仕事が「大変で人のためになる」と思っている児童よりも多かった。総じて子供は、父親よりも母親の役割の方が、大変かつ重要だと感じているようだ》

どうやら、この新聞が従来から主張する父母・夫婦の性別役割分業、すなわち働く父親と家事・育児をする母親を堅持するために、どうしても、母親の役割は「大変だが重要」という話に持ってゆきたいらしい。

第六段落では、《さらに、「母親の家事は大変」と思っている子供ほど、「この家に生まれてよかった」「お父さんとお母さんは仲がいい」「家の人が帰ってくるとみんながうれしい気持ちになる」などと、家族を肯定的にとらえていることも分かった》とあり、最後に第七段落では《結果についてベネッセ教育総研は「昔から子供は親の背中を見て育つといわれるが、子供が『親はよく働き、家族を一生懸命支えてくれている』と感じるとき、子供は安定感を持って育つ」と分析している》と締めくくられている。

つまりこのデータ紹介記事の結論は、次のように要約できよう。母親が家にいてしっかりと（「とても体が疲れる」まで）家事をしているところほど、家族（父母セットの）は美しく、この家に生まれたことを子どもたちも感謝している。したがって、「夫婦相和シ」の面からも、子どものメンタルな面からも、母は家にいて家事をすべきだ。

この記事では、もともと結論があって、データの都合のよいところを利用し、情報の断片からストーリーを組み立て、惹きつけるアイキャッチャーをつくってレイアウトするという、そういった技法による記事づくり、編集・整理がされている。このような、取捨選択による現実の再構成・再提示のしかたを総称して、メディアリテラシーでは「メディアは構成されている」という言い方をする。メディア報道は、ある現象について、誰かが、ある視点をもって、取り上げようと企図し、文章や映像であらわし、時間やスペースの範囲内で、読者や視聴者（オーディエンス）のニーズ（と思われるもの）、スポンサーや政治家などの思惑とのせめぎ合いの中で、カットし、編集したり演出を加えたりして、つくり上げられたパッケージ＝作品なのである。

3　オーディエンスのメディア経験

（1）専門家の断言を経験する

産経〇三年二月一七日「教育」欄の「お母さんは専業主婦がいい」という記事の左肩は、「いつも出迎えてくれる母は〝心の基地〟」の縦見出しをあしらい、写真にかぶるように「「子供のためパートで我慢／その献身が日本を支える」」「深谷和子・東京成徳大教授」の横見出しを掲げ、写真の絵解き（キャプション）には「子供にとっての母親の大切さを強調する深谷和子教授」と単に名前だけでなくご丁寧に話の内容と様子まで形容されている。

リード文は《調査を行ったのは深谷和子・東京成徳大学教授（児童臨床心理学）を中心とするグループ。子供にとっての母親の大切さを各方面で発言している深谷教授に調査結果について聞いた》とあり、ここでも、見出しとリードのコンセプトは、「子どものために母親は家にいなさい」である。（注13）

本記はインタビュー形式を取り、最初の《――専業主婦を望む児童が四割という結果について、どう分析しますか？》という質問に、深谷教授は次のように答えている。

《いつの時代も子供は、お母さんには家にいてほしいものです。子供の正直な気持ちでしょう。むしろ「どっちでもいい」との答えが予想以上に多くて、驚きました。外で働く母親に慣れ始めたのでしょうが、ただ、子供は決して「お母さん、働いてもいいよ」と積極的にサポートしているわけではありません》

深谷教授は優れた研究者だが、ここで「いつの時代も」と断定するのは、歴史的・相対的な視点がやや欠けてはいまいか。もともと、母親が無職で常時家にいる状態、給与生活者である夫の所得で妻が生きてゆける状態、それが成立したのは近代以降であり、歴史的、資本主義的な産物である。そのことには頬被りして、子どもは母親にいてほしいものだという大前提を崩さないよう、四割近い「どちらでもいい」という回答について、子どもは積極的に働く母を認めているわけではないと消極的な意味を与えている。実際にはそのように子どもの心を斟酌するデータはここには提示されていないにもかかわらず、データから言えること以上の踏み込んだ解釈がなされているようにみえる。オーディエンス（読者）は、専門家に断言されればそう思うしかないだろう。

もちろん、深谷教授が一〇〇％このように語ったということも、また断言できない。ここでも、あらかじめあるストーリーや結論にそって、担当記者が談話をまとめ、整理部やデスクが見出しなどを付けたのであろうから。

（2）議論のすり替えに気づかず経験する

《——母親が働く場合の子供への影響は》という質問に対しては、《子供は母親にしがみつきたいものです。それなのに母親はしがみつくわが子の手を振り払って仕事に行く。それで大丈夫な子供もいるけれど、あまりいいことではない。子供にとっては母親は、そばにいると安定できる〝心の基地〟のような存在です。父親がうちにいれば母親が外に出ても問題ないかもしれませんが、今の日本の労働環境では父親に母親の代わりはできません》

ここでも「しがみつきたいものです」という断定が目立つが、子どもは「母親にしがみつきたい」にもかかわらず、「しがみつく我が子の手を振り払って」仕事に行くという言い方も、かなりどぎつい。母親が手を振り払って仕事に行っても大丈夫な子はいるがと留保しつつ、「いいことではない」と価値付与がなされており、子どものために母は家にいるべきというイデオロギーを前提に、子どもを置いて仕事に行くことは「悪いこと」とされている。これを読んだ働く母親は罪悪感を抱き、子育て中の母親は働きたいと思っていた気持ちを抑え、それ以外の読者はやっぱりそうだよなぁと思う仕組み（メディア経験）がつくられる。

そもそも、この調査は小学校高学年対象のものであり、深谷教授の言っている「しがみつきたい子」はもっと低年齢であろうと思われる。「どちらでもいい」子どもの四割が「母にしがみつきたい子」であるかのように話が混同されている。にもかかわらず、ここでの談話《子供にとって母親は、そばにいると安心できる〝心の基地〟のような存在》が左側の見出しとして使われており、小学校高学年に関する右側の見出し記事の情報と整合していない。結論の決まっている牽強付会の記事をつくるためにほころびが出た恰好だが、読者はそのずれになかなか気づかないだろう。

父親が家にいれば母親が働きに出ても問題ないが今の日本の労働環境ではそれもままならないという由の発言については、核家族の現状にあって、その通りだ。しかし、だからこそ男性の子育て参加や育児休暇の取得の促進、当時はまだ言われていなかったがワーク&ライフ・バランスの企業側の取り組み、地域における子育て力などが、政策課題となるのではあるまいか。

(3) キャッチコピーの見出しを経験する

《――子供が望む母親像は》という問いには、《たとえば、本当はフルタイムで働きたいのに家事をこなすためにパートで我慢する母親はとても多い。そういった母親の献身が日本の子供を支えているんです。子供は「自分のためにに尽くしてくれるお母さん」を求めています。それは「母親の仕事(家事)が大変だと思っている子供ほど、家族を肯定する気持ちが強い」という今回の調査結果にも表れています》と答えている。

ここでは、「母親の我慢」が「献身」として奨励されており、それが子どもたちを支えているとされている。では母親たちは、手を振りほどかずに家にいて、パートで我慢して、献身的に、子どもたちの何を「支えて」きたのだろう。成長?「食」?「不良」にならないこと? 学力? 情緒? どれもこの新聞が、今の子どもたちに欠けている、親の責任だ、とキャンペーンしているものだが、果たして母親たちの「我慢」と「献身」が「支えて」きた結果、これらは果たして充たされてきたのだろうか。疑問は尽きない。

しかも、記事では《(フルタイムではなくパートで我慢する)母親の献身が日本の子供を支えている》と言っているが、見出しは「「その献身が日本を支える」」となっていて深谷の言った「日本の子供」とはなっていない。「子供」の字を落としたのは、字数の関係だろうか、ミスだろうか、それとも意図的だろうか。

女性が担ってきた安い賃金のパート労働が日本経済を支えてきたのは確かである（それが男性にも及び始めたために、「蟹工船」とか「ワーキングプア」などと言われてにわかに脚光を浴びるようになったのだが）。しかし、ここで「「子供のためパートで我慢／その献身が日本を支える」」と深谷教授の科白を使う形で見出しが言いたいことは、そういうことではなく、「我慢」「献身」「日本を支える」というナショナリズムの三角形であろう。意図的であれ無意図的であれ、この見出しには深谷教授の思惑や発言を離れてそれが形象されている。

自分のために尽くしてくれる母を持つ子どもが「家族を肯定する気持ちが強い」のは、弱く・保守的な子どもの心性からすればいわば当然のことであろう。しかし、母親は自分のためにあれこれやってくれるのが当たり前と考える依存的で横暴な子どもが大量生産されることは、本当に子どものため、さらには日本のためによいことだとはとても思えない。

（4）メディアのキャンペーンを経験する

記事は最後に、《――子供にとっての家族とは》と問うて、《いつも同じ家に帰ると同じ人がいて同じように迎えてくれる、それが子供の心の安定につながります。子供には、保育園・幼稚園のような大規模集団ではなく、自分を受け入れてくれる小さな閉鎖された集団が必要です。それが家族です。家族が子供の〝居場所〟になるには、誰かが家庭にいた方がいい。大人にとって家族は煩わしい面もありますが、子供は家族に縛りつけられる方が、不自由だけど安定するのです》という断定で結ばれている。

「子どもの心の安定」というキーワードは、母親には響く（効く）ことばだ。しかしこれでは、DV等で離婚したりシングルマザーを初めから選択した働く母子家庭の立場はない。父子家庭においてをや、である。一方で、「小さな閉鎖された集団」「縛りつけられる」「不自由」というネガティブな語群がおどろおどろしい。このように、〝子どもの心〟を楯に取りながら記事は、読者に対し、母親は家にいるもの、子どもは家のモノ、家族とはこうあるもの、という規範を閲読経験させるのである。ここには、多様化する家族への視点が全くと言っていいほどみられない。

ところで記事の欄外には、「家族再興を追求　情報をお待ちしています」というタイトルの、次のような囲みがあった。これは「教育」面にほぼ毎回のように載っている告知だ。《産経新聞の年間テーマは「家族」です。教育面でも「教育の基本は家族にある」との理念から紙面を展開します。「ゆとり教育」の中での家庭の教育力▽男女の特性をなくすジェンダーフリー教育▽伝統的な家族観を否定する家庭科教科書の記述▽道徳を無視した過激な性教育▽母性を否定する男女共同参画行政―などについて、身近な情報をお寄せください》

家庭教育、ジェンダーフリー教育、家庭科教科書、性教育、男女共同参画行政、これらのことば全てにネガティブな枕詞が付けられている。メディアの不偏不党性は神話とはいえ、「客観報道」を最初から放棄しているかのようなこの新聞の傾向性（イデオロギー）を如実に示す社告である。

4　メディアが現実を構成する

(1) メディアの言ったことが「事実」となる

メディアリテラシーの重要な第二のテーゼは、「メディアは現実を構成する」である。

読者は、構成されて最終的にできあがった紙面や番組（パッケージ）をもとに、認識世界をつくりあげるメディア経験をし、その経験のリアリティをもとに主観的現実を生きるしかない。当人がそれを現実だと思えばそれは現実であるというトマスの公理はメディアにもあてはまり、メディアが報じればそれは事実となるのである。調査データを入手しているわけでなく、学校現場を知っているわけでもなく、自治体の女男平等行政について知悉しているわけでもない多くのオーディエンスにとっては、たとえ「デマ」や「やらせ」、「改竄」「捏造」であれ、メディア報道されたものがリアルな「現実」なのだ。だからこそニセ情報であっても店頭から納豆がなくなり、メタボリックな体に効くとひとたび報道されればバナナが高騰し、「ジェンダーフリーは女男一緒に着替えること」と人はさも〝見てきた〟かのように話題にするのである。

本論で取り上げた産経新聞は二〇〇万部ほどの発行部数で、「全国紙」とはいえ読・朝・毎・日経の後塵を拝してそれほどの大部数というわけではなく、都内では夕刊も発行しておらず、そういう意味ではこの新聞自体がもたらす政治的・社会的影響力は大してないといっていいだろう。(注14)かといって、関西では一定の人気を誇り、安さを売りにし、「正論路線」を標榜する、与党の機関紙のようなこの新聞が存在する意味を過小評価するわけにはゆかない。何はともあれ「新聞で取り上げられた」ということは、それだけで話題性をもつ。コピーをして、大量に配る人もいるだろう。また新聞本紙、系列局の番組での特集、そして系列の雑誌、さらには系列出版社の教科書といったメディアミックス展開が、(注15)一定程度の固定層を摑んでいる。政治家にとっても、自分とウィングが近い新聞、自分の発言を大きく採り上げてくれ、自分が持ち込めば紙面をさいてくれる新聞があれば、力強い味方だろう。

マス・コミュニケーション研究の古典に、「選択的接触」という実証的知見がある。「マス・メディアの影響」は、B紙を読んでいる人がA紙というメディアのaというキャンペーンによってaの意見に変化するというような単純なものではない。既にaという知識なり関心なりの「先有傾向」を持つ人がA紙に選択的に接触しているのであって、B紙のbというキャンペーンにはもともと接していないからB紙の影響をやすやすとは受けない。その結果、A紙接触者はいよいよもって自分の意見を補強することになる、というものである。(注16)他のメディアの主張には見向きもせず、自分たちの意見の正当性を補強し合うオーディエンスや政治家の、文字通り「フジサンケイ・ファミリー」が形成されているわけだ。

（2）「トンデモ性教育」の「事実」が構成される

そのようなメディアミックス戦略によって「ファミリー」が意を強くしたであろう事例に、二〇〇五年三月四日の参議院予算委員会における自民党の山谷えり子議員による「過激な性教育」

質疑がある。周知のように山谷議員は、本章冒頭、バックラッシュが表立ってきた時期のところで紹介した『未来を育てる基本のき』や『思春期のためのラブ&ボディBOOK』をやり玉に上げた議員（当時民主党）である。

翌三月五日（土曜日）の産経は、社会面左側で、横組みの「首相、是正の意向」の主見出しに「ジェンダーフリー含め　中教審取り上げ」のサブ見出し、そして「過激性教育」の縦見出しを掲げて、この国会質疑に広めのスペースをさいていた。その隣の社会面トップ記事は、「『必要な男性器の長さは？』」「大田区の中学校教師　テストに出題」「『教育になっていない』／都教委聴取へ」という見出しの、これだけを見るとトンデモナイもので、この日の紙面は日本中の学校がセックス話の無法地帯になっているかのようなメディア経験を読者にもたらすものだった。

さて、前日国会質疑を報じる五日の記事だが、それは、《①男女の性器の名称を書いて受精の仕組みをイラスト付きで説明している大阪府吹田市教委作成の小学校一、二年生用副読本②東京都教委が実態調査した際に八十の小学校から発見された、男女それぞれの性器を付けた二体の性教育用人形の写真③横浜市立今宿小で使われた性交のイラスト入りの三年生用副読本》を閣僚に配り、質問したというもの。（a）性器（「男女の性器の名称」「男女それぞれの性器を付けた二体の性教育用人形」）、（b）イラスト（「イラスト付きで説明」「性交のイラスト入り」）、（c）秘密の学校現場（「実態調査」「八十の小学校」「発見」）、（d）低学年（「小学校一、二年生用」「三年生用」）というコンセプトにキーワードが効果的にちりばめられ、小学校低学年から性交を教えており性器の付いた人形を八〇校もが隠し持っていたことが発覚したかのようなトンデモ印象を抱かせるディスクールが形成される仕掛けとなっている。

そして、小泉首相からは文科省に是正を求める考えを、異常なまでの反共思想の持ち主である中山成彬文部科学大臣からは「行き過ぎた性教育」は子ども・社会のためにならないとの感想を、男女共同参画担当大臣である細田博之官房長官からは男女共同参画の「はき違え」批判と「ジェンダーフリー」という語の不使用、などの答弁をそれぞれ引き出した。さらに山谷議員は、離婚やシングルマザーを奨励している、と家庭科教科書をも俎上に上げた。

(3) メディアミックスによって構成される「現実」空間

この件は翌三月六日（日曜日）、「参院予算委　詳報」として「教育」面で扱われ、「過激性教育」の横見出しに、「首相「これはひどい」」という縦見出しで国会でのやりとりが大きく掲載された。そこには「・副教材」「・性差否定」「・家庭科教科書」「・教科書採択」の小見出しが付けられ、それぞれに対応して、①《どういうふうにやるかという性技術を人形を使って教える》、②《観光複合施設で男女のトイレのマークを同じ色にして間違う人が続出している》、③《「孫は祖母を家族と考えない場合もあるだろう…犬や猫のペットを大切な家族の一員と考える人もある」というふうに書いている》、④《中学校教科書の検定・採択の年だが、四年前は随分妨害があった》などと、山谷議員の発言が逐次再録されている。記事はえらくポイントをついた要約だから、おそらくそのまま使えるよう丁寧なメモでも渡したのだろう。

その後、四月三日には日曜朝のフジテレビ系番組「報道２００１」において「過激な性教育問題」

紙面2　産経新聞　2005年4月11日（月）

＜第三種郵便物認可＞　産経新聞

三日放送されたフジテレビ系「報道2001」で過激な性教育問題が取り上げられ、西尾幹二氏との共著『新・国民の油断』（PHP）で性教育やジェンダーフリー教育に警鐘を鳴らしている八木秀次高崎経済大助教授が学校現場の実態を説明した。出演者たちは驚きを隠せず、視聴者の反響も大きかった。番組の詳報をお伝えする。

フジテレビ系 報道2001で過激性教育特集　八木秀次氏が実態説明

・小2に性交の方法説明
・推進派は〝レトロ左翼〟

出演者も 視聴者も 驚→愕

■教室の実態

島田彩夏キャスター　これが実際に小学校低学年で使われている性教育人形です。これを使ってどういう教育が行われているんですか。

八木氏　女性性器の位置を確認させ、生理用ナプキンの使用法を教えます。男女一緒に行い、小学三、四年生が対象です。東京都内のある小学校では、二年生にこれを使って性交の方法を説明していたそうです。

石原慎太郎東京都知事　これはだんだん淘汰されてきたんですけど、昔の左翼の吹きだまりですよ。これやってる連中は大体が。そうでない人もいるけど。

島田キャスター　性教育を推進する人たちの意見をまとめた本によると、その言い分は「小学生を狙った性産業や性犯罪が増えている現状を見ても、子供がポルノによって性交を知る前に親や教師から学習することが必要」と説明しています。

ジャーナリスト、櫻井よしこ氏　小学二、三年生にポルノが行き渡る社会を作ってはいけないし、学校でこのような教材を使って教える必要もないと思います。

西沢潤一首都大学東京学長　他にも教えなければならないことがいっぱいあるのに。教育にはタイミングがあり、正当に受け入れられるときに教えなければならない。それを何でもかんでも教えるというのはどういう趣味なんですかね。

■親には隠す

黒岩祐治キャスター　（性産業などの）現実そのものも危ない状況になっています。

八木氏　子供がどこから性の情報を得るのか調査すると、圧倒的多数が学校から入手しています。サンタクロースの存在を信じているような小学低学年がいきなり男女の性的なものを教えられると、親を見る目も変わるし、親子の間にくさびを打ち込むことになる暴力的なことです。

櫻井氏　学校でこういうことを教えている人たちは教材を自分たちだけで持っているんです。時には親に言わないようにとの指導もなされているんです。教師が親に知られたらまずいと、後ろめたさを持っているとしか思えません。そんなことはやってはいけないですね。

「報道2001」に〝生出演〟した性教育人形。女性キャスターはびっくり

（フジテレビから）

・男女の「らしさ」を排除
・教組抵抗で調査進まず

■性差を否定

黒岩キャスター　ジェンダーフリー（性差否定）との関係はどうなんですか。

八木氏　男女共同参画基本計画の中に「学校における性教育の充実」という項目が入ったんです。その実態がこれなんです。各地で赤面するような教育が相当広範囲で行われています。例えば私の長男は小四の時、クラス全員で「セックス、セックス、セックス」と三連呼させられました。「セックスは気持ちいい」と教えられ、男と女以外に男と男、女と女の組み合わせもあるんだと教わってます。親としては極めて迷惑な話ですね。

石原氏　ホモセクシャルを強制的に教えるわけ？

八木氏　性教育とジェンダーフリーがここで結びつくんです。性差がないわけですから、男と男、女と女でもOKということですね。

石原氏　（男女は）同等ではあるけど同質ではあり得ない。

櫻井氏　男性も女性も「らしさ」をなくしてしまった。そういうことを奨励する教育だと思います。男性は男性であり、女性は女性である。「らしさ」をなくした男性はちっとも魅力的じゃないと思いますし、女の人についても同じことが言えるんじゃないでしょうかね。

島田キャスター　「らしさ」をなくした子供たちが大きくなると全然魅力のない社会になってしまいますね。

八木氏　福岡県太宰府市で、性差をなくそうとトイレの男女表示を同じ色にしたところ、間違える人が続出しています。そういう笑い話もあるほど、世間は性差解消の方向に動いているということです。

■既に悪影響

八木氏　この種の教育では少数の人の意見が反映されていて、国民の大多数が置き去りにされています。少数の人とは〝左翼崩れ〟と言っていいと思います。そういう教育で、日本の子供の意識は確実に変わっていきます。日米韓中四カ国の高校生調査によると、「男は男らしく、女は女らしく」について日本は肯定的な答えが極端に少なく、他国の半分以下。いかに日本で特殊な教育が行われているかの証左だと思います。しかし文科省が実態をつかみきれておらず、教職員組合の抵抗もあって、どこでどんな教育が行われているのか把握できていない状況なんですね。

黒岩キャスター　非常に根の深い問題という感じがしますね。

が特集され、四月一一日（月曜日）の「教育」欄はすかさずその番組を「小2に性交の方法説明」「推進派は〝レトロ左翼〟」「男女の「らしさ」を排除」「教組抵抗で調査進まず」といった、タカ派の代表格石原慎太郎都知事の発言をそのまま使ったりしながらそれこそレトロな内容の見出しを付けて詳しく再録した（注17）（紙面2）。さらに六月六日（月）の教育面では、五月に自民党本部で開かれた「過激な性教育・ジェンダーフリー教育を考えるシンポジウム」について報じ、「「家族崩壊」を招く／ジェンダーフリー」の横見出しをあしらって、党のプロジェクトチーム座長である安倍晋三幹事長代理の発言要旨を載せるなど、国会・テレビ・新聞といったメディアミックスを用いて組織的・波状的なキャンペーンを張った。(注18)

この事例は、プロパガンダの見本のようなものだと言っていい。(注19)学校現場で実際どういう教育が行われているか、公共施設で果たしてどれほどの混乱があるのか、教科書の記述や文脈は現実にはどのようになっているのか、内容の真実性などこの際どうでもよい。新聞やテレビでアジェンダになったと認識するオーディエンスのメディア体験、つまり「報道されたという事実」こそが重要なのだ。(注20)人はその報道の真偽のほどを確かめようがない中、報じられたパッケージ＝「最終製品」を鵜呑みにするしかなく、しかも「火のないところに煙は立たない」と思う傾向があれば、もはや〝戦略〟は成功したも同然である。(注21)かくしてメディアとオーディエンスとで「支配的イデオロギー」が合意形成される。

（4）メディアの使いこなしと強権に対する確執へ

こうみてくると、受け身で馴れてきた我われオーディエンスも、メディアの読み解きやそのもたらす機能（影響力）についての知識、そして使いこなし能力がまだ充分にそなわっていないのではないかという不安がぬぐえない。バックラッシュ派のメディア利用は、バックの組織や資本の規模が違うと言えばそれまでだが、巧みなものがある。メディアリテラシーとは、既存メディアの情報の読み解きや批判力をつちかって単純に踊らされないこと、そしてメディアへの働きかけなども含むが、最終的には表現主体である人びとが自分たちでメディアをつくり、そこで表現し、多様な意見を交換しながら、メディアの限界や怖さも知りつつコミュニケーションを円滑にしてゆく力の獲得とその実践に他ならない。だがまずは、既存マス・メディアが「イデオロギー装置」としてどのように構成され、現実をどのように構成しているか、貧困ですさんだ情報社会を再生産しているメディアの現象学について知っておく必要があるだろう。

作家の辺見庸はインタビューで、「凡庸なファシスト」小泉純一郎元首相が、二〇〇三年一二月に米国に追随して自衛隊をイラクに派兵するに際し憲法前文をつまみ食いしてその根拠としたが、そのご都合主義的な引用について政治部の記者たちは正さなかった、これはジャーナリズムではなく「人間の恥の極み」だと厳しい口調で語っていた。(注22) 小泉首相は、こともあろうに憲法前文を利用して、「いずれの国家も自国のことのみに専念して他国を無視してはならない」のだから自衛隊を派遣することは「国際社会において名誉在る地位を占め」ることになるのだと、憲法に対してしれっとして「鈍感力」を発揮してみせたのだ。(注23) しかしながら、その牽強付会ぶりや厚顔無恥さを糾弾しなかったメディアも、「鈍感力」に侵されている。権力を監視するのはメディアの役割だが、それができなくなってきている今、メディアを監視するのが我われの役割になりつつある。

二〇〇二年頃から吹き荒れたバックラッシュに対し、我われはあれよあれよとなりゆきが進むのに茫然とし焦る一方で、あまりにくだらないプロパガンダで反論する気にもならない、ああいったメディアを見たり読んだりするのも厭だ、金持ち喧嘩せず、といった意識がなくもなかったように思う。

それほど貧困なメディアに、呆れ、メディアに対する諦念にも似た無力感を抱いたようなところがある。だが、少なくともメディア研究者としては、目先の忙しさにかまけて調査にもとづく批判や反論をちゃんと行ってこなかった悔いが残る。いち早い反論は『ジェンダーフリー・性教育バッシング――ここが知りたい50のQ&A』(大月書店、二〇〇三年)で、ほかのまとまった反論本の刊行は〇五年、〇六年であった。

ジェンダー、フェミニズム、男女共同参画、家庭科教育や性教育などは、バックラッシュ派の当面あるいは一つの攻撃材料に過ぎないのかもしれない。だからこそ、ここでしっかり批判をしておかないと、次は別の攻撃目標、たとえばマイノリティーや弱者に矛先が向かないとも限らない。多様化しながら変化する社会に苛立ちを感じ、過去の過ちを認めることで自分のアイデンティティが揺らぐことをおそれ、それを自分たちとは異なる人や国への攻撃にはけ口を求め、都合の悪い歴史の記憶を抹消して「伝統」とか「国家」に収斂させ帰属することで安心立命を得たいという潜在人口は、少なくないと思われる。(注24)にもかかわらず、メディアは政府の言を垂れ流すのみで、辺見庸的状況が続いている。

メディアのポリティクスを見抜く我われのメディアリテラシーが鍛えられねばならないとともに、強権に確執をかもすことが、今求められている。

注

(1) 時事通信社(中央調査社)の調査によると、小泉純一郎内閣発足後二〇〇一年五月に行われた調査で小泉内閣の支持率は七二・八％で調査開始以来最高、「拉致問題」で名を上げ小泉首相のあとを継いだ安倍晋三内閣発足後の二〇〇六年一〇月に行われた調査では支持率五一・三％と、歴代四位の高支持率だった。

(2)

二〇〇四年四月に、イラクで日本人ボランティア・写真記者ら三名が武装勢力に誘拐され、犯行グループからサマーワに駐留する自衛隊の撤退要求が出された（三人はのちに解放）。それをきっかけに、危険な地に赴いたこと、救出に税金を投じることなどをめぐって、インターネットやマス・メディアを舞台に、三名の「自己責任論」がかまびすしく展開された。本稿とは直接の関係はないが、しかしバックラッシュの時代精神をあらわしているので、少し詳しく触れておこう。

周知のように、〇一年9・11以降をきっかけに米国は、〇三年三月に「大量破壊兵器を隠し持っている」として対イラク戦争に突入、日本はそれに追随して国会や世論の反対を押し切って〇四年二月に陸上自衛隊・海上自衛隊をイラクに派遣（派兵）し、〇八年一二月まで数次にわたり「復興支援」と称して駐留していた。「国際貢献」として、「非武装地帯」において「復興支援」と多国籍軍の「後方支援」を行うというのがその名目だったが、日本政府にとっての狙いは、自衛隊が軍服を着て憲法をなしくずしにして他国へ出張り、国の内外から認知されたいという年来の悲願の達成にこそにあったと言ってよいだろう。そういうさなかに〇四年春、イラクの実情を見て伝えようとする三人の若者が現地で捕えられたわけだが、それに対して政府関係者やメディアの出演者は「自己責任」という一種の〝自業自得〟論を唱えて救出に水をさし、ネット発言を中心に少なからぬ人びとがそれに同調することとなった。またネットのみならず大新聞もポピュリズムに走り、たとえば読売四月一〇日社説は、救出前にもかかわらず、《三人にも問題はある。イラクでは、一般市民を巻き込んだテロが頻繁に発生している。それを承知でイラク入りしたのは、無謀な行動だ。三人にも、自らこうした事態を招いた責任がある》と述べ、さらに四月一三日社説では、《自己責任の自覚を欠いた、無謀かつ無責任な行動》だとして、《政府や関係機関などに大きな無用の負担をかけている》と、およそ同胞を助けようという気のない論説を展開した。「自己責任」という突き放したことばこそ、この時期の弱肉強食的ネオリベ政治と時代精神の神髄である。

なお、イラク戦争の〝大義〟であった「大量破壊兵器」なるものはついに見つからなかった。日本政府はそのことに何ら「反省の弁」を語っていないのみならず、〇八年四月に名古屋高裁で確定した「バグダッドは戦闘地域」「多国籍軍兵士の輸送は武力行使と一体」「航空自衛隊の活動の一部は違憲」という判決も時の福田康夫政権は無視した。戦争の張本人であるあのジョージ・ブッシュ米・元大統領でさえ、引退が迫った〇八年末、「大統領職にあった中、最大の痛恨事はイラク情報の誤りだった」と述べ、大量破壊兵器が見つからなかったことを悔やみ・反省している（?）にもかかわらず。ブッシュは今後、アフガニスタンやイラクで行った女性や子どもなど非戦闘員の殺戮や「敵性」とみなされた男性たちの不当な逮捕や拷問など、「人道に対する罪」で国際戦犯法廷により裁かれるかもしれないが、小泉元首相はどこ吹く風、ブッシュのように出先で靴を投げつけられずに済んでいる。

（3）安倍元総理は首相就任当初、持論である、日本の戦争犯罪や戦時性奴隷などに対する否定的な歴史観についてロをつぐんでいたが、国会質問等で追及されるに及んで、歴代内閣を引き継ぐとして河野談話・村山談話をしぶしぶ認めた。しかし、自衛隊の田母神俊雄航空幕僚長が〇八年一一月に戦前日本の侵略否定論文騒動を起こしたことでもわかるように、彼らの本質は「後悔」や「反省」、「未来への謙虚さ」にほど遠い。

ちなみに、注（2）で言及した〇八年名古屋高裁での空自活動違憲判決に対し、「そんなの関係ねえ」と発言し物議をかもしたのは、まさに田母神航空幕僚長その人であった。

（4）〇六年一二月に日本国憲法とセットになっていた教育基本法の改悪を、〇七年五月には〝本丸〟である日本国憲法の特に九条2項（戦争放棄のための非武装）をターゲットに改悪するための国民投票法を、いずれも「小泉郵政選挙」で大量議席を得た衆院与党をバックに強行採決させたことが、〇七年一月に防衛庁を防衛省に〝昇格〟させたことと併せ、短命ではあったが安倍総理の「最大の功績」である。

なお、安倍首相と同じく世襲で、〇八年一〇月、一年で政権を放り出した福田康夫首相のあとを継いで「郵政選挙」以来解散・総選挙もないまま総理に就任、過去の核武装検討発言や差別発言などで知られる麻生太郎（やはり世襲）首相は、カップラーメンの価格を四〇〇円くらいと言い、当初毎晩のように帝国ホテルのバーなどで豪遊していたとされる。彼にとって「貧困」は〝人ごと〟であった。

（5）石川啄木「時代閉塞の現状」『時代閉塞の現状・食うべき詩　他十篇』岩波文庫、一九七八年、一〇七〜一二二頁。引用箇所は一〇八頁。

（6）石川、同右、一〇九頁。

（7）大江健三郎は、六〇年安保闘争は、啄木から五〇年後にともかくも若者が強権に確執をかもしてそれが血肉化したのだと考えたい、と肯定的にとらえ、自らの文学的仕事は強権に確執をかもす志がモチーフであると述べた。大江健三郎「強権に確執をかもす志」『厳粛な綱渡り』文藝春秋新社、一九六五年、九七～一〇一頁。

（8）赤木智弘「『丸山眞男』をひっぱたきたい　31歳フリーター。希望は、戦争。」『論座』二〇〇七年、一月号、五三～五九頁。本論で書いた「希望は戦争」は、もとより啄木のことばではないが、ポスト小泉期に入って「格差」が社会問題化し始めたこの時期、「持たざる者」の上に一部の「持てる者」が権益を持つ平和な社会よりも、「閉塞状態を流動化」し「国民全員が苦しみつづける平等」である戦争こそがもはや希望だと述べ、論壇でセンセーションを巻き起こした。

（9）石川、前掲書、一一七頁。

（10）石川、同右、一一五～一一六頁。

（11）石川、同右、一一七～一一八頁。

（12）この二つの事件以下に並べたできごとに当てはまる事件・事象の総てを詳細に挙げることはしないが、不登校に陥り、ネット掲示板のスレッドでも浮いていたとされる佐賀の一七歳による西鉄バスジャック事件は二〇〇〇年のことであり、派遣労働先を馘首されてケータイのネットに逐一〝中継〟を行いながらトラックで突っ込み、さらにナイフで通行人を殺傷したアキバ事件は〇八年のことである。「誰でもいいから殺したかった」という動機をこぞって挙げる、「時代閉塞の状況」が生んだとした思えない彼らは、同世代の若者たちのシンパシーを獲得もし、〝意味なき意味の殺人〟

が模倣された。また、ネットに殺人予告や爆破予告を書き込みするなどの犯罪も、そのすさんだ心のはけ口であるかのように、相次いでいる。

不遇な自分を取り巻くこの世界への歪んだ憎しみ。この世界を「浄化」するため、世間をアッと言わせる犯罪をなしとげることでしか自分が注目されないという思い込み。そのための念入りな下準備をしたアキバ事件に、ロバート・デ・ニーロが主演した映画『タクシードライバー』を思い起こす。残念ながら加藤智大は、悪を欲して善をなすメフィストフェレス的主人公トラビスではなく、まごうかたなき「犯罪者」となってしまったが、「ワイドショー」を独占する夢は達成されたことは間違いない。

(13) この調査とインタビュー記事を載せた産経新聞は「ジェンダーフリーたたき」の急先鋒であることは本文でも言及したが、深谷和子教授は、実は日本で最初に「ジェンダー・フリー」の語を使った一人である。深谷和子・田中統治・村田 敦『Gender Free若い世代の教師のために』東京女性財団ハンドブック、一九九五年を参照。教師がジェンダー・バイアスから自由になることを説いたハンドブックで、この本はいい本だと思う。

(14) しかし、一〇〇〇万部の販売部数を誇る読売新聞もウィング的には産経と似たり寄ったりであることは周知の事実であり、たとえば〇四年二月の衆院予算委で政府が「ジェンダーフリー」ということばを使わないように自治体に指導するとしたのを受けて、読売は同年四月、「誤った認識の是正は当然だ」というタイトルの社説を掲載、「『性差解消』をめざす極端なジェンダーフリー思想」という、バックラッシュ派のディスクールをそのまま用いて、各自治体がこのことばを使わなくなったことを〝歓迎〟していた。産経よりは大衆的な影響力があるであろう読売のこの社論の粗雑さはまた、批判されねばならない。

(15) メディアミックスを用いた組織的なバッシングについて、竹信三恵子は、「きれいすぎる連係プレー」があると見抜く。その手法は、①一部雑誌による根拠のないエピソードを利用した「識者」の文章の掲載、②これらの雑誌と資本関係のある新聞が「識者の意見」として同様の論を掲載、③一部の地方議員や国会議員が議会でこれをもとに「質問」して社会に振りまかれ、④それがまたその雑誌や新聞で報道されて増幅される、というものである。ここに、資本関係にあるテレビが加わったわけだ。竹信三恵子「やっぱりこわい? ジェンダー・フリー・バッシング」『ジェンダー・フリー・トラブル――バッシング現象を検証する』(木村涼子編)白澤社、二〇〇五年、一九～三四頁。

(16) 田崎篤郎・児島和人編著『マス・コミュニケーション効果研究の展開〔改定新版〕』北樹出版、二〇〇三年を参照。

(17) 浅井春夫は「性教育・男女平等バッシングの背景と本質――日本の動向・世界の動向・包括的性教育の課題」『ジェンダー/セクシュアリティの教育を創る――バッシングを超える知の経験』(浅井春夫・子安 潤・鶴田敦子ほか)明石書店、二〇〇六年、一七～五六頁で、バックラッシュの手法を次の五つに整理している。

①性教育のねらいとプロセスを無視して恣意的に一部を採り上げて攻撃する(写真や人形などにことさら驚いてみせる)、②子どもや現場のできごとを性教育・男女平等教育の方針とその結果で

あるかのように結びつける（女男同室着替えなど）、③攻撃の相手を醜悪に描く（「中核派シンパ」「異常な指導をする先生」「変態的で過激な性教育」などのラベリング）、④自らの性教育・男女平等教育に関する主張は隠して不明確でバッシングに終始するのみ（ただし「結婚までの禁欲」「女らしさ／男らしさ強調」「子どもの自己決定否定」、改憲、教基法改悪などは一貫して主張している）、⑤バッシングの目的がきわめてイデオロギッシュである（政治性をともなっている）。

なお、この日、四月一一日（月曜日）の産経「教育」面の当該記事（フジテレビ「報道２００１」の「過激性教育特集」詳報）の隣は、「解答乱麻」というコラムで、山谷えり子議員が「教育御意見箱に情報を」と題し、前月の参院予算委でテレビ中継された自分の質問の成果だと言わんばかりに、《過激な性教育》や《男女ごちゃまぜ教育》などがこんなにある、多くの父母が抗議行動を起こしている、だが弁護士会も学校も教委も相手にしようとしない、ついては文科省の教育御意見箱と自民党の「過激な性教育とジェンダーフリー教育実態調査プロジェクトチーム」に情報を寄せてほしい、とPRしていた。また社会面は、生後まもなく性転換した子が長じて自己の性の軋轢に悩んで自死したというノンフィクション「ブレンダと呼ばれた少年」が復刊されることを「ジェンダーフリーの虚構暴露」という見出しで大きく扱っていた。また一面では、この時期中国で生じていた反日デモをトップに据え、「中国反日デモ　町村外相「破壊活動」」の横見出しに「外交日程見直しも」と縦見出しを大きく掲げ、さらに政治面では、サッカーW杯アジア最終予選で朝鮮民主主義人民共和国（北朝鮮）の観客が「暴徒化した問題」についてスペースを割くなど、何やらナショナリストたちにとってはこの日一日だけでもえらく〝充実〟した紙面である。

(18) この年の産経「教育」面の囲みは、「教育の産経　情報をお寄せください」というタイトルで、《産経新聞の教育報道は①学力低下への対応②道徳教育の充実③歴史、国語、音楽など伝統文化の継承④教員の資質向上⑤家族再興（ジェンダーフリーや過激な性教育批判、家庭の教育力や母性・父性の見直し）―に取り組んでいます。身近な情報や行事予定を下記までお寄せください。産経新聞社会部教育班》というものであった。テーマは相変わらずだが、一つひとつに形容のマクラが付いていたものがなくなり、多少〝穏やか〟になった。

(19) ナチス・ドイツの映画プロパガンダ部門責任者のフリッツ・ヒプラーはプロパガンダの効果的な秘訣は、①複雑な論点を単純化すること、②その単純化したものを何度も繰り返すことだと述べ、J・マイケル・スプルールは同様に①人びとに説得していると思わせないで説得するものであり、②大規模なコミュニケーションの編成を特徴とし、③深い思考を無力化させるよう考案された巧妙なことばを強調するものであるという。いずれもスタンリー・J・バラン、デニス・K・デイビス（宮崎寿子監訳・李　津娥・李　光鎬・鈴木万希枝・大坪寛子訳）『マス・コミュニケーション理論――メディア・文化・社会（上）』新曜社、二〇〇七年、一一〇頁。

(20) 鈴木謙介は「ジェンダーフリー・バッシングは疑似問題である」『バックラッシュ！――なぜジェンダーフリーは叩かれたのか？』（上野千鶴子・宮台真司・斎藤　環・小谷真理ほか）双風舎、二〇〇六年、一二一～一三六頁において、《ネタになりさえすればよい、とバッシングをおこなう側が考えているのであれば、彼らをロジックによって論駁するのは、事実上不可能ということになる》と述べる。なぜならば、バックラッシャーやネットで「フェミナチ」を監視する人びとのスタンスが、《政治的主張がその内容ではなく、立ち位置を確認するためのネタとして消費されていくとき、論理や一貫性はそこにはかならずしも必要ない》からであり、《マスメディアやネット上のソースの組み合わせを変えることによって、我われはいくらでも「ジェンダーフリー亡国論」を唱えることができる》からである。どのように「相手」にしてよいか、実はなかなかやっかいな問題なのである。

(21) この時期、しっかりと現場を取材している新聞もみられる。たとえば、くだんの参院予算委員会があった〇五年三月、毎日新聞は「子どもに性をどう伝えるか」という三回の連載と反響編を掲載、「(上)正しい知識が行動を抑える」(三月一五日)、「(中)「以前の教科書より後退」」(一六日)、「(下)信頼得れば行動が慎重に」(一七日)といった連日の見出しを掲げ、記述が後退した小学校保健の検定教科書の批判を展開するなどして、学校や親による性教育の大切さを説いていた。読者からの反響編は三月三一日に掲載され、「年相応の知識がない/学校まかせにしないで」という見出しで、現状やニーズに合った性教育の必要性を主張していた。

(22) 「この国はどこへ行こうとしているのか/戦後生まれの首相へ/既にファシズムかも」『毎日新聞』二〇〇六年、一〇月一三日夕刊。

(23) 「鈍感力」とは、もとは作家・渡辺淳一が著書のタイトルに使ったことばだが、小泉は支持率低下に悩む後継の安倍政権の政府・与党幹部に、こともあろうに、何をやっても批判されるのだから気にせず、「鈍感力が大事だ」とアドバイスしたという。この人は、日本軍によって辛酸をなめさせられたアジアの人びとやその後裔、靖国に勝手に祀られたくない遺族、非正規雇用などの人びとや女性、障がい者、在日外国人、マイノリティーの人びとなどに対して、「鈍感力」でもって政治をしていたのだ。やはり。なるほど。さもありなん。

(24) こういった心理に関して、「新しい歴史教科書をつくる会」を草の根で支える人びとを追った、小熊英二・上野陽子『〈癒し〉のナショナリズム——草の根保守運動の実証研究』慶應義塾大学出版会、二〇〇三年などを参照。

第7章　新聞報道におけるNHK戦時性暴力改竄《ざん》番組の高裁判決
――果たして「期待権」だけがイッシューなのか

1　番組「問われる戦時性暴力」に加えられた様ざまな暴力

（1）女性国際戦犯法廷とNHK改竄番組の放送

二〇〇〇年一二月、「戦争と女性への暴力」日本ネットワーク（VAWW－NETジャパン）[注1]は、東京において「日本軍性奴隷制を裁く女性国際戦犯法廷」を共同開催した。[注2]

目的の一つは、一九四六年から四八年にかけての極東国際軍事裁判（東京裁判）でも裁かれなかった、アジア・太平洋戦争時に日本軍によってなされた戦時性奴隷（「慰安婦」）制度が、当時の国際法にのっとって、どのような犯罪であり、誰に・どのような責任があるのかを明確にし、当時の責任者を処罰すること。そして二つめは、もと性奴隷の女性たちに対する措置を何ら講じてこなかった戦後日本政府の国家責任を明らかにすること。さらに三つめに、現在も続く戦時性暴力の不処罰の循環を終わらせ、戦時における強姦や性奴隷、性的拷問などの性暴力を根絶し、世界の女性人権運動に貢献すること、などにあった。それらの目的の背景には、世界女性会議や国連人権委員会、国際刑事法廷など世界の趨勢が、これまで不処罰だった戦時性暴力を裁き、なかんずく日本の「慰安婦」問題の真相究明と被害者への謝罪・補償、犯行者の捜査・訴追の必要性を求める指摘が大きくなっていたからでもある。(注3)

高橋哲哉も指摘するように、(注4)戦後日本の歴史の中でこれまで誰も問い・担ってこなかった先の戦争責任者の処罰問題について、日本の女性たちのNGOによるイニシアティブによって世界とネットワークしてつくり上げたこの裁判の成功は、ベトナム戦争時に米国の戦争犯罪を民間で裁いたラッセル法廷に端を発する民衆法廷の(注5)一つとして、画期的な意味をもつものであった。

折しもNHKは、教育テレビでETV2001「シリーズ　戦争をどう裁くか」という四夜連続のドキュメンタリー番組(注6)を企画・制作、その二夜目を「問われる戦時性暴力」とし、系列の番組制作プロダクションであるNHKエンタープライズ21（当時）およびドキュメンタリー・ジャパンとともに、二〇〇〇年末に開催されたこの女性国際戦犯法廷に密着取材した。そしてその裁判の模様を素材に、スタジオで高橋哲哉（東京大学）と米山リサ（カリフォルニア大学サンディエゴ校）が解説するという構成で、番組づくりが進行していた。

ところが、翌二〇〇一年一月三〇日夜一〇時から放映されたETV2001「シリーズ　戦争をど

表1　番組「問われる戦時性暴力」改竄《ざん》の経過

年月日	事　項
2000年8月	NHKエンタープライズがドキュメンタリー・ジャパンに番組企画を持ちかける
10月初旬	ドキュメンタリー・ジャパン提出の番組提案票に基づきNHKが4夜シリーズをまとめる
10月24日	VAWW-NETジャパンが番組制作を了承。この日から数度の取材を受ける
11月21日	NHK内の部長会議で4夜シリーズが承認される。44分番組
12月8〜12日	東京で「女性国際戦犯法廷」が開催される
12月27日	第2・3夜「問われる戦時性暴力」「いまも続く戦時性暴力」のスタジオ録画がおこなわれる
2001年 1月13・17日	NHK局内でのチーフプロデューサーらによる試写
1月19日	NHK局内での教養番組部長試写。番組への強い介入が始まる
1月24日	2度目の部長試写。この日をもってドキュメンタリー・ジャパンは編集作業から降板
1月26日	NHKの放送総局長らによる異例の粗編試写。新たな台本が準備される 「日本会議」が片山総務大臣に「公正な報道」を申し入れ
1月27日	NHKに右翼が押し寄せる
1月28日	スタジオ一部撮り直し。秦郁彦のインタビュー録画。晩にオフライン編集終了
1月29日	NHKの放送総局長と国会担当局長らが自民党代議士と面談。その晩、同局長らによる試写が実施され、再編集が指示される
1月30日	晩、総局長の指示によりさらに番組がカットされる。10時から、短くなった40分で第2夜放映

＊メディアの危機を訴える市民ネットワーク（メキキネット）作成の資料に追加

う裁くか第2回――問われる戦時性暴力」の内容は、戦犯法廷の判決部分がなくなくなっていたり、当初予定になかった女性国際戦犯法廷に否定的なコメンテーター録画が付け加えられていたり、スタジオのコメンテーター部分がカットされて前後のつながりが要領を得なかったり、あまつさえ編成として四四分番組だったものが異例の四〇分の尺で放送されるなど、ほとんど番組としての完成度を放棄したとさえ言える程の内容改変がなされたものであった（表1）。

実際、放送前から、どこで聞きつけたのか、自民党の歴史修正主義の立場に立つ国会議員たちが、NHKは「慰安婦問題」を扱った番組をつくろうとしていると話題にしており、NHK幹部に説明を求め、右翼団体がＮＨＫ放送センターに番組放送中止を求める抗議行動に押し寄せ、タカ派知識人の団体「日本会議」からの申し入れや脅迫のファックスも数多く寄せられるなど、番組は外部からの異様な暴力にさらされていた。放送後はコメンテーターに警備がつくほどであったという。

最終的には、人びとの「知る権利」のための「報道の自由」を自ら標榜し法的にも保障されている制作者側が、国会審議における予算という経済的暴力および議員からの圧力という政治的暴力に屈し、暴力をやめさせるための表現が番組改竄という暴力を加えられてこのドキュメンタリー番組は放送されたのである。

（2）ＮＨＫほか制作者側に対する訴訟に下された高裁判決

女性国際戦犯法廷を共催した「戦争と女性への暴力」日本ネットワーク（ＶＡＷＷ‐ＮＥＴジャパン、以下「バウネット」）は二〇〇一年七月、番組が大幅に改変されたとしてＮＨＫと制作会社二社を提訴、二〇〇四年三月二四日に東京地方裁判所による判決が出された。判決内容は、ＮＨＫの責を認めず、制作会社ドキュメンタリー・ジャパン一社のみに責任を帰すものであった。これを不服としたバウネットは同年四月一日に控訴し、その控訴審判決が二〇〇七年一月二九日に東京高等裁判所で言い渡された。

この間、朝日新聞は〇五年一月一二日に、当時の安倍晋三内閣官房副長官や自民党中川昭一議員が事前にＮＨＫ幹部に対し「内容の偏り」を指摘し、幹部は圧力と感じていたとスクープ、ジャーナリズムへの政治家による介入・圧力問題として再び大きな争点になっていた。そういった経緯もあって、各種マス・メディアはこの高裁判決について時間や紙面を割いて報道した。
東京高裁判決(注7)の骨子は、次のように要約できる。
①NHKの担当者らが二〇〇一年度予算案を自民党衆参両議院議員たちに個別説明に行った際、「日本の前途と歴史教育を考える若手議員の会」所属議員らに、番組についてどうなっているのかと質問され、その説明をするようにと言われたこと、
②放送前にNHK幹部が安倍官房副長官(当時)と面談、そこで「公正・中立であるべき」と言われたこと、
③女性国際戦犯法廷の冒頭から判決までを概観できる番組になる期待と信頼があったこと、
④にもかかわらず、放送された番組は削除などによりドキュメンタリーから乖離した内容になったこと、
⑤そうなったのは、放送前から抗議があったり、また予算編成にあたって国会の承認を得る時期と重なって、NHKは神経をとがらせており、
⑥NHK幹部が政治家の発言を必要以上に重く受け止め、その意図を忖度《そんたく》して当たり障りのない番組にするよう、
⑦制作現場の方針を離れた形で編集されたからであり、
⑧その結果、取材対象者であるバウネット側の期待と信頼を侵害した、
⑨番組変更に関してバウネットに対する説明義務違反があった、
としてNHK、NHKエンタープライズ21(当時)、ドキュメンタリージャパンの三社に賠償責任

を認めるものであった。

また、政治家の介入的発言については、

⑩面談の際、政治家が一般論として述べた以上に具体的示唆をしたことまでは証言によっても認められず、

⑪中川議員が放送前に担当者に意見を述べたことを認めることはできない、

とされた。

だがこの判決は、本件の最も要諦である政治家からの圧力という問題に関して、安倍官房副長官の発言内容が「公正・中立であるべき」とか、それが「一般論以上のものではない」とか、NHK側が「必要以上に忖度した」というように作り手側に責を帰し、中川議員と事前に会ったとは認められないとするなど、いまひとつトーンが弱いきらいがある。たとえば「忖度」の箇所は、実際の判決文では次のようになっている。

《本件番組に対して、番組放送前であるにもかかわらず、右翼団体等からの抗議等多方面からの関心が寄せられて一審被告NHKとしては敏感になっていたこと、折しも一審被告NHKの予算につき国会での承認を得るために各方面への説明を必要とする時期と重なり、一審被告NHKの予算担当者及び幹部は神経を尖らしていたところ、本件番組が予算編成等に影響を与えることがないようにしたいとの思惑から、説明のために（引用者注・幹部二名が）国会議員等との接触を図り、その際、相手方から番組作りは公正・中立であるようにとの発言がなされたというものであり、この時期や発言内容に照らすと、（注・幹部二名が）相手方の発言を必要以上に重く受け止め、その意図を忖度してで

きるだけ当たり障りのないような番組にすることを考えて試写に臨み、その結果、そのような形へすべく本件番組について直接指示、修正を繰り返して改編が行なわれたものと認められる。》（判決文）。政治家による介入・圧力というよりも、ＮＨＫ側が相手の意図を過度に汲み取って自主規制し過ぎた点が裁定されているのである。

いずれにせよこのような判決を受けて、「他人《ひと》ごと」ではない各種マス・メディアは、果たして政治家の圧力についてどこまで批判的に追及し、この事件に関してどのようなイッシューを喚起しようとしているだろうか。メディアの不祥事が相次ぐ中、メディアのコンプライアンス（この場合は株主に対する責任ではなく、オーディエンスに対する責任という意味でのコンプライアンスだが）を業界こぞって確立し、一方では権力からの介入・圧力には取材・表現の自由の観点から敢然と立ち向かう、そのような統一戦線づくりと立て直し策を実行するとともに、読者・視聴者であるオーディエンスに対してはその理解と協力を得る責務があるのではないか。

（3）「政治家の介入」追及報道を検証する必要性

本章は、控訴審判決翌日に一斉報道された二〇〇七年一月三〇日（火）の朝日新聞・毎日新聞・読売新聞のいわゆる全国三紙の紙面における内容分析を通じて、判決がジャーナリズムにとってどのようにとらえられ（あるいはゆがめられ）、読者に伝えられようとしたか（あるいは人びとをリード／ミスリードしようとしたか）を考察する。

本来であれば一審の紙面内容も分析するべきであろうし、媒体も三紙だけでなく、日本経済新聞および産経新聞の全国紙、また主要ブロック紙・地方紙などの報じ方も見たいところである。さらに高裁判決について報じたテレビや週刊誌・月刊誌の報道もフォローすれば、この国全体のメディアが本件をどのようにとらえようとしているかをかなりの程度把握でき、分析できるだろう。しかしながら個人作業ではそれも限界があり、しかもその時のテレビニュース等を今から収集することはほとんど不可能である（また、当のＮＨＫがニュースにおいてこの判決をどのように報道したかだけでも単独に調査する価値はあるだろうが、残念ながらそれも不可能である）。

三紙は、一日あたりの平均部数でみると朝日新聞八〇九万部、毎日新聞三九七万部、読売新聞一〇〇〇万部が全国で販売されている（〇六年下期、日本ＡＢＣ協会調べ）。ただし、地方は地元紙（県紙）の普及率が圧倒的で、全国紙は東京・大阪といった大都市でのシェアが大部分を占めるため、「全国レベルで三紙が読まれている」ということを必ずしも意味しない。だが、一日あたり全国で五二三一万部の新聞総発行部数（〇六年一〇月、日本新聞協会調べ）から言えば統計上、この朝・毎・読全国三紙で日本の新聞の四二％をカバーしていることになる。

また大方の認識のように、全国紙各紙は系列とも言うべきテレビ局をそれぞれ有しており、スタンスや論調は必ずしも新聞と同じなわけではないが、かと言って経営や人事上の交流関係もあって全面的に異なる論調を張っているとも言いがたい関係にある。しかもテレビの番組企画は新聞を参考素材にすることが多いこと、コメントや解説等には新聞の論調も参照されること、系列紙の人が論・解説のため出演するところなどから、新聞はテレビに影響を与えていることは否定し得ない。とりあえず三紙をフォローすることで、メディアのおよその傾向を把握することができ、三紙それぞれのスタンスやディスクールの違いとともに、メディアに加えられる政治的圧力に対するジャーナリズム側からの追及がどの程度のものなのかを検証することができると言っていいであろう。

2 紙面構成と一面・社説・解説の見出しにみる扱いの差

(1) 三紙の紙面ウェイトは、朝・毎・読の順

最初に、判決の出た翌一月三〇日(火)付朝刊三紙の全体的な紙面構成をみておく(紙面1〜3)。表2は、何面にどういう見出しの記事が掲載されていたかを示したものである。副見出しも独立した見出しとして一行ずつ分けて掲げた。

朝日は一面、三面社説、第三社会面(三三面)の判決要旨、見開きの右社会面(三四面)および最終社会面(三五面)の合計五ページで当該判決の記事を扱っていた(総ページ数は三六ページ)。見出しとレイアウト上の記事のまとまりから記事件数をカウントしてみると、合計一四件の記事が掲載されていた(図、キーワード、写真およびそのキャプションを除く)。

毎日は一面、二面総合面に判決要旨ほか、そして最終社会面(三一面)の、計三ページで扱っている(総ページ数は三二ページ)。社説にはこの日は掲載されておらず、翌三一日(水)の五面に社説が掲載された。記事件数は、翌日掲載の社説を除き、合計一〇件であった(写真およびそのキャプションを除く)。

紙面1　朝日新聞2007年1月30日（火）

朝日新聞

番組改変訴訟

NHKに賠償命令

東京高裁「議員の意図忖度」

原告の「期待権」認定

過度の自己規制 問題視

改憲か格差是正か

自・民 まず参院選へ争点争い

安倍氏「二者択一ではない」

小沢氏「消費税上げず年金」

ハルビン「氷雪絵巻」

創造

パレスチナの父 対話模索

3枚刃でイクッ!

読売は一面、三面の社説、右社会面（三八面）の三ページの扱いであった（総ページ数四〇ページ）。社会面は一般的に、見開き左面の右肩（いわゆる「トップ」）の掲載が重要度の高さをあらわす指標とされるが、読売の場合、最終社会面である左面（三九面）トップは関西テレビの「あるある大事典」のデータ捏造に関する記事だった。つまりＮＨＫ改変番組判決よりも、「あるある」の方にウェイトを置いていることになる。当該記事件数は、掲載ページ量も反映して合計七件と他紙よりも少ない（写真およびそのキャプションを除く）。この

紙面２　毎日新聞2007年１月30日（火）

毎日新聞

番組改変　東京高裁判決

NHKに賠償命令

「政治家意図そんたく」

1万人から500億円「リッチランド」

幹部十数人逮捕へ

詐欺容疑

代表質問でも謝罪

「産む機械」発言　辞任は否定

「ねつ造見抜けず」

関西テレビが中間報告

ように、各紙の紙面構成にはその扱いに差異がみられる。

（２）過小な読売の扱い順位・見出し・段数

だが、何よりも目立つ違いは、一面の扱いである。ここには、各紙の本件に関するウェイトの相違、すなわちスタンスの差が見て取れる。

紙面１から紙面３および表２から、三紙の一面大見出しをみると、朝日は記事スペースに一一段を使い五段見出しで「番組改変訴訟　ＮＨＫに賠償命令」と表現、毎日は記事に一〇段をついやし五段見出しに「番組改変　東京高裁判決

紙面3　読売新聞2007年1月30日（火）

ＮＨＫに賠償命令」という表現を行って、それぞれ一面右肩のトップにこの訴訟判決を掲載している。

ところが読売は、トップ記事に「あるある捏造疑惑　「ワサビ」「レモン」でも」を、二番目に「健康食品会社リッチランド　会長らきょう逮捕」を持ってき、本件は三番目の扱いとなっており、記事サイズは四段にとどまっている。大見出しも四段づかいの「ＮＨＫに賠償命令　東京高裁」とあるだけで、大見出しを見ただけでは何が問題化されているのかがわからず、隣に並ぶ副見出しの「番組改編訴訟」を見ないといけない。だ

表2　2007年1月30日（火）全国紙3紙の扱い

	朝日新聞	毎日新聞	読売新聞
1面扱い	トップ（右肩、11段スペース）	トップ（右肩、10段スペース）	第3位扱い（下段、4段スペース）
1面主見出しと副見出し	・**番組改変訴訟 NHKに賠償命令**（5段見出し） ・東京高裁判決「議員の意図忖度」 ・原告の「期待権」認定 ・［図］判決が認定した構図 ・［キーワード］期待権 ・解説 過剰な自己規制 問題視 ・「政治家の介入なしが明確に」安倍首相 ・判断は不当 承服できぬ NHK広報局の話	・**番組改変 東京高裁判決 NHKに賠償命令**（5段見出し） ・「政治家意図そんたく」 ・公正な立場で編集 NHKの話 ・表現の自由を制約 NHKエンタープライズの話 ・受け入れがたい ドキュメンタリー・ジャパンの話	・**NHKに賠償命令 東京高裁**（4段見出し） ・番組改編訴訟 政治家介入は否定
他面扱いと見出し（1）	3面（社説）	2面（総合面）	3面（社説）（2番目扱い）
	・**NHK 裁かれた政治への弱さ**	・**番組改変判決 政治に弱いNHK** ・高裁「予算意識し修正」指摘 ・首相「政治家不介入、明確に」 ・東京高裁判決（要旨）	・**NHK番組訴訟 報道現場への影響が懸念される**
他面扱いと見出し（2）	33面（第3社会面）	31面（最終社会面）	38面（右社会面）
	・**NHK番組改変問題 判決理由（要旨）**	・**番組改変 NHK敗訴「期待権」認める** ・法介入警戒の声も ・解説 報道機関の萎縮を懸念 ・［写真］会見する原告の西野瑠美子バウネット共同代表（右）と東海林路得子同共同代表（以下略） ・特集番組を巡る経緯	・**解説「期待権」重視は危険** ・番組改編賠償命令 編集の自由異例の制約 ・原告「全面勝訴」NHK「承服できない」 ・［写真］NHK番組改編訴訟で勝訴、記者会見に臨む原告の西野瑠美子さん（中央）ら（以下略） ・堀部政男・中央大法科大学院教授（情報法）の話 ・服部孝章・立教大教授（メディア法）の話 ・朝日「改変」報道 NHKと応酬 ・「間違いを認めよ」朝日新聞を批判 安倍首相
他面扱いと見出し（3）	34面（右社会面）		
	・**「期待権」認定に賛否** ・「市民感覚では当然」「表現の自由制約」		
他面扱いと見出し（4）	35面（最終社会面）		
	・**「政治家に過剰反応」認定** ・NHK幹部「厳しい」 ・NHKが面会取り付け ・安倍氏を巡り高裁認定 ・到底 認められぬ NHKエンタープライズの話／ドキュメンタリージャパンの話 ・取材相手に変更説明すべきだ NHK改革のための懇談会委員を務めた作家の吉岡忍さんの話 ・政治と改変の因果関係は明白 メディア評論家の松田浩さんの話 ・「内部告発で山が動いた」原告が会見 ・［写真］判決を受け、会見でほっとした表情を見せるバウネットの西野瑠美子共同代表（中央）ら（以下略） ・番組改変の経緯 ・「私は被害者」中川昭氏強調		

注1：太字は主見出し
注2：主見出しに付随するサブ見出しも独立した見出しとして掲げた
注3：当日の総ページ数は朝日36ページ、毎日32ページ、読売40ページ

がそのサブ見出しは、表に示したように後述の「政治家介入は否定」に付随する文字である。

記事スペースのみならず掲載面を「一面トップ」に持ってこなかったこと自体に、この新聞が、ライバル紙に比較的有利な判決が出たメディア弾圧事件を小さく見積もりたいという編集姿勢があらわれていると言うべきだろう。社会面で右ページに持ってきたのも、同様の意思によるものだ。

一面主見出しに添えられるサブ見出しをみると、朝日のサブ見出しは「「議員の意図忖度」」、毎日のそれも「「政治家意図そんたく」」と、政治家の介入を暗に匂わす判決が出たことを記すものとなっているが、読売のサブ見出しは「政治家介入は否定」と真っ向から逆の見出しを掲げていて、ここでも対照的である。

(3)「改変」と「改編」にみられるスタンスの相違

一面の本文記事の構成に関しては、表2にみるように、朝日は判決が認定した構図、期待権のキーワード解説、解説、安倍首相の談話なども載せて一面だけでも多様な構成となっている。それからすると毎日は、先に一面は四つの記事からなっていると指摘したものの、そのうちの三つはＮＨＫ、ＮＨＫエンタープライズ（現在名）、ドキュメンタリー・ジャパンそれぞれの反論コメントであり、バラエティーに富む構成とはなっているわけではない。ただし、記事内容自体は判決内容に関して必要にして充分な言及がなされている。

それに対し、読売一面は事実経過を述べるだけの単独記事構成となっており、そのあっさりしたシングル・イッシューの中で、〇五年一月一二日に朝日の報じた政治家の介入について、《判決は「（政治家が）番組に関して具体的な話や示唆をしたとまでは認められない」と介入を否定した》と断言しているところがやけに目立つ。

そもそも三紙の見出しや記事を見て気づくのは、「番組改変」と「番組改編」の語の使用の違いである。判決は「改編」を用いているが、朝日と毎日は判決文の要旨紹介以外の記事では一貫して「改変」の文字を使っている一方、読売は「改編」で通していた。「変えられた」のではなく「編集された」というニュアンスを、読売も、裁判所に倣って強調したいのだろう。

表2から、他面の主見出しを拾うと（社説に関しては後述）、朝日は社会面見開きスペースで右（三四面）に「「期待権」認定に賛否」、左の最終社会面（三五面）に「「政治家に過剰反応」認定」と、期待権の問題に加えて政治家のプレッシャーに弱いことを指摘している。また毎日も、総合面（二面）で「番組改変判決　政治に弱いＮＨＫ」、最終社会面（三一面）で「番組改変　ＮＨＫ敗訴「期待権」認める」のように、政治的プレッシャーに弱いＮＨＫと期待権の問題の双方を扱っている。読売は、右社会面（三八面）で「解説「期待権」重視は危険」の主見出しを掲げるのみで、期待権に懸念を表明するトーンがきわめて強めであった。

（４）社説・解説・判決要旨の見出しにみられる相違

表３は、社説の見出しと内容、解説の見出し、判決趣旨の見出しと小見出しを抽出して比較したものである。詳細についてはさらに後述するが、あらためて並べてみると、朝日と毎日・読売でスタンスが分かれた感じだ。

表3　社説、解説、判決要旨の見出し比較

	朝日新聞	毎日新聞	読売新聞
社説	・ＮＨＫ 裁かれた政治への弱さ	・ＮＨＫ 取材制約招く判決を導いた（1月31日付）	・ＮＨＫ番組訴訟 報道現場への影響が懸念される（2番目の扱い）
	［骨子］①政治家の意図をおしはかって番組を変えた、②判決はＮＨＫの政治的な配慮を厳しく批判、③朝日報道に関しては一昨年秋に不確実な情報が含まれたことを認め、反省、④編集の自由や報道の自由は基本で、期待権の拡大解釈を避けるためにもメディアの権力からの自立が求められる	［骨子］①国会議員らの発言を重く受け止め当たり障りのない番組に改変した、②判決で政治に弱腰な姿勢が指摘された事態を深刻に受け止めるべき、③公共放送の信頼を得るために議員回りの慣行を断ち政治との距離を保つべき、④期待権が拡大解釈されて取材・報道の自由を制限し、報道を萎縮させかねず、国民の「知る権利」をおかす恐れ、⑤期待を抱かせた未熟な取材と、それを知っていて対応しなかったＮＨＫの責任	［骨子］①「期待権」にメディアが萎縮してしまわないか心配、②高裁は、取材を受けた側が期待を抱くのもやむを得ない特段の事情があるときは編集の自由も制約を受けると判断、③編集の自由の制約に関する司法判断が拡大解釈されて独り歩きしないか、④「政治家が具体的な話しや示唆をしたことは認められない」と明確に示した
解説	・過剰な自己規制 問題視（1面）	・報道機関の萎縮を懸念（最終社会面）	・「期待権」重視は危険（右社会面）
判決要旨	・ＮＨＫ番組改変問題 判決理由（要旨）	・東京高裁判決（要旨）	なし
	［小見出し］①国会議員との接触等、②バウネットなどの本件番組についての期待と信頼、③バウネット側の期待と信頼に対する侵害行為、④説明義務違反	［小見出し］①期待を抱く特段の事情、②期待、信頼の侵害と理由、③説明義務違反と不法行為	

注：太字は主見出し（以下同）

朝日の社説は「ＮＨＫ　裁かれた政治への弱さ」と記し、解説も「過剰な自主規制　問題視」と掲げて、ＮＨＫの政治に弱い体質や自己規制について問題視している。それに対して、毎日は翌一月三一日掲載の社説で「ＮＨＫ　取材制約招く判決を導いた」、解説でも「報道機関の萎縮を懸念」とし、読売社説は「ＮＨＫ番組訴訟　報道現場への影響が懸念される」、解説も「「期待権」重視は危険」と、期待権を認めた判決についてジャーナリズムの自由をおびやかすものとして批判的な立場を表明した恰好である。

なお朝日・毎日は二つある社説のうち本件を一つ目に持ってきているのに対し、読売はここでも二番目の扱いである。第一社説は「代表質問　民主党は説得力ある対案を示せ」という国会における小沢一郎民主党代表の安倍首相への質問を採り上げたものであった。

判決要旨については、表3に示したように朝日と毎日が掲載、この日の読売は掲載していない。小見出しをみると、朝日は「国会議員との接触等」の項目を設けて《01年1月25～26日ころ、担当者らは自民党の複数の国会議員を訪れた際、女性法廷を特集した番組を作るという話を聞いたがどうなっているのかという質問を受け、その説明をするようにとの示唆を与えられた》と第一の接触についてふれている。またさらに、《26日ごろ、NHKの担当部長が安倍官房副長官（当時）との面談の約束を取り付け、29日、松尾放送局長らが安倍氏と面会。安倍氏は、いわゆる従軍慰安婦問題について持論を展開した後、NHKが求められている公正中立の立場で報道すべきではないかと指摘した》と第二の接触についてふれた判決について骨子を掲載している。だが毎日はこれらの判決箇所を紹介していなかった。政治家との接触が判決の一つのポイントなはずだが、別の記事では毎日はそのことにふれているものの、これでは期待権と説明義務だけが判決のポイントであるように読めてしまう。

3　一面のコンテント・アナリシスにみる政治家介入問題

（1）一面で「判決は政治家介入を否定」と断定した読売

三紙について全体的に概観してきたので、個別のコンテンツを挙げながら内容分析してゆく。まず

表4　3紙1面の内容分析

		朝日新聞	毎日新聞	読売新聞
1面（×印は言及なし）	主見出し	・番組改変訴訟 NHKに賠償命令（トップ記事）	・番組改変 東京高裁判決 NHKに賠償命令（トップ記事）	・NHKに賠償命令 東京高裁（3番目の扱い）
	①政治家との接触	放送直前の1月29日に放送総局長・総合企画室担当局長が安倍官房副長官と面会	予算審議に影響を与えないよう、説明のために放送総局長らが安倍官房副長官らと接触	×
	②何と発言したか	安倍官房副長官が「公正・中立の立場で報道すべきではないか」と発言	安倍官房副長官らから「公正中立で報道すべきだ」と指摘された	国会議員などの「番組作りは公平・中立であるように」との発言
	③改変の理由について	制作に携わる者の方針を離れ、国会議員などの発言を必要以上に重く受け止め、その意図を忖度し、当たり障りのないよう番組を改変した	安倍官房副長官らの発言を必要以上に重く受け止め、当たり障りのない番組にすることを考え、現場の方針を離れて編集された	国会議員などの発言を必要以上に重く受け止め、その意図を忖度し、当たり障りのないように番組を改編した
	④政治家の介入	政治家が一般論として述べた以上に具体的な話や示唆をしたことまでは認めるに足りる証拠はない	政治家が具体的な話や示唆をしたとまでは認められない	政治家が番組に関して具体的な話や示唆をしたとまでは認められない
	⑤判決	（a）憲法で保障された編集の権限を乱用または逸脱、（b）今回は特段の事情があり期待と信頼は法的保護に値する、（c）3社の改変行為を認め、改変の内容を説明する義務を怠った不法行為責任、（d）当初の趣旨とそぐわない編集行為で、期待と信頼を侵害	（a）今回は特段の事情があり期待と信頼が法的に保護される、（b）番組改変は期待と信頼を侵害した3社の「共同不法行為」、（c）内容変更を伝えなかったことは「説明義務違反」	（a）期待と信頼を侵害、（b）期待とかけ離れた番組改編の説明を怠った

一面について再度みておこう。各紙一面の報道内容は、①NHK幹部の政治家との接触の問題、②政治家は何と言ったのか、③なぜ改変したのか、④政治家の介入はあったのか、⑤どういう判決が下されたのか、の五点がポイントとなった。表4は、その言及有無と概要を示したものである。

「①政治家との接触」について、安倍官房副長官の実名を挙げて報じていたのは朝日と毎日で、読売はNHK幹部が政治家と接触したことにすらふれていない。「②何と発言したか」に関しても、朝日と毎日は安倍から「公正・中立報道」を言われたことにふれているが、読売は「国会議員など」とぼやかしている。

「③なぜ改変したか」については、三紙とも「発言を重く受け止めて意図を忖度し」「当たり障りのないように改変（改編）」と判決文を使っているが、読売は「現場の方針を離れ」というところがオミットされ、幹部たちの専横が伝わってこないディスクールとなっている。

判決上最も重要だと思われる「④政治家の介入」に関しては、読売は見出しと同様、《判決は「（政治家が）番組に関して具体的な話や示唆をしたとまではみとめられない」と介入を否定した》と断定している。読売は、どうしても、シンパシーのある政治家（?）の介入について認めたくないらしい。毎日は、《「政治家が番組に関して具体的な示唆をしたとまでは認められない」と直接的な圧力は否定した》と判決文を引用しつつ「間接的圧力」を示唆していた。一方で朝日は《「政治家が一般論として述べた以上に本件番組に関して具体的な示唆をしたことまでは、認めるに足りる証拠はない」とした》と、判決文にそって記すにとどまっている。

（2）判決文にみる政治家介入の婉曲的な指摘

安倍晋三官房副長官や中川昭一議員の事前圧力の有無は、番組改変の直接的なトリガーであるが、のちに改めて紹介するように、本人たちは談話＝紙面上で真っ向から否定している。しかしながら判決文は、《上記面談（引用者注・一月二九日のＮＨＫ幹部三名と安倍官房副長官との面談）の際、政治家が一般論として述べた以上に本件番組に関して具体的な話や示唆をしたことまでは、証人（注・ＮＨＫ幹部二名）の各証言によってもこれを認めるに足りず、他に認めるに足りる証拠はない。》（判決文）

とあるだけで、そもそも「政治家の介入を否定」する判決ではない点に注意する必要がある。

中川議員の介入の有無について判決は、《同議員は、フジテレビ番組におけるアナウンサーの質問に対し、放送法に基づき公正に行うべきことをNHKに申し入れたと発言する等、事前の一審被告NHK担当者との接触を窺わせる発言をしていることが認められる。》（判決文）としながらも、《しかしながら、同議員は、同インタビューでは平成13年2月2日に会ったことを明言しており、また、（注・NHK幹部二名の）陳述書もこれに沿うのであり、上記発言に依拠して同議員が番組放送前に一審被告NHK担当者に番組について意見を述べたことを認めることは困難である。》（同）として、時期がずれていることが認定された。

だが安倍官房副長官に関しては、よしんば直接的な指示がなかったにせよ、「勘ぐれ、お前」といったニュアンスで、「日本の前途と歴史教育を考える若手議員の会」（代表は中川昭一）の事務局長を務めていた安倍晋三が、《いわゆる従軍慰安婦問題について持論を展開した後、（略）NHKがとりわけ求められている公正中立の立場で報道すべきではないかと指摘した。》（判決文）のだとすれば、たとえ「一般論」であれ、これを〝介入〟〝圧力〟と言わずして何と言おう。「勘ぐれ、お前」というのは、「空気を読め」ということで、直接言ったり手を下すことをしなくてもすむブラフ（脅し）、自粛せよという意味だ。

介入を否定する読売の見出しや記事は、確信犯的なミスリードだと考えられるが、朝日も毎日も安倍官房副長官がNHK幹部との会談でしゃべったことのコノテーションあるいはモダリティ（言外の意味、含み）は介入であるとする明言を避けており、そういう意味では三紙とも一面展開においては「腰が引けている」（判決に対する高橋哲哉の朝日でのコメント）と言うべきだ。ただし各紙とも他面では、これは介入であるという識者のコメントを掲載しており、たとえば読売も社会面（三八面）で、判決は圧力を暗に指摘しているとの原告の共同代表による見方を紹介している。

「⑤判決」に関しては、表4に掲げたように、取材者側の期待と信頼を侵害したことと、番組改変（改編）の説明をしなかったことについて三紙共通に言及している。読売はこの二点の紹介にとどまり、朝日と毎日は特段の事情があれば期待と信頼は保護されるということを付け加え、さらに朝日は制作者側の編集の権限の乱用・逸脱についてもふれていた。

4　社説と解説のコンテント・アナリシスにみる三紙のスタンス

(1) 政治家との接触に言及しない読売社説

先述したように、朝日の社説は「ＮＨＫ　裁かれた政治への弱さ」というタイトルで、ＮＨＫの権力におもねる体質を批判する姿勢を前面に出した。それに対して毎日は翌日一月三一日（水）に、「取材制約招く判決を導いた」というタイトルを、読売は二番目の社説として「ＮＨＫ番組訴訟　報道現場への影響が懸念される」というタイトルを、それぞれ掲げた。毎日・読売は、朝日とは対照的に、期待権にまつわって取材・報道の自由が侵害されることへの懸念を表明する社説となっている。書き出しも、朝日はＮＨＫが議員の意図を推し量って番組を改変したこと、毎日は、ＮＨＫに損害賠償を

表５　社説の内容分析

		朝日新聞	毎日新聞	読売新聞
社説（×印は言及なし）	見出し	・ＮＨＫ 裁かれた政治への弱さ	・ＮＨＫ 取材制約招く判決を導いた（1月31日付）	・ＮＨＫ番組訴訟 報道現場への影響が懸念される（2番目の扱い）
	①政治家との接触と番組の改変	ＮＨＫは国会議員らの意図を付度し、当たり障りのないように番組を改変した	ＮＨＫ幹部が国会議員らの発言を必要以上に重く受け止め、当たり障りのない番組に改変した	「政治家らが具体的な話や示唆をしたとは認められない」との見方を明確に示した
	②改変の動機	ＮＨＫ幹部はこの番組が予算の審議に影響を与えないようにしたいと考え国会議員らに会った	予算の国会承認を得る時期で影響を与えたくないとの思惑があった	×
	③政治家に何と言われたか	「番組作りは公正・中立に」と言われた	×	×
	④幹部の議員への予算説明	×	ＮＨＫは国会議員への予算説明を「通常業務」と言い与党議員250人程度に個別説明して回るという	×
	⑤ＮＨＫへの批判	（a）政治家の意向をおしはかって番組を変えるというのでは、自立したジャーナリズムとはとても言えない、（b）判決はＮＨＫの政治的な配慮を厳しく批判、（c）判決は今回のケースは「編集権を自ら放棄したものに等しい」と述べる	（a）政治に弱腰な姿勢が判決で明確に指摘された事態を深刻に受け止めよ、（b）予算説明の議員回りの慣行を断ち政治との距離を保つべき、（c）期待を抱かせた制作会社の未熟な取材と対応しなかったＮＨＫの責任の重大さ	×
	⑥「期待権」についての評価	（a）「編集権を自ら放棄したものに等しい」と期待権の侵害を認めた、（b）取材される側の期待権の拡大解釈を避けるためにもメディアの権力からの自立が求められる	（a）ドキュメンタリーや教養番組はニュースとは区別しているが、「特段の事情」や区別について明快ではない、（b）期待権が拡大解釈され現場で幅を利かせる懸念が生じ取材される側が過大な期待や注文をつけるケースも、（c）取材・報道の自由を制約し携わる者を萎縮させかねず、国民の知る権利に応えられない事態を招く恐れ	（a）「期待権」という新しい考えに戸惑わざるを得ない、（b）メディアが萎縮してしまわないか心配、（c）編集の自由の制約に関する司法判断が拡大され独り歩きしないか懸念される、（d）報道機関全体にあらたな義務が課される恐れが強まった、（e）最高裁は「期待権」をどう考えるだろうか

求める判決が出たことから筆をおこしているが、読売はいきなり《メディアが萎縮してしまわないか心配だ》という情緒的な文体で始まっている。

社説のポイントは、表5に掲げたように、①NHK幹部の政治家との接触によって何が起きたのか、②なぜ改変したのか、③幹部は政治家に何と言われたのか、④NHKの議員への予算説明体質、⑤NHKへの批判、⑥「期待権」についてどう考えるか、の六つのコンテンツに分類できる。

「①政治家との接触と番組の改変」については、朝日と毎日が判決文を引用して、政治家の意図を忖度して当たり障りのないよう番組を改変したことに言及しているが、読売は判決文を用いて《今回の判決は「政治家らが具体的な話や示唆をしたとは認められない」との見方を明確に示した》と一面と同じことを繰り返している。先述したように、判決は「明確に示した」のではなく、政治家の介入を「曖昧に示した」とみるべきだ。

「②改変の動機」については、朝日と毎日で幹部が議員の意図を忖度したことにふれているが、そこで「③政治家に何と言われたか」に関しては、それが介入についての最も具体的な情報であるにもかかわらず、朝日だけが《「番組作りは公正・中立に」と言われた》とふれるにとどまった。だがそこに安倍官房副長官の名はない。

（2）争点を「期待権」問題に収斂させる毎・読

NHKが政治家に生殺与奪の権を握られている背後にあるのは、放送法上、公共放送機関として国会による予算承認が規定されているからである。その予算を承認してもらうための「④幹部の議員への予算説明」の習慣については、毎日が、判決の紹介を超えてその実態についてふれている。

周知のように放送は、総務大臣が所管する許認可事業であるという点に加え、NHKの場合さらに国会における予算承認が必要なことが、(注8)他の新聞・出版メディアと異なり、政治的介入を招きやすい出自をもつという本質的問題を胚胎している。しかしながら、放送は他メディア以上に人びとの接触量が多く、影響力が強いメディアであることにかんがみれば、いよいよ政治との距離や独立性が求められるものであることは言うまでもなく、それは憲法二一条にもまた放送法一条や三条にも規定されている最も大切な法令遵守事項である。(注9)

にもかかわらず、当時の自民党・自由党・公明党の与党衆参両議院議員のうち二六〇名の有力議員に対し、個別の予算説明が、NHKの人員により「通常業務」ということでなされたのである。

「⑤NHKへの批判」については、朝日は判決文を引用しながらNHKのジャーナリズムとしてのあり方に対してかなり厳しい口吻で臨んでおり、毎日はNHKに苦言を呈する形になっている。毎日社説の最後は、取材者側に期待を抱かせた制作会社の「未熟な取材」と、期待を抱かせたことを知りながら充分に「対応しなかった」親会社のNHKを批判するものとなっており、介入問題からズレてしまった。読売は表でもわかるように、「期待権」問題に終始した社説であり、NHK体質批判や苦言についてはほとんど行っていない。

その、「⑥『期待権』についての評価」に関しては、社説タイトルでも明らかだったように、朝日と、毎日・読売とでスタンスが分かれた。毎日・読売は、今回の判決について、具体例を挙げて「期待権」や「説明義務」が取材・報道の自由を制約し現場を萎縮させるものであると争点化し、批判的に収斂させようとしている。

もちろん両紙の指摘する懸念、危惧は全くその通りなのだが、今回の争点としては、政治家介入に関する判決文のコノテーション（含意）を読み込んで、これは圧力であると社論によるキャンペーンを張ることこそが、新聞ジャーナリズム共通の仕事ではなかったか。

（3）社説と大きく変わらぬ各紙の解説内容

解説は、朝日は一面で「過剰な自己規制　問題視」と見出しを掲げてＮＨＫの政治的弱さを、毎日は三一面で「報道機関の萎縮を懸念」、読売は三八面で「「期待権」重視は危険」を挙げて期待権の問題性を、それぞれ指摘していることは既述のとおりであり、社説と同工異曲のトーンになっている。

解説のコンテンツは、表6に示したように、①政治家の介入の有無について、②ＮＨＫ幹部は何を思ったのか、③幹部の番組改変指示の有無、④判決結果について、⑤期待権についてどう考えるか、の五つが抽出できた。その結果、表をみれば明らかなように、毎日と読売は①から④までの本件の背景や判決に関する解説ではなく、期待権にスポットを当てている。

「①政治家の介入の有無」に関しては、朝日で、《（判決が）国会議員との接触を図ったと認定》し、《政治家の直接指示などは認められなかったが、政治家などとのやりとりが改変の大きな動機になったことを判決は正面から指摘している》と述べている。そして今後も政治家の発言を「必要以上に忖度」する対応を続ければ、《番組制作が最終的に政治家の意向で左右される危険な状態になりかねない》として、《政治家側も自らの発言がどのような影響を持つかを考えるべきだろう》と政治家にサ

表6　3紙解説の内容分析

		朝日新聞	毎日新聞	読売新聞
解説（×印は言及なし）	見出し	・過剰な自己規制 問題視（1面）	・報道機関の萎縮を懸念（最終社会面）	・「期待権」重視は危険（右社会面）
	①政治家の介入の有無	直接指示は認められなかったが、政治家などとのやりとりが改変の大きな動機になった	×	×
	②NHK幹部の思惑	番組が予算編成に影響することがないようにしたいとの思惑から国会議員と接触	×	×
	③幹部の番組改変指示	国会議員に予算説明をする役割を担っていた幹部が踏み込んだ改変指示を制作現場にしていた	×	×
	④判決について	×	（a）バウネットが抱いた番組内容に対する期待権の侵害、（b）事前説明とは異なる番組になったことの説明義務違反	×
	⑤期待権について	「期待権」は極めて限定的範囲であり、これが常に成立すれば取材に萎縮効果を生むが、判決は取材・報道の自由をまず押さえ、ニュース以外のドキュメンタリーや教養番組など限定的な範囲・例外的な場合だと指摘している	ドキュメンタリーや教養番組はニュースとは区別されるという基準、取材される者の期待権が発生する事情の基準も示されず、公人に対する取材に支障が出、報道機関が萎縮することも懸念される	取材・報道の自由を指摘する一方で、ニュース以外とはいえドキュメンタリーや教養番組などで「期待権」を尊重し過ぎれば、政治家や官庁、企業などを批判する番組制作は難しくなり、国民の知る権利を制限することにつながる

ジェスチョンを行っている。

「②NHK幹部の思惑」「③幹部の番組改変指示」に関しても、朝日のみがふれているにとどまる。だがその朝日の解説も、他面や社説で展開していた論の域を出るものではない。解説こそは、この事件の持つ重大な問題性をもっと踏み込んで読者に提示し、判決の意味を伝えるものだが、その意味では、朝日も明確に「これは圧力である」との解説を載せきれなかったうらみがある。「④判決について」は、毎日が期待権の侵害と説明義務違反の二点にふれた。

（４）権力介入問題ではなく期待権がメディア介入との論調

「⑤期待権についての評価」は、朝日は他紙と同じく「期待権」の濫用に警鐘を鳴らし、《こうした「期待権」が取材のたびに常に成立するとなれば、政治家や捜査機関などの公権力も含め、取材された側の意に沿う報道を常に求められることになってしまい、取材現場に大きな萎縮効果を生むのは必至だ》と指摘する。が、一方で、判決は憲法上の権利である取材・報道の自由の第一義性を唱えており、期待権には限定的な〝歯止め〟があって例外的な場合だけと指摘したことを評価している。

毎日は、判決が、ドキュメンタリーや教養番組はニュース報道と異なり、取材される側の関心が大きいから区別されるとした点と、期待権が発生する特段の事情の基準が示されていないことに疑義を呈し、元共同通信編集主幹の原寿雄に《「真実を追究する取材に支障が出る恐れがある」》とコメントさせている。

読売も、取材や編集プロセスの具体的事例を挙げて、放送内容が当初とは変わってくる場合や常に取材相手に内容を説明する義務を課されて取材対象者の期待権を尊重しようとすれば、公的人物や機関を批判する番組制作は難しくなり、ひいては国民の知る権利を制限することになると批判している。期待権の過剰主張については《原告代理人の1人でさえ、「もろ刃の剣で、非常に危なっかしい（略）」と、その危険性を指摘している》と述べ、原告側ですら懸念していることを前面に出した。原告側の弁護士の同様の発言は、毎日の社会面でも使われているが、読売のように〝原告側ですらも〟というニュアンスは弱めてある。

いったいに、「解説」コーナーでは、ＮＨＫ担当者が事前に安倍官房副長官に接触しその発言によって必要以上に〝想像〟して〝先回り〟したことに関する判決の解説はみられず、どうやら日本の主要メディアは、本件を、メディアへの政治家介入事件ではなく、「期待権」という概念がメディアに介入するおそれの問題として矮小化して読み替えたいようである。

5　改竄された番組箇所についての情報が回避された各紙面

（1）「朝日 vs. ＮＨＫ」を「経緯」とする裏にあるもの

ＮＨＫ戦時性暴力番組改竄事件は、歴史修正主義の立場と親和的な政府・自民党が否定したがる戦時性奴隷の問題、昭和天皇の戦争責任の問題、ＮＨＫほかメディアに対する政治的圧力・介入が常態化している問題など、深刻なイッシューを提起するものである。しかしながらその本質が、当のメディアの上においてずらされていることが見えてきた。

読者はこの事件のプロセスを知らない者も多いに違いないが、一月三〇日各紙紙面は本件の経緯をどのように報じたかを示したのが表7である。

朝日は「番組改変の経緯」として、年表スタイルで、二〇〇〇年一〇月からのドキュメンタリー・ジャパンのバウネットへの取材依頼から始まって、一二月の女性国際戦犯法廷、二〇〇一年一月二四日ドキュメンタリー・ジャパンの編集作業離脱、二六日放送総局長らの立ち会い試写、二九日安倍官

表7　経緯の概要

		朝日新聞	毎日新聞	読売新聞
経緯	見出し	・番組改変の経緯（最終社会面）	・特集番組を巡る経緯（最終社会面）	・朝日「改変」報道 NHKと応酬（右社会面）
	経緯の内容、形式	00年10月からの取材依頼、12月の法廷から、01年1月24日ドキュメンタリー・ジャパンの編集作業離脱、同26日放送総局長らの立ち会い試写、同29日安倍官房副長官と面談、44分版を43分にカット、同30日の40分版の放送までのプロセスを、時系列的に年表スタイルで	05年1月の朝日の安倍介入報道およびNHKの制作担当会見での政治介入恒常化発言、それに対するNHKや安倍サイドの全面否定、朝日とNHKの全面対立を経て、朝日の取材内容流出不祥事、記事についての朝日の「訂正不要」最終見解などを、文章で紹介	05年1月12日付朝日で安倍・中川が放送前日に幹部を呼びつけ「偏った内容」と圧力をかけたため内容が「改変」されたと報道され、両氏は報道を否定したこと、NHKも抗議し朝日と抗議の応酬が続いたこと、同年9月30日に朝日は「呼び出し」報道は不十分な取材だったと認めたが相当理由を挙げ訂正しなかったこと、判決は「圧力を否定」と、文章で紹介

房副長官との面談、四四分番組を四三分にカットという事態を経て、三〇日当日の四〇分版の放送までの経緯を、時系列的に提示していた。もともとの発端から、番組が改竄されてゆくプロセスを、簡略だが追うことができる（表1参照）。

毎日は「特集番組を巡る経緯」として文章で説明している。読売は、「経緯」という見出し文を使ってはいないものの、右社会面の六段目「朝日「改変」報道　NHKと応酬」の記事が経緯にあたると考えられる。その内容は両紙とも、〇五年一月の朝日報道に対するNHKや安倍サイドからの否定、全面対立、朝日は不充分な取材だったことを認めたが訂正はしなかったといったことについて報じるものであった。つまり毎日・読売とも本件訴訟の本旨である番組改竄の流れや裁判のプロセスを「経緯」とはとらえず、放送五年後の、政治家による介入があったとする朝日の報道以降のことが経緯とされ、しかも「朝日 vs. NHK・安倍」という対立と応酬の問題に矮小化されているのである。これでは、読者は「改変」に至る全容がわからず、その結果、政治家の圧力によって報道が改竄された恐るべき事件であるということが相対化されてしまう。

「朝日 vs. ＮＨＫ」という「内輪もめ」の構図は、朝日とＮＨＫの両社が「眼の上のたんこぶ」でもある政治家にとって好都合という潜在的機能がある。また他のメディアや一部ジャーナリズムにとっては、「朝日 vs. ＮＨＫ・安倍」の構図は朝日の孤立化をうながし、これもまた好都合である。

なお朝日も、〇五年一月一二日の安倍・中川両議員の番組内容に対する指摘に関する報道（スクープ）についてと、二名およびＮＨＫからの抗議やくだんの報道に関する調査委員会の設置について、最終社会面における「ＮＨＫが面会取り付け　安倍氏を巡り高裁認定」の見出し記事で、経緯を紹介している。ここでは、安倍面会は裁判で認定されたこと、中川面会については放送前に意見を述べたと認めることは困難との判決が出たことを紹介したのち、調査委員会の見解である、一部の確認取材は不充分なところもあったが真実と信じるに足る相当の理由があったとする同年一〇月一日の総括記事を紹介している。ただ、一〇月のこの時の「収束の仕方」に釈然としないものを感じた人びとは多かったに違いない。

（２）安倍晋三現総理の釈明コメントの伝え方

では、朝日〇五年一月報道で名の挙がった二名の政治家、すなわち現在は内閣総理大臣になった安倍晋三と現在自民党政調会長である中川昭一（注・本稿執筆時）の二名は、この判決に対してどのように言い訳しているだろうか。三紙とも両名の談話を載せているが、彼らのコメント内容は表８上段

表8　政治家の言い分の概要

		朝日新聞	毎日新聞	読売新聞
安倍首相の言い分	見出し	・「政治家の介入なしが明確に」安倍首相（1面）	・首相「政治家不介入、明確に」（2面＝総合面）	・「間違い認めよ」朝日新聞を批判　安倍首相（右社会面）
	発言内容の概要	政治家が介入していないことが明確になった。NHK側が会いたいと言ってきたのであって、最初から会う会わないなんていうことは言えない。報道の自由については頭に入れておかなければいけないが、圧力をかけたという間違った報道をしたことを間違ったと認めるのが報道機関だ	政治家が介入していないという判断が明確に下された。NHKが会いたいと言ってきて、いつ放送するかも知らなかった	政治が介入していないことが明確になった。報道の自由は頭に入れなければならないが、「圧力をかけた」と言いながらそれが間違っていたのだから、「間違っていた」と認めるのが報道機関だ
中川政調会長の言い分	見出し	・「私は被害者」中川昭氏強調（最終社会面）	・安倍首相の言い分の中で（2面＝総合面）	・安倍首相の言い分の中で（右社会面）
	発言内容の概要	あの番組やあの活動には興味は全くない。あたかも番組に圧力をかけたかのように朝日などから非難された。証拠を持って、放送前に関係者とは会っていないので話し合いも圧力のかけようもないと主張してきた。朝日は依然として我々の面会要求に応えず、うやむやにされていて心外。事実無根の報道で迷惑している被害者だ	朝日などから番組内容に圧力をかけたかのようにしつこく非難された。放送前にNHK関係者とは一切会っていない	証拠を持って「放送前に関係者と会っていない、話し合いも圧力もかけようがない」と述べている。事実無根の報道で迷惑している被害者だ

に示したように、判決を都合のよいように解釈し開き直った発言以外の何ものでもない。

朝日は一面で「過剰な自己規制　問題視」の中見出しの下に「政治家の介入なしが明確に」という安倍談話がカッコをつけて掲載されているが、これではNHKの自己規制のみが浮き上がる恰好だ。毎日は二面（総合面）で「政治に弱いNHK」の主見出しの下に「首相「政治家不介入、明確に」」という安倍談話がやはりカッコつきで掲げられており、レイアウト上、政治介入されたNHKと政治介入を否定する政治家とがやや対照的にみえもするが、ニュアンスとしてはやはりＮＨＫが〝勝手に「弱い」〟ようにも読める。

読売は経緯を記した三八面（右社会面）「朝日「改変」報道　ＮＨＫと応酬」の下に、「『間違い認めよ』　朝日新聞を批判」という安倍談話の見出しをあしらって、経緯の見出しと合わせてあたかも朝日側が間違っていたかのような印象を与える仕掛けがほどこされている。また、朝日と読売は、圧力をかけたと報じた朝日新聞の記事は間違っていたにもかかわらず間違っていたと認めないのはけしからん、との批判を紹介している。

いずれにせよ三紙とも、「判決は政治家が介入していないことが明らかになった」という安倍談話をそのまま流しているが、先述したように、判決は、ＮＨＫ幹部二名による証言によって認めるに足りる証拠はないと言っているだけであって、「介入がなかった」とはひとことも言っていない。この点、バウネットも同様の指摘をしており、声明で《ＮＨＫが予算承認を前に政治家に過剰に反応し、政治家の意図を汲む改変を行ったこと》は、《ＮＨＫが政治家の話を圧力と感じて改変したことを示しており、判決が「政治圧力を否定した」というのは正確な表現とはいえません》と述べている。(注10)安倍首相のご都合主義的解釈の誤りを、やはり紙面のどこかでちゃんと指摘・解説しておくべきではなかったか。

（３）中川昭一現政調会長の釈明コメントの伝え方

中川議員についての判決は、最初彼は番組放送前にＮＨＫに公正に放送すべきと申し入れたと民放テレビで自ら発言していたものの、実際に会ったのは放送終了後の二月に入ってからのことであることが判明したとされ、《上記発言（注・中川の民放テレビでの発言）に依拠して同議員が番組放送前に一審被告NHK担当者に番組について意見を述べたことを認めることは困難である。》（判決文）としており、やや煮え切らない。

二〇〇五年一月一二日の朝日スクープは、〇一年当時の番組放送前にNHKの放送総局長や国会対策担当の局長らが安倍・中川両議員らに呼ばれて面会し、そこで一方的な放送はするなと言われたほか、やりとりの中で中川議員から「それができないならやめてしまえ」とも言われ、局長らは予算審議時期に政治とは闘えないとして番組内容のカットや追加などの変更を指示したというものである。スクープの翌一三日にはNHKのチーフプロデューサーの記者会見が行われ、朝日記事を裏づける内部告発もなされた。

中川議員は当初朝日取材に対し、民放テレビでの発言と同様、事前に議員会館で幹部と会い、番組の偏向を指摘したり放送は駄目だと言ったことを認めていたが、間もなく一転、会ったのは放送後のことであると証言をひるがえした。

高裁判決を受けての中川談話は、表8下段にみるように毎日と読売は安倍談話の中に併記されているが、朝日は独立した記事として最終社会面「「私は被害者」 中川昭氏強調」という見出しで採り上げ、〇五年一月朝日の安倍・中川事前面会報道のことにも言及している「NHKが面会を取り付け」の見出しと、「内部告発で山が動いた」という原告談話の近くにレイアウトされている。読者が朝日〇五年一月の記事と中川政調会長の言い分のどちらを信じるか、微妙な配置だ。

毎日は二面の安倍首相談話の中で、放送前にNHK関係者とは会っておらず圧力をかけたかのように朝日からしつこく非難されたと言い、改めて不快感を示したと報じ、読売は右社会面安倍首相の言い分の中で、放送前にはＮＨＫと会っていないという根拠があり圧力などかけようがないと述べ、朝日報道を改めて否定したと報じている。

なお、ＮＨＫ幹部が事前に会ったとして名前の挙がった政治家は、この二名だけではない。ほかにも古屋圭司、下村博文、平沢勝栄、総務大臣の片山虎之助といった「日本の前途と歴史教育を考える若手議員の会」や「日本会議国会議員懇談会」のメンバーでもある各議員たちにも、番組内容を「説明」している。いずれも、歴史修正主義的な立場に立ち、たとえば日本軍性奴隷制度の実態を認めようとしない組織である。しかしながら、そのことまで報じる新聞は皆無であった。

（4）判決要旨は必要にして充分な情報を提供しているか

表9は、朝日と毎日の判決要旨のコンテントアナリシスの結果である。読売の当日朝刊には、判決要旨が掲載されなかったのは、同じメディア裁判として重視しなければいけない判決であるにもかかわらず、どうしたことだろう。

判決のポイントを一〇点挙げてみたところ、朝日・毎日の両紙とも、ＮＨＫ幹部が、この番組により予算承認が影響を受けないようにしたいという思惑から国会議員に接触、その際に相手の発言を重く受け止め、忖度し、当たり障りのない番組にするよう、現場の意思を離れて改変されたことについて、最低限押さえている。できあがった番組が期待や信頼を損なったこと、改変の説明がなされなかったことも、損害賠償判決の実質的中身であるので両紙ふれている。また、政治家の発言は一般論

表9　判決要旨の内容分析

		朝日新聞	毎日新聞	読売新聞
	見出し	・NHK番組改変問題判決理由（要旨）（33面＝第3社会面）	・東京高裁判決（要旨）（2面＝総合面）	なし
判決要旨（○印は言及あり、×印は言及なし）	①担当者の国会議員訪問の際、番組に関して質問を受けた	○	×	
	②安倍官房副長官との面会で公正中立の指摘	○	×	
	③番組に対する期待と信頼の発生	○	○	
	④放送された番組はドキュメンタリーかい離、期待と信頼を侵害	○	○	
	⑤制作に携わる者を離れた形で編集された	○	○	
	⑥番組が予算に影響を与えないようにしたい思惑で国会議員と接触	○	○	
	⑦相手の発言を必要以上に重く受け止め意図を付度し当たり障りのない番組に改編	○	○	
	⑧政治家が述べたのは一般論であり番組に関する示唆までは証言によって認められない	○	○	
	⑨中川議員が放送前に番組に関し意見を述べたことは認めるのは困難	○	×	
	⑩改編によりかけ離れた内容について、説明がなされなかった	○	○	

であった、との判決についても載せている。

NHK幹部が国会議員と放送前に当該番組をめぐって面談したこと自体、NHK側に「言論・報道の自由」を云ぬんする資格はないと思えるが、その意味で毎日は、予算承認のため国会議員と会うことが常態化していることを他紙よりも批判的に前面に出す傾向が強かったのに、ここでは表の「①国会議員訪問の際に制作進行中の番組について質問を受けた」ことにふれた判決を紹介していない。

また本判決中最も肝要と言うべき箇所は、政治家からの事前圧力の有無について判決がどう述べているかであろう。しかしながら毎日は、NHK側が安倍官房副長官と面会し、彼から放送は公正中立であるべきと言われたと認定した判決についても、要旨化していない。「⑦政治家の発言を重く受け止め意図を忖度」および「⑧政治家が述べたのは一般論」という判決要旨は紹介しているにもかかわらず、当の発言内容である「②安倍官房長官から公正中立にという指摘があった」という要旨を省いてしまっては、判決の意味が半減してしまうだろう。毎日の判決要旨は不充分だと思われる。

(5) 事件の本質をつく番組改竄箇所の数かず

記事では改変の経緯がつまびらかにされていないのと同様に、読者には番組のどこが改竄されたのかがよくわからないという不完全さが、どの紙にもある。この改竄箇所に関する情報こそが事件の本質を浮き彫りにするものであり、一体番組のどの部分が「忖度」されて削られたのか、カットされた内容と付け加えられた内容を一覧するような紙面は今回どこにも見られなかった。

女性国際戦犯法廷において、日本軍による強姦や性奴隷制度が人道に対する罪であると認定され、責任者として裁かれたのは、日本国と昭和天皇である。放映された番組では、法廷のドキュメンタリーであるにもかかわらず、最も重要なマクドナルド裁判長による判決概要言い渡しの場面がカットされた。

ほか、スタジオゲストの米山リサの、今回の法廷についてラッセル法廷に匹敵すると評価したコメント箇所、中国人被害者女性の紹介と証言、東チモールの慰安所の紹介と被害者女性の証言、元日本軍兵士が行った強姦に関する証言、主催の共同代表である松井やよりのインタビュー、海外メディアが報じた日本政府の責任に言及した部分、さらに裁判の公平性を担保するために用意した被告側(日本国家)の主張を代理するアミカス・キュリエ(法廷助言者)の場面などがカットされた。

一方で、「慰安婦」問題に対して否定的見解を持つ秦郁彦日本大学教授(当時)のインタビュー(三日間の審理は傍聴しておらず、最終の判決概要言い渡しの回しか傍聴していないと言われる彼は、番組のアナウンスでは「法廷を傍聴した歴史家」と紹介された)が、別途、彼の自宅で撮影されて番組の要所要所に挿入された。また、番組の局アナウンサーのコメントが修正台本によりほとんど撮り直され、もう一人のスタジオゲストである高橋哲哉のコメントも修正台本によって撮り直しが行われたという(注11)。

かくして、四四分の番組枠でつくられたものの、挿入された反対コメントや当初のコメントのカットにより内容はつぎはぎ的になって一貫性がなく、スタジオのコメントは文脈が分断され、法廷の主催者がどこかもわからなくなり、戦時性暴力を問う裁判を報じる番組であるにもかかわらず最終判決は視聴者に知らされず、短くなった部分にどうでもいいような映像が挿入されるなどして、最終的には完成品の体をなさない四〇分の番組として放送されるに至ったのである。カットされ、付け加えら

表10　番組改竄《ざん》のプロセスと内容

内容		12月27日スタジオ収録時台本	1月24日局内試写版	1月27日修正台本	1月29日深夜版	1月30日放映版
VTR	「女性国際戦犯法廷」の判決	○	○	○	×	×
	中国人被害者の証言	○	○	○	○	×
	東ティモール慰安所の紹介と証言	○	○	○	○	×
	日本軍加害兵士の証言	○	○	○	○	×
	姜徳景さんの絵「責任者を処罰せよ」	○	○	×	×	×
	松井やよりのインタビュー	○	×(1月19日版では存在)	×	×	×
	アミカス・キュリエ(法廷証言人)の存在	○	○	×	×	×
	秦郁彦インタビュー	×	×	△(収録する旨のみ記載)	○	○
米山リサの発言	犯罪を裁くエンパワーメントの場としての「法廷」	○	○	×	×	×
	証言の前に立ちつくすことと引き受けること	○	○	○	×	×
	「法廷」は和解を前提としていない	○	○	○	×	×
	判決の実現には社会変革が必要	○	○	×	×	×
高橋哲哉の発言	「法廷」が国際法にも影響を与える	○	○	○	×	×
	日本政府の法的責任	○	○	○	×	×
司会(町永俊雄アナウンサー)の発言	「法廷」の問題点	×	×	○	○	○
時間			44分	44分	43分	40分

＊メディアの危機を訴える市民ネットワーク(メキキネット)作成の資料に一部追加

れたコンテンツそのものに、本件および女性法廷の本質がある[注12](表10)。

だが、《相手方の発言を必要以上に重く受け止め、その意図を忖度してできるだけ当たり障りのないような番組にすることを考え》(判決文)た結果、どのような《番組について直接指示、修正を繰り返して改編が行なわれた》(同)のか、読者が一番知りたいであろうその改変箇所は三紙においてどのように報じられただろうか。

表11　番組からカットされた部分の内容分析

		朝日新聞	毎日新聞	読売新聞
カットされた内容に言及	①昭和天皇の有罪	×	×	（a）昭和天皇を「有罪」（1面）、（b）昭和天皇に責任があるとした「判決」部分（社説）
	②国の有罪	×	×	（a）国を「有罪」（1面）
	③判決	（a）判決の説明（社説）、（b）判決の説明（判決要旨）	（a）判決（1面）	×
	④旧日本軍の証言	（a）兵士の証言（社説）、（b）加害兵士の証言（判決要旨）	（a）旧日本軍兵の証言部分（判決要旨）	×
	⑤もと「慰安婦」の証言	×	（a）旧日本軍の性暴力被害者の証言（1面）、（b）元慰安婦女性の証言部分（判決要旨）	×

（6）カットシーンが知らされないことによる本質回避

表11に示したように、朝日は社説と判決要旨の中で、「判決」と「旧日本軍の証言」がカットされたと指摘するにとどまり、細かく読まないとよくわからない。

毎日は一面と判決要旨の中で「判決」「旧日本軍の証言」「性暴力被害者の証言」がカットされたと記し、読売は一面と社説で「昭和天皇の有罪」「国に有罪」のところがカットされたと報じている。

読売の指摘は女性法廷判決の要諦を知らせていて重要だが、いずれにせよ三紙ともに改竄された箇所（カットされた箇所のみならず付け加わったとシーンを明らかにすること）に関しては充分な情報を提供しておらず、不親切な記事である。この、5W1Hを踏まえていない記事により、読者は、こういう法廷だったのかということと、こういうシーンや発言に対して圧力が加えられることが生起したのかということが認識できなくなってしまった。

そもそも四四分をレギュラーとする番組が四〇分の尺になっ

たという事態そのものが、異常な事態であり、一種の「放送事故」である。コンピューター制御された秒刻みの番組編成の中で、短くなった四分を他の「番組」で埋めなければならず、これは新聞・雑誌など活字記事における「空きスペースの埋め草原稿」挿入の容易さや「一行削る」のとわけが違う。

これらカットや挿入部分について詳細をふれず「忖度」の本質に迫らない各紙記事は、NHK番組に劣らず、「完成品」としての画竜点睛を欠いているように思われる。

（7）同一性保持権や人格権の侵害か、言論への介入か

ところで、スタジオコメンテーターの一人であった米山リサは、自分のコメントの不当なカットによって人格権が侵害されたとして〇二年八月、NHKと民放が設置する第三者苦情処理機関BRC（放送と人権等権利に関する委員会）（注13）に提訴、〇三年三月三一日にBRCは、米山の発言削除は編集のゆきすぎであり、対立意見者コメントの事前連絡なしのVTR挿入によってコメンテーターとしての役割が発揮できず、法廷の意義と役割を重視しない者であるかのような評価をもたらす恐れを生じさせたとして、NHKに放送倫理違反があったとの見解を出している。

これは大変に重要な指摘であるが、各紙とも読者の参考に寄与する情報として、BRCにより既にこのような見解が出ていることについて言及・解説を行ってはいない。

今回の高裁判決に対しNHKは即刻、公正な立場で編集したにもかかわらず編集の自由を制約するものであるとコメント、NHKエンタープライズ（現）とドキュメンタリー・ジャパンも、取材・編集・表現の自由を制約するものであるとのコメントを出し、各紙ともそれが紹介されている。朝日一

面「判断は不当　承服できぬ」（ＮＨＫ）、最終社会面「到底　認められぬ」（ＮＨＫエンタープライズ、ドキュメンタリー・ジャパン）、毎日一面「公正な立場で編集」（ＮＨＫ）、「表現の自由を制約」（ＮＨＫエンタープライズ）、「受け入れがたい」（ドキュメンタリー・ジャパン）、読売右社会面「ＮＨＫ「承服できない」」、といった具合である。ただし読売は制作会社二社のコメントがない。

悩ましい問題であるが、メディア側からすれば、取材される側の期待権や変更に対する説明責任を認めてゆくことで憲法に保障された言論・表現・報道の自由が脅かされると主張するのは、番組や記事の内容の是非は措くとしてけだし当然とも言える。

本論は、一月三〇日（毎日社説は三一日）の、前日の高裁判決を受けての三紙内容分析にのみしぼった研究であるので、主訴や判決について言及できる立場にはないが、本件をバウネット共催のイベントやその実態を追ったドキュメンタリーという、著作物としての同一性保持の権利や著作物のもつ思想性・オリジナル性、また著作者（バウネットや出演者たちやＮＨＫはじめ制作者たち）の人格権に対する侵害といった点などから訴えを起こし司法判断することを行えば、メディア側が「言論・表現の自由（取材・編集・報道の自由）」を楯に取ってこぞって批判するような、「期待権」や「説明義務違反」とはまた別のイッシューが立てられ、アジェンダとなったのではないかとも思う。

他方、政治家介入・圧力の問題に特化してゆくことを行えば、本件は一転、政治権力による言論・表現の自由に対する公権力による弾圧であるというロジックにもなり得た。本訴訟は後者の問題として闘われるべきであったし、原告ももとよりそのつもりではあろうが、そのあたりの司法判断は本稿で繰り返すように曖昧化されているようだし、メディアも曖昧に扱っている。

（8）三紙で一一人の識者コメントにみる論調バランス

表12は、各面に囲みや記事中で用いられている「識者」のコメントを一覧したものである。研究者をはじめとするその道の権威に語らせることで、メディア側の主張を盛り込んだり、あるいは論議のバランスを取ったりする技法である。

各紙いずれも、マス・コミュニケーションや言論・表現に関する一流の研究者やジャーナリストたちが中心にコメントしており、学界・論壇において特別に「政権党寄り」とみなされるような人物たちではない。中でも朝日は囲みおよび記事中で多くの専門家の声を掲載しており、その人数は六名におよんだ。毎日は二名を記事中でしゃべらせ、一名は解説欄においてコメント引用している。読売は囲みで二名の学者を使っている。コメント者は全員男性であるというジェンダーのアンバランスが認められるというべきで、戦時性暴力を扱った番組の改変問題なのだからなおさら、原告の女性たち以外にも、女性の専門家のコメントを求めるべきだったろう。ことほどさように、メディアはジェンダーの視点が稀薄なのだ。

コメント者たち三紙一一人（重複人数）の専門・専攻を分類すると、マスコミ研究者と言える人たちが約半数の六人（重複者あり）であり、ジャーナリストが二名、法学者二名、歴史学者一名といったところになる。

コメントの論調は、大きく分ければ、（a）判決は言論の自由を制限しかねないので注意が必要という派、（b）判決で下された制作者側と取材される側との信頼関係や説明は大切だという派、（c）

表12 「識者」談話の概要

		朝日新聞	毎日新聞	読売新聞
「識者」の談話	名前	吉岡忍	服部孝章	堀部政男
	①肩書き	NHK改革のための懇談会委員を務めた作家	立教大教授（メディア論）	中央大法科大学院教授（情報法）
	②見出し	**・取材相手に変更説明すべきだ**	（なし）	（なし）
	③掲載面とスタイル	最終社会面囲み	2面（総合面）の記事中	右社会面囲み
	④内容の概要	ドキュメンタリーは取材相手との信頼関係で作っていくもので、変更するなら途中で説明すべきだった。会った幹部に、政治家が何と言ったか明らかにしてもらいたい	NHKが自主自律に欠けていると指摘された。予算説明を「通常業務」と言い続けると報道の信頼性が崩れるのではないか、それをNHKはどう考えるのか	編集の自由を尊重されるべき権利とした点は重要。ニュースとドキュメンタリーを区別し後者は特段の事情があれば制約もあるとした。ただドキュメンタリーでも取材対象者の意向を尊重しすぎると編集の自由を制限しかねず、慎重な取り扱いが必要
	⑤概要の論調分類	（b）判決で下された制作者側と取材される側との信頼関係や説明は大切 （c）議員が圧力をかけたと見るべきであり、議員に接触し表現をゆがめたメディア側の自主規制にも問題がある	（c）議員が圧力をかけたと見るべきであり、議員に接触し表現をゆがめたメディア側の自主規制にも問題がある	（a）判決は言論の自由を制限しかねないので注意が必要
	①名前	松田浩	山田健太	服部孝章
	②肩書き	メディア評論家	専修大助教授（マスコミ論）	立大教授（メディア法）
	③見出し	**・政治と改変の因果関係は明白**	（なし）	（なし）
	④掲載面とスタイル	最終社会面囲み	2面（総合面）の記事中	右社会面囲み
	⑤内容の概要	番組への政治介入や自己規制が裁判で争われたのは初めてで判決の意義は大きい。経緯を見れば改変との因果関係は明白で、その背景には予算を自民党が審議する慣行がある	過剰な自主規制によって、現場の意図に反し、政治家の意向に沿った変更を認めたことが大きい。編集制作責任は下請けよりも本体にあることを認めた点も重要	放送法は番組編集における政治的公平性を定めているのに、予算への影響を意識して議員に接触、発言に過剰反応して番組を改編し、取材対象者には説明を怠った。公正さや誠実さに欠ける点を指摘した点は評価
	⑥概要の論調分類	（c）議員が圧力をかけたと見るべきであり、議員に接触し表現をゆがめたメディア側の自主規制にも問題がある	（c）議員が圧力をかけたと見るべきであり、議員に接触し表現をゆがめたメディア側の自主規制にも問題がある	（b）判決で下された制作者側と取材される側との信頼関係や説明は大切 （c）議員が圧力をかけたと見るべきであり、議員に接触し表現をゆがめたメディア側の自主規制にも問題がある
	①名前	高橋哲哉	原寿雄	
	②肩書き	改変された番組にコメンテーターとして出演していた東大教授	元共同通信編集主幹でジャーナリスト	
	③見出し	（なし）	（なし）	
	④掲載面とスタイル	最終社会面の記事中	「解説」欄の記事中	
	⑤内容の概要	政治家の発言に過剰反応した幹部の圧力を認めた妥当な判決で、自主規制についてNHKは反省すべき。一方、政治家から「公正・中立にやれ」と言われれば圧力であり、判決は腰が引けている	説明責任を果たすべき公人にも期待権が認められると、真実を追究するための取材に支障が出る恐れがある	
	⑥概要の論調分類	（c）議員が圧力をかけたと見るべきであり、議員に接触し表現をゆがめたメディア側の自主規制にも問題がある	（a）判決は言論の自由を制限しかねないので注意が必要	

表 12 「識者」談話の概要（続き）

		朝日新聞	毎日新聞	読売新聞
「識者」の談話	①名前	右崎正博		
	②肩書き	独協大法科大学院教授（憲法）		
	③見出し	（なし）		
	④掲載面とスタイル	右社会面の記事中		
	⑤内容の概要	期待権を認たのは妥当。当初伝えた趣旨に変更があった場合は相手に知らせる対応が必要。ただ取材対象が公人の場合は免責される部分も多く、相手の期待が過度な場合もあり、個別に判断すべき		
	⑥概要の論調分類	（a）判決は言論の自由を制限しかねないので注意が必要 （b）判決で下された制作者側と取材される側との信頼関係や説明は大切		
	①名前	津田正夫		
	②肩書き	元NHKプロデューサーの立命館大教授（市民メディア論）		
	③見出し	（なし）		
	④掲載面とスタイル	右社会面の記事中		
	⑤内容の概要	期待権は市民感覚から言えば当然。普通の市民は公に発言する機会は少ないので説明を求めたり期待する。だが期待権がいつでも発生するとなると政治家などに悪用される恐れもある		
	⑥概要の論調分類	（a）判決は言論の自由を制限しかねないので注意が必要 （b）判決で下された制作者側と取材される側との信頼関係や説明は大切		
	①名前	川上和久		
	②肩書き	明治学院大教授（政治心理学）		
	③見出し	（なし）		
	④掲載面とスタイル	右社会面の記事中		
	⑤内容の概要	公共放送だからこそ取材する素材には慎重になるべきと警鐘を鳴らした特殊なケース。疑惑企業から「自分たちの言い分通りに編集しろ」と言われるようなことは言論の自由を脅かす恐れがある		
	⑥概要の論調分類	（a）判決は言論の自由を制限しかねないので注意が必要		

図1　3紙のスタンスの布置図

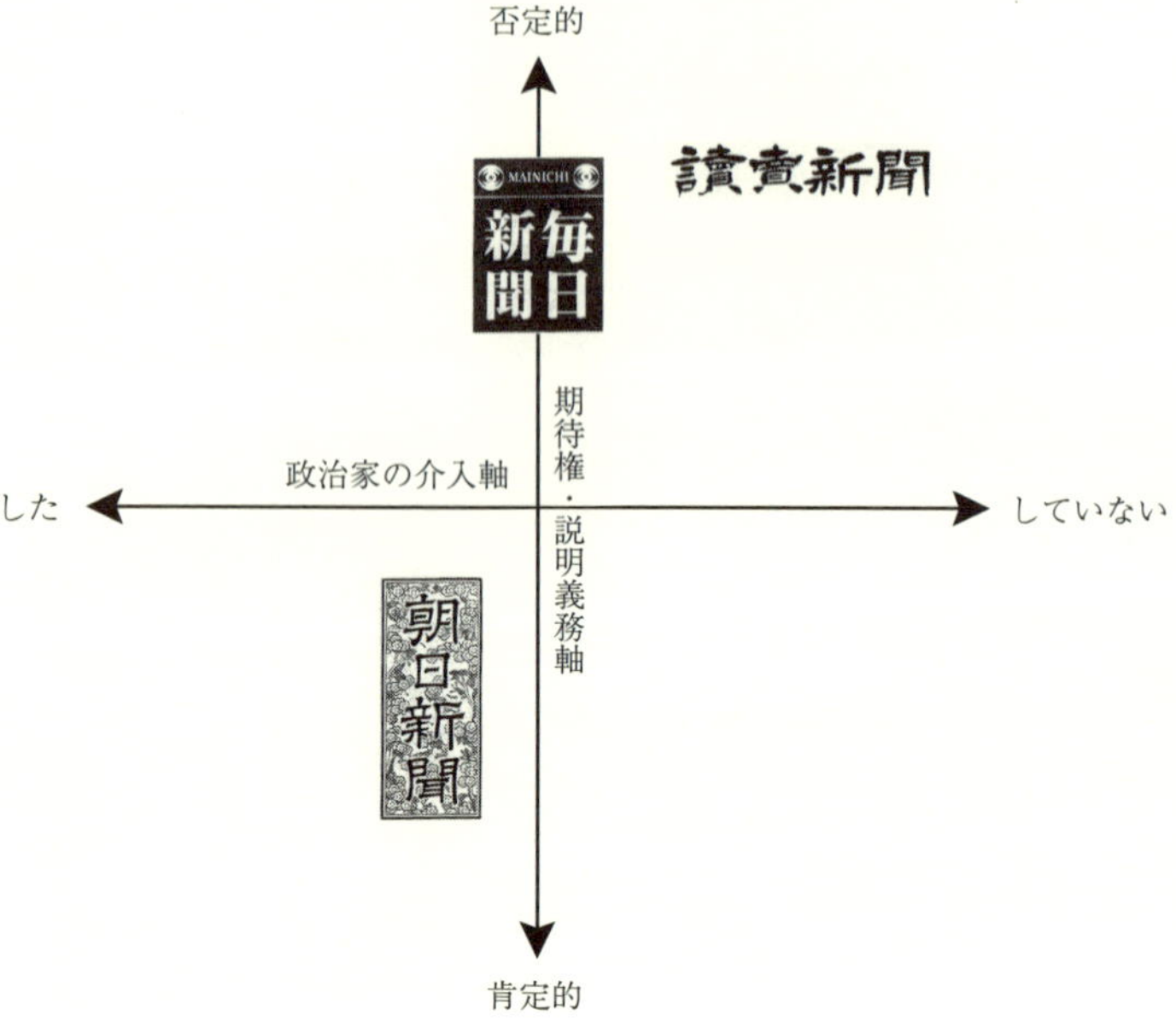

議員が圧力をかけたと見るべきであり、議員に接触し表現をゆがめたメディア側の自主規制にも問題があるという派の、三つに分けることができるだろう。

　コメントのコンテンツは一つだけでなく二つ以上に及ぶこともあるので、重複カウントをしてみると、表12に人物ごとに示したように、「(a) 判決は言論の自由を制限しかねないので注意が必要」は朝日三（右崎正博、津田正夫、川上和久）、毎日一（原寿雄）、読売一（堀部政男）、「(b) 判決で下された制作者側と取材される側との信頼関係や説明は大切」は朝日三（吉岡忍、右崎正博、津田正夫）、毎日はなし、読売一（服部孝章）、「(c) 議員が圧力をかけたと見るべきであり、議員に接触し表現をゆがめたメディア側の自主規制にも問題がある」は朝日三（吉岡忍、松田浩、高橋哲哉）、毎日二（服部孝章、山田健太）、読売一（服部孝章）といった分類ができる。朝日は本論と同様の傾向で（b）の期待権や説明責任を評価したコメントが半分みられ、他紙にはそれはみられない。他紙は、おおむね（a）と（c）でバランスを取っているようである。

判決が、政治家の介入について婉曲的な表現をしていることを正面から批判したのは朝日のコメントの高橋哲哉だけであり、《「政治家から「公正・中立にやれ」と言われれば圧力になることを理解しておらず、腰が引けている。判決は、何が圧力になるのかを示すべきだった」》と述べている。今回の判決内容そのものについての最も的確なコメントと言えよう。ほかに、吉岡忍が政治家が何と言ったか明らかにしてもらいたいと述べていることと、松田浩が政治介入による改変は明白、と述べている点が目立つ。

今回の内容分析から、三紙の本判決に関する「読み（読者への提示）」について、「政治家の介入」軸と「期待権・説明義務」軸のイッシューを抽出し、四象限にマッピングしてみると、図1のように布置できそうである。

6　現代のパノプティコン――あるいは「介入」なき（？）自己規制

（1）メディア側の「自主規制」や「忖度」こそが権力側の意図

ベネディクト・アンダーソンは、新聞紙面上の「文学的約束ごと」である、同一日時に生じた互いに因果のない様ざまなできごとの配置が、人びとの、「同じ時間」を共有しているという近代の国民意識を形成したと看破した。(注14) オーディエンスは、この「想像の共同体」の一員として、右肩には「あるある」が扱われ、左には柳澤伯夫厚生労働大臣の「産む機械」発言が扱われ、紙面下には「大英博ミイラ展」の自社広告が載っている新聞をはじめとする各種メディアによって、NHK番組改竄判決をどのように経験しただろうか。そしてそれがどのような国民国家意識の形成につながっているだろうか。

本章では、〇七年一月二九日に下されたNHK戦時性暴力改竄番組に対する東京高裁判決を報じた一月三〇日（毎日社説は一月三一日）の、朝日・毎日・読売全国紙三紙朝刊の紙面内容分析を行った。三紙・一日分という極めて限定的な媒体と期間の調査にとどまらざるを得なかったが、いくつかの貴重な問題点を抉出できたと考える。

まず第一に、当時の安倍晋三官房副長官や中川昭一議員からの圧力をNHK幹部が受けたかどうかに関する判決の報じ方である。

安倍官房副長官の、「公正・中立であるべき」発言は「一般論」であって「具体的示唆をしたことまでは認められない」という持って回った判決については、朝日と毎日は判決文を生かしつつしかしそれ以上踏み込まないようにしているが、読売は、裁判は政治家介入を明確に否定したと断定して、判決文解釈のスタンスが分かれるところとなった。中川議員については、三紙とも会ったのは議員が最初に言っていたような放送前ではなく放送後であったという判決をそのまま用い、事前か事後かの検証を行っていなかった。三紙いずれも、両名の否定の談話をストレートに記載、朝日・毎日は「介入はなかったことが明確に」という本人の科白を見出しとし、読売は安倍首相の朝日批判を見出しとして使っている。新聞界の中で、朝日の〇五年一月安倍・中川介入報道を誤りだったとする力も働いているわけだ。

第二に、改変されたのはＮＨＫ側の「自主規制」「忖度」によってであって政治家の直接介入によってであるとは認められない、とＮＨＫ側の問題に収斂させようとした判決について、そのまま垂れ流し、それに疑問を呈したりその裏を読み込んだり批評する社説・解説や紙面構成に乏しかったということである。

ただし各紙とも、見出しや「識者」談話、原告の談話などによって、判決のコノテーションを伝えようとしているということは認められる。

だが、そのような多少の工夫は凝らされていようとも、読者にどれほどの判断ができるかは全くの未知数である。そもそも権力が直接手を下さずともメディアや人びとが「空気」を読んで「自主規制」や「忖度」することこそが、ファシズムのエートスであり、政治や政治家の意図であり、思うつぼではないのか。メディアがＮＨＫの（あるいは朝日の〇五年一月の）報道のあり方を批判する前に、自身の媒体が独立不羈であるかどうかをまず省察すべきだろう。

（２）追及を組織や個人に収斂させ矛先をそらせる効果

第三に、同様の指摘となるが、批判の矛先をＮＨＫに向けるにあたって、予算の決定権を与党に握られているＮＨＫの「政治に弱い体質」といったように、ある種の組織パーソナリティーの問題といった本質主義的問題に還元してしまっているという、メディアのディスクールがある。

このような言説によって〝得〟をするのはどこであろうか。一般論を言っただけであるのに過度に自主規制したＮＨＫが悪いのであって、「介入はなかった」と言い放てる、政治家の側だ。新聞メディアは、常にメディアをコントロールしようと考えている敵に塩を贈ってしまったのである。

第四に、これは内容分析の知見からはやや外れるが、ＮＨＫが、ドキュメンタリー・ジャパンやＮＨＫエンタープライズといった下請けの制作プロダクションに責任を押しつけて免罪されようとする（一審判決がそうであり、「あるある大事典」をはじめとする民放番組の多くの不祥事が下請けに責任をかぶせトカゲの尻尾切りをする傾向がある）構造を、どうも各紙ともよく追及し得ていないことである。

よしんばＮＨＫ幹部により《番組放送前であるにもかかわらず、（略）番組が予算編成等に影響を与えることがないようにしたいとの思惑から、（略）国会議員等との接触を図り、その際、相手方から番組作りは公正・中立であるようにとの発言がなされ、（略）相手方の発言を必要以上に重く受け止め、その意図を忖度してできるだけ当たり障りのないような番組にすることを考えて、（略）番組について直接指示、修正を繰り返して改編が行なわれた》（判決文）という、「腰の引けた」判決をそのまま認めるとしても、「そうさせた最終的な権力とは何か」ということを明らかにする必要がある。

責任を社の体質や個人、組織の現場に帰着させる手法は、アジア・太平洋戦争の日本軍部の無責任構造、現場に責任を押しつける構造、および戦後日本の戦争犯罪が追及されなかった責任拡散構造等と瓜二つではあるまいか。(注15) 国際女性戦犯法廷は、まさにその最高責任はどこにあるのかを追及しようとした。

（3）果たして「忖度」したのはＮＨＫだけか？

第五に、編集権や言論の自由は本来、民衆の意思を付託されたメディアが、国家権力や政治権力から保護されるための概念であるにもかかわらず、それが、被取材者とメディアとの権力的な関係構造に理論がねじ曲げられているという問題である。特に編集権に関しては、新聞の場合、日本新聞協会が一九四八年に発表した「編集権声明」があり、それが未だに〝生きている〟とされる。声明では「編集権」とは、《新聞の編集方針を決定施行し報道の真実、評論の公正並びに公表方法の適正を維持するなど新聞編集に必要な一切の管理を行う機能》とされ、《編集内容に対する最終的責任は経営、編集管理者に帰せられるものであるから、編集権を行使するものは経営管理者およびその委託を受けた編集管理者に限られる》と述べている。法人の場合、取締役会や理事会が《編集権行使の主体》であるとする。記事の生殺与奪の権は経営者にあるというわけである。(注16)

そのため各紙の記事や解説、論調は、判決の言う取材される側のもつ期待権の保護や取材される側への説明義務が、一種のメディアへの圧力であり編集権への不当な介入である、というイッシューにすり替えられてしまった。それは人びとの、メディアにアクセスする権利が、メディアの自律性・自主性をおびやかすものだというメディア側の論理に陥ってしまう危険性を伴う。もちろん、大衆的な迎合性を有する我われオーディエンスに対してもメディアは毅然とせねばならないが、メディアはまず公的な権力に対しておもねらないからこそ客観性が担保され信頼性を勝ち得ているという理念をまずメディア自身が再確認し尊重し、メディアという権力に対して力を持ち得ないできたオーディエンスという民衆権力との統一戦線づくりが大切であろう。それは、改憲（とくに非武装を定めた憲法九条の）を射程に入れた国民投票法案の成立が、メディアの自立性を縛りかねないものである危険性が非常に強く懸念されるこれからの時期にあって、いよいよ必要とされる認識である。メディアにとって「NHKだけ」の問題でも、「朝日だけ」の問題でもないし、「取材・報道を制限する期待権や説明義務」に矮小化される問題でもない。たとえ経営者に編集権があるとしても、果たして、権力に屈する経営者や編集管理者に、「編集権」を主張する資格があるだろうか。

このような「人びとの期待権・説明義務 vs. メディア」というメディアのディスクールと重なるが、第六に、本件を「NHK vs. 新聞メディア」「NHK・安倍 vs. 朝日」、あるいは「朝日 vs. 他紙」といったメディア間の〝内輪もめ〟として処理しようとするメディア報道の実態である。「対岸の火事」を決め込んでいたら、火はすぐにこちらへとやってくるであろう。

今回の判決自体が、見えない監視システムによって、「政治家の介入」に対して曖昧な言い回しをして忖度した感は否めないが、検証の結果、新聞各紙も「過剰に忖度」した報道だと分析される。日

本のメジャーなジャーナリズムの、これが実態である。(注1-7)

注

(1)一九九七年秋にVAWW-NETインターナショナルが、東京における「戦争と女性への暴力」国際会議(二〇カ国が参加)を契機に結成され、翌年VAWW-NETジャパンが発足した。

(2)「日本軍性奴隷制を裁く女性国際戦犯法廷」は、二〇〇〇年一二月八日から一〇日にかけて東京で開催され、一二日に判決概要の言い渡しが行われた。主催は「女性国際戦犯法廷」国際実行委員会で、VAWW-NETジャパンの松井やより、韓国挺身隊問題対策協議会共同代表の尹貞玉、女性の人権アジアセンター代表のインダイ・サホールが共同代表となった。

裁判の構成者たちは、八カ国(地域)から六四人の被害者女性たち、そして韓国、朝鮮民主主義人民共和国(北朝鮮)、中国、台湾、フィリピン、インドネシア、オランダ、東チモール、マレーシアの九カ国(地域)の検事団、二名の主席検事、四名の判事ほかからなる。なお、最終法廷は翌〇一年一二月にオランダのハーグで開催され、最終判決が下された。

(3)VAWW-NETジャパン編『NHK番組改変と政治介入――女性国際戦犯法廷をめぐって何がおきたか』世織書房、二〇〇五年、三九~四一頁。

(4)高橋哲哉『戦後責任論』講談社学術文庫、二〇〇五年、五一~五二頁。

(5)民衆法廷とは、国家や国際機構に託された主権者たる市民の意思が著しく踏みにじられたときに、市民の直接行動の一つとして、市民の発意にもとづき構成される法廷のことであり、現実の政治あるいは社会過程に直接働きかけるものであるとされる。阿部浩己「民衆法廷とは何か?」VAWW－NETジャパン、前掲書、五八～五九頁。

（6）四夜連続のETV2001「シリーズ　戦争をどう裁くか」として放映されたのは、一月二九日「人道に対する罪」、一月三〇日「問われる戦時性暴力」、一月三一日「いまも続く戦時性暴力」、二月一日「和解は可能か」の四本。

なお、番組が改竄されたのは二日目の本件「問われる戦時性暴力」だけではない。三回目の「いまも続く戦時性暴力」においても、女性国際戦犯法廷の映像やその解説をするアナウンスが使われる筈であったが、これらはことごとくカットされたという。坂上香・西野瑠美子・内海愛子・鵜飼哲・板垣竜太「『戦争をどう裁くか』関係者座談会　NHK番組改変と政治介入」『インパクション』146号、二〇〇五年、八～三九頁参照。

（7）〇七年一月二九日東京高等裁判所の判決文全文は、News for the People in Japan (http://www.news-pj.net/siryou/2007/nhk-kousai_zenbun20070129.html) などで読むことができる。

（8）NHKの規程を定めた放送法第三章三七条では、《協会は、毎事業年度の収支予算、事業計画及び資金計画を作成し、総務大臣に提出しなければならない。これを変更しようとするときも、同様とする。2　総務大臣が前項の収支予算、事業計画及び資金計画を受理したときは、これを検討して意見を附し、内閣を経て国会に提出し、その承認を受けなければならない。3　前項の収支予算、事業計画及び資金計画に同項の規定によりこれを変更すべき旨の意見が附してあるときは、国会の委員会は、協会の意見を徴するものとする。》とある。

（9）日本国憲法第二一条には《①集会、結社及び言論、出版その他一切の表現の自由はこれを保障する。②検閲は、これをしてはならない。通信の秘密は、これを侵してはならない。》とある。
　放送法では、第一条二《放送の不偏不党、真実及び自律を保障することによって、放送による表現の自由を確保すること。》、第三条《放送番組は、法律に定める権限に基く場合でなければ、何人からも干渉され、又は規律されることがない。》とある。

（10）ＶＡＷＷ－ＮＥＴジャパン声明「ＮＨＫ番組改ざんを巡る控訴審勝訴の判決を受けて」二〇〇七年二月八日。

（11）ＶＡＷＷ－ＮＥＴジャパン編「ＮＨＫ番組『改変』の経緯」ＶＡＷＷ－ＮＥＴジャパン、前掲書、二三～三六頁。

（12）改竄箇所については、表10をはじめとする「メディアの危機を訴える市民ネットワーク（メキキネット）」のほか、小玉美意子・小林直美「『女性国際戦犯法廷』から『問われる戦時・性暴力』へ――ＮＨＫ・ＥＴＶ２００１『シリーズ戦争をどう裁くか第2回』改編が提示する諸問題」『武蔵社会学論集　ソシオロジスト』第五巻第一号、武蔵大学社会学部、二〇〇三年、一二七～一六四頁が詳細なチェックを行っている。

（13）ＢＲＣ（放送と人権等権利に関する委員会）は、放送番組による人権侵害を救済するため一九九七年五月にＮＨＫと民放により設立された第三者機関であり、放送界の自主機関であるＢＰＯ（放送倫理・番組向上機構）が運営する、「放送番組委員会」「放送と人権等権利に関する委員会（ＢＲＣ）」「放送と青少年に関する委員会（青少年委員会）」の三つの委員会のうちの一つである。放送によって権利侵害されたとする視聴者が申し立てることができ、委員会は事案を公正・客観的に審理して、勧告や見解を出すなど、問題の解決にあたる。

(14) ベネディクト・アンダーソン（白石さや・白石 隆訳）『増補　想像の共同体――ナショナリズムの起源と流行』NTT出版、一九九七年参照。

(15) 坂上・西野・内海・鵜飼・板垣、前掲座談会でもNHK番組の改竄の最終的な権力と、戦時性奴隷制度の最終的な権力が示唆されている。

(16) 放送の場合の「編集権」は、新聞よりも多くの人手（分業）とプロセスを要することから、それがどこに存するかもっと複雑というべきであり、経営者や編集管理者にのみ帰すると言いきれない。小玉・小林、前掲論文、一四六〜一五二頁参照。

(17) 高裁判決が出て以降〇七年三月一日に安倍首相は、九三年八月に「慰安婦問題」について軍当局の関与を認めたいわゆる「河野談話」について、「当初、定義されていた強制性を裏付けるものはなかった」と記者団に対して発言、その内容が米国のメディアで批判されて、米・下院では〇七年六月に首相の公式謝罪を求める決議案が採択された。中川政調会長も「慰安婦問題」には河野談話に限らず不磨の大典はないと発言するなど、二人のスタンスは相変わらずである。

【付記】

本稿発表から一年後、二〇〇八年六月一二日に、本件の最高裁判所判決が出された。最高裁第一小法廷で下されたそれは、二審（本論の対象である東京高裁）判決を破棄、取材対象者の番組内容に対する期待や信頼は法的保護の対象にならないとして、政治家の介入にはふれることなく、幕引きをはかるものであった。

翌朝の各紙は一斉に「期待権を認めず」という見出しを掲げ、あたかも被取材者側が、思った通りの番組にならなかったので駄々をこねているかのように読者に閲読経験される訴訟へと矮小化されていた。産経は一面の「視点」という解説欄にあたる署名記事で、《そもそも、NHK側が取材していたのは「従軍慰安婦問題」という歴史認識上諸説あるテーマだ。この女性団体が、自己の主張がそのまま公共の電波に乗らなかったからといって損害賠償まで求めたことには、強い違和感を覚える》とまで書いた。

社説の見出しは、朝日が「NHK　勝訴で背負う自立の責任」、東京が「NHK番組改変　政治からも自由確保を」のように、勝訴したとはいえNHKの政治的圧力に弱い体質に注文をつけたのに対して、毎日は「NHK最高裁判決　報道の自由に重きを置いた」、読売は「NHK番組訴訟「期待権」を退けた妥当な判決」、日経が「「編集の自由」を重んじた最高裁」と、好意的に評価した。また産経の社説にあたる「主張」の見出しは「慰安婦番組訴訟　NHKと朝日は再検証を」というものだったが、朝日に対して安倍・中川らがNHKに会って圧力をかけたことを立証できなかったことを検証していないと批判し、NHKに対してはこの番組そのものが公共放送の教育番組として適切だったかを検証すべきと批判して、暗にテーマそのものを採り上げるべきではなかったと述べるものであった。

メディアが外部からの介入を阻止し、編集の自由や自律性を主張するのはけだし当然である。しかしながら今回の訴訟は、外部からの介入を許し、迎合し、編集の自由を自ら放棄したに等しいNHK側のあり方および介入した政治家の責を問うものであったはずだ。それが、「期待権」は編集の自由を脅かすものであり、「編集の自由」が「守られた」からこの判決を歓迎するかのような論調は、メディア自身がわざと争点をそらしているとしか思えない。

「タブー」にふれたジャーナリズムには圧力をかけ、オーディエンスには真実を隠蔽し一方的なプロパガンダを行うこの国のメディア・システムを変えてゆくのは、ひとえにエディターの抵抗とオーディエンスとのコラボレーションにかかっているように思われる。

なお、注（13）に説明したBPO（放送倫理・番組向上機構）は、二〇〇七年、「放送番組委員会」を解散し、「放送倫理検証委員会」を設置した。この委員会は、二〇〇九年四月、『NHK教育テレビ『ETV2001シリーズ戦争をどう裁くか』第2回「問われる戦時性暴力」に関する意見』という全四六ページからなる大部の報告を公開した（BPOのウェブサイトからダウンロードできる）。内容は、NHKの改変行為や政治家との面談は、NHKの自主・自律の面から大いに問題がある、というものである。裁判結果はどうあれ、この事件は未来永劫、「NHKの恥」として繰り返し触れられるだろう。メディアは、すぐれた報道・作品によってしかその〝面目〟を保つことはできないのである。

■初出一覧

第Ⅰ部

◎第1章　メディアリテラシーとジェンダー――構成されたメディアと構成されたジェンダーの親密な関係……「構成されたメディアと構成されたジェンダーの親密な関係」『Ｆｒｅｎｔｅ（フレンテ）』第30号、三重県男女共同参画センター、二〇〇七年、に今回大幅加筆

第Ⅱ部

◎第2章「考えない時代」と「格差社会」の女性雑誌――女性を「思考停止」させ、女性としての「勝ち組」をめざすメディア……「『考えない時代』『格差社会』と女性雑誌」『現代のエスプリ別冊　ジェンダー・アイデンティティ――揺らぐ女性像』（伊藤裕子編集）至文堂、二〇〇六年、に今回加筆

◎第3章　女性雑誌の瘦身・整形広告と身体観――「みるみる瘦せる」広告の構成のされ方、「瘦せ」強迫の構成のされ方……「女性雑誌にみる〝瘦せ〟ブームを探る」『ファンとブームの社会心理』（松井　豊編）サイエンス社、一九九四年、に発表後若干加筆

◎第4章　テレビゲームにおけるジェンダー――暴力で敵を倒し地位と財と獲物を得る、男の子の経験世界……「テレビゲームは男の子の世界？――電子メディアの文化とジェンダー」『ジェンダーで学ぶ教育』（天野正子・木村涼子編）世界思想社、二〇〇三年、に発表後若干加筆

第Ⅲ部
◎第5章　性教育バッシング番組のメディアリテラシー的分析――番組はどのように構成され、視聴経験はどのように構成されるか……「性教育バッシング番組のメディアリテラシー的分析を通じて――メディアはどのように構成され、視聴経験はどのように構成されるか（1）」『現代性教育研究月報』（財）日本性教育協会、二〇〇八年四月号、および「性教育バッシング番組のメディアリテラシー的分析を通じて――メディアはどのように構成され、視聴経験はどのように構成されるか（2）」『現代性教育研究月報』（財）日本性教育協会、二〇〇八年五月号、に今回「注」を追加
◎第6章　バックラッシュのカルチュラルスタディーズ――新聞記事のディスクールを分析する……「貧困なメディアと貧困なオーディエンスの悪循環を断つために――メディアリテラシーの観点からバックラッシュ時の新聞記事を読む」『季刊セクシュアリティ』〝人間と性〟教育研究協議会、二〇〇九年一月号、に今回「注」を追加
◎第7章　新聞報道におけるNHK戦時性暴力改竄番組の高裁判決――果たして「期待権」だけがイッシューなのか……「新聞報道にみるNHK戦時性暴力改竄番組の高裁判決――果たして『期待権』だけがイッシューなのか」『2006年度フェリス女学院大学学内共同研究　ジェンダーと表現――女性に対する暴力を無くすためのもうひとつの視点からの試み　報告書』フェリス女学院大学、二〇〇七年

あとがき

1

人生のうち四〇年ほどを生きてきた二〇世紀末には、コミュニケーション技術や人間関係・社会関係の変容にともなって、それまでの近代システムが大きく変わるのをリアルタイムで感じてきた。ソビエト連邦がなくなり、東西ドイツが統一され、中国が市場開放を採り入れて、「米国のひとり勝ち」状態が現出したようにも見えたが、個人的にはポストモダン社会は欧州の社会民主主義モデルや豪州の多文化主義モデルをそれなりの範として、性差別をはじめ国家、民族、人種、年齢、障がいの有無、宗教などによる差別や抑圧はなくなる方向へ向かうのではないかという淡い期待が、なくはなかった。

しかしながらミレニアムを経て早そう、二〇〇一年の9・11をきっかけに、世界秩序や我われの精神は大きく歪んでしまった。

世界はジョージ・ブッシュ米大統領が国際世論を無視しておこなった戦争の後遺症をいまだに引きずり、日本は小泉純一郎首相が米国に乗じて海外に派兵して不戦・非武装の憲法をなしくずしにし、かつ改悪準備に踏み出して現在に至っているのみならず、ネオリベラリズムがもたらした格差社会や貧困に苦しめられている。

このことは、二〇〇三年に現代書館から刊行した前著『ジェンダーの語られ方、メディアのつくられ方』の「あとがき」でも述べたことだ。「真相」はどうあれ、米中枢になされた9・11同時多発テロは、自分自身の人生や思想にとっての大きなトラウマであり、またこの間に長期政権に就いていた小泉政権は日本の社会や日本人が「ぶっ壊れ」ることになったメルクマール（指標）として、繰り返し想起し、激烈な批判をもって触れざるを得ない。

それでも米国には、〇九年一月に誕生したバラク・オバマ大統領に象徴されるように、エスニシティやジェンダーなどの認識「カテゴリー」を何とか超えようという努力や希望が感じられる。それに対し、この国はどうか。経済的貧困、政治的貧困、雇用の貧困、文化的貧困、さらには精神的貧困を再生産し、女性、高齢者、子ども、障がい者やマイノリティーの人びとが生きづらい社会が続いている。その原因をつくっているのは我われであり、我われがつくり・接しているメディアである。努力や希望ということばほど、この国の老若男女にとってほど遠い語はない。

本書は、著者が一貫して研究対象としてきた「女性とメディア」について、章分担を受け持った既刊単行本や、雑誌等から依頼を受けて書いた論文を再構成し編んだものである。これらを執筆していた背後には常に右のような時代精神へのクリティカルな思い、あるいは重く暗い想いがあった。ここに収めた最も古い文章の発表年は一九九四年といささか遡るけれども、それから十数年、文化やジェンダーのポリティクスという問題構制を媒介に、カルチュラルスタディーズの視座、ポストコロニアリズムに関する視座が自分自身に醸成されてくる時期であったように思う。実際、そういった問題にコミットしなければ、学者としての研究（のごときもの）が行き詰まるどころか自分自身が息づまりかねないこの十数年ではなかったか。

2

載録した論文は、前著『ジェンダーの語られ方、メディアのつくられ方』と同様、〝現物〟のメディア素材を対象に、メッセージやその意味生成について具体的に分析した論文群である。前著は、ジェンダーが社会的に構築されることから説き起こし、女性雑誌、広報誌などに描かれたジェンダーを紹介するとともに、カナダのジェンダー表現ガイドラインやメディアのつくり手におけるジェンダー（構成員）のアンバランスなどについて総合的にふれた、いわば「初級編」にあたる。

今回は、テレビ、新聞、雑誌などが発するイデオロギーの詳細に踏み込み、「見られ方」「読まれ方」すなわちリテラシーについて論じることに主眼を置いてあり、多少学術性を前面に出した「中級編」を意識している。とは言え、大学生・大学院生、学校教育・社会教育関係者、研究者、メディア産業の従事者、メディアやジェンダーの問題に興味のある人まで、幅広く読んでもらえるのではないかと思っている。

というのも、本書のもととなった論文の多くが、全国の女性センター（男女共同参画センター）での講座や講演、研修やワークショップなどでの参加者や、授業における学生たちとの共同作業のたまものでもあるからである。

たとえば、第1章「メディアリテラシーとジェンダー——構成されたメディアと構成されたジェンダーの親密な関係」におけるメディアが構成されるプロセスの図版は、女性センター講座やワークショップなどで板書してきたものがオリジンとなっている。

第2章「『考えない時代』と『格差社会』の女性雑誌――女性を『思考停止』させ、女性としての『勝ち組』をめざすメディア」での、雑誌の内容分析結果のグラフや雑誌に対するコメントは、勤務先のフェリス女学院大学で担当している「新聞・出版ワークショップ」という授業で受講生たちがレポートで作成したものを使用させてもらった。

また第5章「性教育バッシング番組のメディアリテラシー的分析――番組はどのように構成され、視聴経験はどのように構成されるか」および第6章「バックラッシュのカルチュラルスタディーズ――新聞記事のディスクールを分析する」は、第1章と同様全国の女性センター等で行った講義やワークショップに使用した素材で、参加者の分析による数多くの優れた意見や指摘が下敷きになっている。

前著の「あとがき」にも書いておきながらいまだ刊行のノルマを果たしていないが、ジェンダーとメディアに関する原理論や総論は、別途刊行する『メディアの女性学（仮題）』にゆずる。その『メディアの女性学（仮）』が「理論編」であるとすれば、本書『メディアリテラシーとジェンダー』と前著『ジェンダーの語られ方、メディアのつくられ方』は、具体的なメディアを素材に分析した「実践編」であるとともに、いわば女性学教育・学習の「実践編」にあたると考えている。

3

今回も、初出時における編者の先生方、発行元の編集担当の方や編集委員の方に、様ざまにお世話になった。いちいちお名前は挙げないが、単行本における章分担の執筆者の一人として、また専門誌や広報誌の論文の一つとして、依頼くださったことにお礼申し上げる。内容的に「期待」にそえたかどうか心もとないが、これらの本や雑誌が少しでもバラエティに富んだ構成となり、意味ある章や特集の一本として役立ったのなら、これにまさる歓びはない。

故・鈴木みどりさんは、「メディアリテラシー」という概念を最初に日本で紹介し、運動でもアカデミズムでも広める推進役を果たした第一人者であった。三〇年近く前の学部時代に、マスコミ論の非常勤講師として来ていた鈴木さんの授業に接し、レポート等を評価してもらい、その後様ざまに励ましていただいた。のちになって現在の職場でメディアリテラシーの授業の非常勤講師を立命館大学のかたわらお願いして数年、体調不良のため出講できなくなったというメールを病室からもらい、そのやりとりが最後となった。鈴木さんが引き立ててくれなければ、本書のもととなる論文群はなかっただろう。心からおくやみ申し上げたい。

長谷川伸子さんからは、第5章のバラエティー番組分析および第6章のバックラッシュ報道分析の論文初出発表前、原稿段階において、貴重なサジェスチョンをいただいた。彼女が高校生でこちらは大学浪人時代に出会って以来の古い友人だが、現在は九州でジェンダーや経営・労働を専門とする大学講師のかたわら、キャリア・カウンセラーとしても活躍している。

第5章で分析することになった〇五年五月の番組を録画してくれた年若い友人で、はにわ作家の岡田実穂さんにも感謝したい。もとは二人して性教育やジェンダーバッシングに対抗できる草の根ネットワークをつくろうとイベントを目論んだ際、そこで実施するメディアリテラシーのワークショップにも使えるのではないかと考え、彼女にこの番組を録っておいてもらったのだった。お陰でいい分析ができたのではないかと思う。

また第4章のテレビゲームの論考で、ゲームのジャンルに関する簡単な説明は、当時東京都立大学大学院生だった満森圭さんに教えを請うて、メールで解説してくれたそれをほぼそのまま使わせてもらったものである。お陰様で大いに助かった。

第7章の論文は、市民の意見30の会・東京が編集し隔月刊で発行している『市民の意見』の編集委員会の企画においてNHK改竄番組判決について原稿を書かねばならなくなり、苦しまぎれに分析・執筆したものがもとになっている（「三大紙は判決をどう報道したか（1）」『市民の意見』一〇一号、二〇〇七年四月号、および「同（2）」同誌一〇二号、二〇〇七年六月号）。機会を与えてくれた編集委員会に感謝するとともに、フルレポートを書かせてくれたフェリス女学院大学〇六年度学内共同研究の助成金を得て掲載媒体を用意してくれた「ジェンダーと表現」研究会の代表・田丸理砂さんに感謝申し上げる。

第8章は、十月舎刊行の『性の貧困と希望としての性教育』にも加筆して「貧困なメディアと貧困なオーディエンスの悪循環を断つために――メディアリテラシーの視点でバックラッシュ報道を分析する」というタイトルで再録した。本書とも、また初出ともやや違うバージョンとなっていることをお断りしておきたい。

なお第3章の瘦せる広告の分析に関しては、まだ大学院生時代に電通のファンドである（財）吉田秀雄記念事業財団から得た、一九八六年度研究助成金制度（学生の部）の成果である。データは古いが、内容的にはいまだ全く変わっていないと言ってよく、また「あやしげな対象」を分析するハシリだったと言っていいだろうと思われ、自身にとっても大事な初期研究として位置づいている。

本書のために既発表論文をとりまとめる作業を行うことができたのは、ひとえに勤務先のフェリス女学院大学で〇八年度サバティカル（研究休暇）を得ることができたからである。サバティカル期間中の一年間は、東京大学大学院情報学環において私学研修員という身分で自由に過ごさせてもらい、本務校の教育や大学運営から離れて個人研究室や総合図書館といった絶好の環境で至福の時を味わうことができた（こういう「自由」な境遇の時間は、えてしてアッという間に過ぎ去ってしまうものだ）。在外研究の機会を与えてくれたフェリス女学院大学と、受け入れてくれた東京大学大学院情報学環長の吉見俊哉さんにお礼申し上げたい。

最後になったが、前著『ジェンダーの語られ方、メディアのつくられ方』に次いで編集と出版の労を取ってくれた現代書館と、編集部の吉田秀登さんに心からお礼申し上げる。この「貧困」の時勢、出版は直撃を受けている。しかし出版と読書という行為は、「貧困」から抜け出す大事なルートである。

二〇〇九年四月

サバティカル明けの日常が戻って　　諸橋泰樹

諸橋泰樹（もろはし　たいき）
フェリス女学院大学文学部コミュニケーション学科教員
■専攻：マス・コミュニケーション学、女性学、社会学
■近況：自治体で男女共同参画関連の委員や会長を務めるほか、サブカルチャー、ポストコロニアリズム、平和、ジャーナリズムなどについての発言も多い。日本出版学会副会長、日本ペンクラブ女性作家委員会副委員長。
■著書：『雑誌文化の中の女性学』（明石書店、一九九三年）、『季節の変わり目』（批評社、二〇〇〇年）、『ジェンダーの罠』（批評社、二〇〇一年）、『ジェンダーの語られ方、メディアのつくられ方』（現代書館、二〇〇三年）、『ジェンダーというメガネ』（フェリス・ブックス、二〇〇三年）、『ジェンダーとジャーナリズムのはざまで』（批評社、二〇〇五年）、共編著に『女性雑誌を解読する』（垣内出版、一九八九年）、『コミュニケーション学入門』（大修館書店、一九九四年）、『ジェンダーからみた新聞のうら・おもて』（現代書館、一九九六年）、『多文化・共生社会のコミュニケーション論』（翰林書房、二〇〇八年）その他。

メディアリテラシーとジェンダー
構成された情報とつくられる性のイメージ

二〇〇九年六月三十日　第一版第一刷発行
二〇二〇年五月三十日　第一版第三刷発行

著　者　諸橋泰樹
発行者　菊地泰博
発行所　株式会社現代書館
東京都千代田区飯田橋三―二―五
郵便番号　102-0072
電　話　03（3221）1321
F A X　03（3262）5906
振　替　00120-3-83725
組　版　コムツー
印刷所　平河工業社（本文）
東光印刷所（カバー）
製本所　積信堂

校正協力・迎田睦子

ISBN978-4-7684-5609-5
定価はカバーに表示してあります。乱丁・落丁本はおとりかえいたします。
http://www.gendaishokan.co.jp/